应用型本科规划教材

广播电视节目策划

PLANNING OF BROADCASTING AND TV PROGRAMS

◆ 巨 浪 主编

ZHEJIANG UNIVERSITY PRESS
浙江大学出版社

前　言

　　"策划"是一个古老的名词,源远流长,生生不息。古今中外,策划的思想都是围绕战争而引发的。在中国,它的鼻祖可以追溯到春秋战国时期在诸侯列国游说的谋士身上,他们的计策、谋略闪烁着策划的智慧。但是,"策划"这位历史"隐士"在公共关系领域中的出现,却是在20个世纪的50年代。今天,"策划"作为一种富有方法论内涵的思维方式和运作方式,已经登上社会的各个机构和生活的各个层面。自然,当今中国电视领域,也是策划的广阔舞台。从节目的制作到节目的播出,从媒体的经营到产业的发展,无不显露策划的烙印。尤其在电视节目的策划上,更是无处不在,无时不有。大到像《东方时空》那样的综合性板块栏目,《电影传奇》那样的开发性栏目,《春节联欢晚会》那样的大型文艺节目,《长征》、《戈壁母亲》那样的电视连续剧,《邓小平》、《望长城》、《大国崛起》那样的电视纪录片、政论片;小到每一期节目,每一部(集)电视片,无不是经过精心策划而取得社会效益和经济效益的。与此相匹配,"策划"一词已日渐频繁地甚或格式化地介入电视节目创作人员的名单中,而且常常占据在十分显著的位置上。它标志着电视节目的创作、生产、经营采用了一个新的运作模式;标志着电视节目创作的理念从以个体智慧为主向以个体智慧与群体智慧相结合为主的转变;标志着电视节目创作水平和质量跨向了一个新的阶梯。

　　可是,直到世纪之交,在我国的电视节目、栏目中,"克隆"现象时有发生，它折射出了目前电视策划的滞后，因而导致了许多栏目和节目的形式雷同和内容陈旧，导致了电视资源大量的重复和浪费。在电视理论研究中还没有建立一个关于"策划"的专门学科，对电视策划还没有进行系统的、全面的、深入的理论研究和实践探索。可以说，我国的电视策划专业化、科学化、现代化还有相当的发展空间。

可喜的是，近年来电视人不仅创造了不少令人注目的成功策划，而且开始对电视策划进行了一些虽然不够系统，却十分积极的理论与应用的探讨。

有鉴于此，浙江大学出版社策划编纂《广播电视节目策划》这本书，试图回答电视策划到底是干什么的？它的对象是什么？它的应用范畴包括哪些？等等一系列问题。

作为《广播电视节目策划》需要回答的问题，本书大致可分为三个部分：第一部分是电视节目策划的基本原理和基本概念，主要解决电视策划思维方式方法这一核心问题；第二部分是策划与电视结合而形成电视策划的专业理念，主要解决在电视策划中的各种认识问题；第三部分是电视节目策划实务，主要解决电视策划的具体应用和实际操作问题。因此，借助大量的电视策划实践，探索电视策划这一创造性活动特有的运动规律，从而更好地指导和服务于电视策划工作；强调实践性，突出操作性，就成为本书的一个特点。当然，限于功力和时间，疏漏和差错在所难免。恳望学界、业界同仁教正。

全书定稿为九章。其中，第一章由巨浪编写，第二章由叶丽莎编写，第三章由王声平编写，第四章、第五章由杨晓芸编写，第六章由陈万怀、黄朝钦编写，第七章由叶丽莎、马建英编写，第八章由王情宇、王颖编写，第九章由刘星河编写。全部书稿由巨浪进行了章节结构设计、适度修改并承担了统稿工作。

本书在编写过程中，得到了浙江万里学院、浙江大学城市学院、中国传媒大学南广学院有关领导的热情支持。浙江大学出版社李海燕女士在体例、框架上给予了指导，该社编辑李苗苗女士进行了认真的修正。他们的工作对于出书起到了促进作用。在此,一并表示真诚的谢意。

　　本书在成稿进程中,参阅并借用了相关著作中的一些资料,选用了国内电视台的部分上乘案例,引用了因特网上的一些数据和照片。参考文献专列书后,借本书出版之际,表示诚挚的感谢。

编　者

2009 年 8 月 8 日

目　录

第一章　策　划

本章要点

　　诠释策划的界定、原则、方法及创造性思维。

　　阐述电视节目策划的由来、发展、现状;勾勒电视节目策划的范畴、内容;概括策划的要素和特征;明确策划的任务;吸纳策划工作中的新理念;归纳对节目策划人员素质的新要求。

第一节　策　划

　　策划,在当今世界已经成为使用频率最高的术语之一。策划,已经渗透到人类社会活动的各个领域,各个行业,各个项目。策划,已经成为时代的宠儿,科学的新军。当今中国,凡事策划已经成为许许多多的部门在行动之前的一个必要程序。

　　时代进入新的世纪,策划成为一种新的行业,策划人成为一种新的职业人的名称,策划活动成为各项工作中的首要的组成部分,它们与林林总总的事情建立了密不可分的联系,广泛而深入地体现出它们之间的因果关系。

　　策划,正以它浩瀚的领域和不胜枚举的实践活动而形成新的学科,并且在大量的实际应用中,逐渐地显示出它的社会效益和经济效益。

一、策划引言

　　策划,古已有之。在原始社会,人们狩猎前,总要考虑捕获野兽的方法,比如在这里挖上一个陷阱,在那里设上几个埋伏,这就是策划思想在人类活动中的萌芽。

　　策划,源远流长。在中国,策划的源头可以追溯到春秋战国时期。当时,游说列国的策士、谋士、食客,怀揣计谋,为主人指点迷津,出谋划策,让别人取得理想的预期效果。这种活动虽然没有理论的阐述,也没有明确的操作程序,但仍可称得上是策划的雏形。

翻开《辞海》,便能找到"策划"的条目。《辞海》说"策划"是"策画",是计划、打算的意思,《后汉书·隗嚣传》里就有了。

在中华民族那浩如烟海的古籍中,就有不少记载了精辟的策划思想和丰富的策划实例。例如:

"必也临事而惧,好谋而成者也。"(《论语·述而》)

"多算胜,少算不胜。"(《孙子·计》)

"运筹帷幄之中,决胜于千里之外。"(司马迁《史记·高祖本纪》)

作为策划的实例,人们最熟悉的莫过于"田忌赛马"了。"忌数与齐诸公子驰逐重射。孙子见其马足不甚相远,马有上、中、下辈。于是孙子谓田忌曰:'君弟重射,臣能令君胜。'田忌信然之,与王及诸公子逐射千金。及临质,孙子曰:'今以君之下驷与彼上驷,取君上驷与彼中驷,取君中驷与彼下驷。'既驰三辈毕,而田忌一不胜而再胜,卒得王千金。于是忌进孙子于威王。威王问兵法,遂以为师。"(司马迁《史记·孙子吴起列传》)这是战国时代的军事学家孙膑教田忌在赛马时如何取胜的故事。田忌赛马之所以能够获胜,整个过程就是孙膑策划的结果。

先秦的连横、合纵,开外交策划之先河。三国的"赤壁大战"是军事策划的成功典范。诸葛亮的"空城计"则是大胆的心理战策划。我国古代军事家孙子、诸葛亮等皆为一代策划宗师。

可见,策划是一位"历史老人"。

历史跨越了约两千年,又出现了一个新名词:企划。企划据说 1965 年在日本发明,他们在英文"Plan"(计划)中添加了很多新的内容和含义,变成一个与"Plan"不尽相同的新概念,写作"企画"。现在国人有用"企划"的,有用"策划"的,名称虽然不同,表示的内涵却大体相同。

探究"企划"的渊源,应该说它来自商业的广告中。约在 20 世纪 80 年代的中后期,中国广告界一些好事之人,看到"黔无驴",乃"船以载之",把"企划"这头"驴"引入中国。当时企业界的少数几位有识之士作了极有限度的接纳。直到近些年来,由于商业竞争愈演愈烈,消费大众愈来愈精,迫使企业纷纷打出企划的大旗,以图不败。于是乎,企划在工商企业间从方兴未艾踏入如火如荼的阶段。其实,企业界曾红火一时的"企划",乃为策划。

进入现代社会,策划这一创造性的实践更是渗透到我们社会生活的各个方面,与社会发展的各个领域紧密地联系起来。大至"和平共处,五项原则"、"乒乓外交"、"一国两制"、"以邻为伴",小至"朋友聚餐"、"结婚典礼"、"接待礼仪",每一项公关活动、传播活动,都无不闪耀着策划的智慧。我国改革开放的总设计师邓小平便是一代策划宗师,他的一系列强国富民的战略策划堪称现代策划的大手笔。随着我国对外开放和市场经济的推进,策划率先在广告界、企业界以及公共关系领域得到广泛应用,尔后逐渐渗透到其他领域并日益发挥巨大作用。各类智业机构有如雨后春笋,众多策划经典作品层出不穷,从点子公司到策划公司,从"中原商战"到"太阳神广告"。

我们古今中外地谈了半天策划,目的是让读者对策划有一个初步的感性认识,让读者稍微了解策划的历史和作用。然而,策划作为一门科学,作为一个指导人们实践的理论,我们还需要对策划进行更为严格的界定和科学的研究。

二、策划诠释

"策划",又叫"策画",含有筹划、谋划的意思。策划,用通俗的说法就是"出谋划策"。但是策划的本意到底是什么呢? 我们先对之探源。

"策",在《辞源》中有八个意项。其中作名词的,如"马鞭"、"杖"、"简"、"策书"、"一种文体"、"占卜用的蓍草"等;作动词的有"以鞭击马"。策,最重要的意项,也是用得最多的则是"谋略"的意思。

"划",在《辞源》中意项不多。其中,"忽然"这个意项已不多用了,而"割裂"、"筹谋"等意思较重,但基本上"策"与"划"是联系起来,作筹谋、谋略、计策、对策等意思解释。

在古代,策划的名词性较强,与现在的计划、计策、计谋、谋略、对策的意思较接近。而在现代,策划的动词性含义增强了,信息、创意、点子、谋略、目标等要素为其内核。

在外国,英语里有不少单词含有策划的意思,如 design, engineer, hatch, machinate, mastermind, plan, plot, scheme 等,有名词也有动词。但无论是在汉语里还是在外语中,光从字面上来理解策划的含义是远远不够的。

人们对现代策划有三种解释:

广义的解释是把策划理解为一种管理活动。美国管理学家卡内基和梅隆大学 H. G. 西蒙教授认为,"管理就是决策"。而决策是通过策划之后作出的,因此,人们既把策划看成一种管理手段,又把策划理解为决策的过程。

狭义的解释是把策划看成只是管理活动中的一个链条或一个环节,而且处于一个关键的地位。现代策划学认为,没有科学的策划,就没有正确的决策。

还有一种最狭义的解释是把策划看成在确定条件下对行动方案的一种排列组合。用形象的话来说,就是"排排坐,吃果果,你一个,我一个"。这是三四岁小孩的策划思维。

实际上,现代策划学所使用的策划概念,比上述解释在内容上要丰富得多。

要准确界定策划和认识其基本内涵,我们还是来看看下面几个相关的和最为相近的名词。

(一)策划

对于现代策划的研究,许多人都引用《哈佛企业管理》丛书中的有关论述:

"策划是一种程序,在本质上是一种运用脑力的理性行为。所有的策划基本上都是关于未来的事物,也就是说策划是针对未来要发生的事情做当前的决策。换言之,策划是找出事物因果关系,衡量未来可采取之途径,作为目前决策之依据。亦即策划是预先决定做什么,何时做,如何做,谁来做。策划如同一座桥,它连接着我们目前之地与未来我们要经过之处。"

由此可见,策划是一种程序,指的是依据有关信息,判断事物变化的趋势,确定可能实现的目标,以此来设计、选择能产生最佳效果的资源配置与行动方式,进而形成正确决策和实施方案,并努力保障目标实现的过程。

策划,也可以把它看成是"策略"和"计划"两个词的组合。我们再来看看这两个词的涵义。

(二)策略

策略原是军事用语。据称策略的"策"字在我国最早见之于《吕氏春秋》的"此胜之一策也"。这里的"策",就是取得战争胜利的一种谋略的意思。管理学套用了这个词,解释为:为了达到某个目标所采取的特别行动。值得注意的是"行动"前面的"特别"这个定语,不仅对"行动"作出了质的规定,而且也表明了它与策划、计划的区别。至于为什么要"特别"? 怎么样才算"特别"? 怎么样才能做到"特别"? 这一切都可以从"策略"的特点中找到答案。

策略具有功利性、对抗性、针对性的特点。

——功利性。策略的目的是为了战胜竞争对手,满足己方的某种利益需要。离开了功利目的,就不会有策略。相反,功利目的越明确,功利冲动和战胜竞争对手的愿望就越强烈,就越能驱使人们想出奇谋,形成"特别"的行动。

——对抗性。策略的目的是为了竞争,竞争的前提是要有对手。对手在竞争面前也会寻求自己的策略。因此,策略必然具有强烈的对抗性,只要社会上存在对抗和竞争,策略就永远不会消失。

——针对性。不同的策略是为实现不同的目标服务的,而且随客观条件的变化而及时作出相应的调整,因而表现出很强的针对性。脱离目标和客观条件的策略决不可能赢得竞争的胜利,换言之,缺乏针对性的策略是不可能实施的,是没有价值的。

(三)计划

"计划"这个概念有广义与狭义之分。广义的计划,同样有想方设法安排做好某件事情的意思。从这一意义而言,计划也可以理解为就是策划。狭义的计划是指为达到某个特定的目标,在对各种有关因素进行研究分析之后,根据所作决定而采取的步骤。从这个意义来说,它是策划的延伸和产物。这里我们选择和使用"计划"狭义的概念。

一个计划,不论大小,不论繁简,一般都应体现五个基本要素:什么(What)、什么时候(When)、什么地方(Where)、什么人(Who),以及干什么(How),即四个 W 和一个 H。无论是马上付诸实施的计划或是可能无须实施的"备用计划",它的价值都在于实施,在于把一种策略思想通过周详的部署落实到行动中,从而达到既定的目标。因此,有些研究者认为:"就程序的眼光来看,计划是连接策划和实施的桥梁,是这两种程序之间的产物。"

至此,我们对"策划"和与之相关的"策略"、"计划"已有了比较清楚的认识,或者说我们已从不同角度界定了"策划"。由此我们可以得出结论:策划是一种程序,计划是策划的产物,策略是策划和计划的核心,这三者的辩证统一,构成了策划的基本涵义。

三、策划界定

策划是一种从无到有的精神活动。

策划是提高成功可能性的思考活动。

人类一切活动要达到预期的目标和效果都离不开策划。

策划是为实现某一目标或解决某一问题,而产生的奇特想法和良好的构思。

策划是一出有趣的戏剧。策划人是编剧和导演,策划方案就是剧本。

策划就是企业的策略规划,是企业整体性和未来性的策略规划。它包括从构思、分解、归纳、判断,一直到拟定策略、实施方案、事后追踪与评估等过程。

策划就是在考虑现有资源的情况下,激发创意,制定出有目标的、可能实现的、解决问题的一套策略规划。

策划为人们提供了新的观念、新的思路、新的方法。计划经济需要计划,市场经济则需要策划。

社会的进步需要策划,而策划是驱动社会前进的推进器。

不做总统,就当策划人!

世界经济进入"全球大策划"时代,让地球围着我们的大脑转动。

还有的中国学者认为,策划的核心内容是出谋划策。为了达到特定的目的,实现预期的目标,从当前的环境出发,不断构思各种可能的方案,并对这些方案进行综合的分析比较,评价选优、修正完善,并付诸实施的过程。

美国哈佛企业管理丛书认为,策划是一种程序,它在本质上是一种运用脑力的理性行为。基本上所有的策划都是关于未来的事情,也就是说,策划是对未来要发生的事情,也就是说策划是对未来发生的事情所做的当前的决策。

对于电视策划人来说,也许可以这样界定我们的工作:

策划是一个过程,是一个以观众为出发点,以节目为产品,以提高收视率,进而获得社会效益以及经济效益为目标的媒体运作过程;是以电视台的理念、性质、组织结构、传播行为及节目产品为轴心而进行的人际交流过程;是对电视节目创制的预测和控制的过程。

在这里我们强调"过程"这个环节。策划不仅仅是研究规划,策划具有极强的行动性。策划也不是孤立的运作,它能改变电视台本身、改变电视节目、改变电视观众,一言以蔽之,策划能改变媒体、作品、社会及文化;人们以优秀的策划,提高电视传播中美的价值。

综上所述,我们认为策划的定义是:承担某项工作的人,为了完成特定的任务,达到预期的目标或效果,根据客观存在的情况和自己拥有的条件,拟定出来的实施方案(计划),包括目标、期限、程序、操作细则、必备条件、执行人以及补充预案等等。

第二节　策划的要素和特征

一、策划的要素和范围

(一)策划的要素

策划的基本概念是由五个要素组成的,包括:

策划者(如电视策划人);

策划依据(信息和知识);

策划方法(手段);

策划对象(目标市场和消费群体);

策划效果预测和评估(事前推测和事后评价)。

策划体系所包含的五个要素是一个相互依存、互为相关的有机体系,从图1-1可以看出:

品牌榜单	以各个方式盘点与当天主题有关的提名品牌
品牌人物	由神秘嘉宾带来品牌发展过程中鲜为人知的历史事件
品牌约会	消费者和品牌之间情感故事
品牌秀场	新产品，新技术，新观点，新事件的展示SHOW

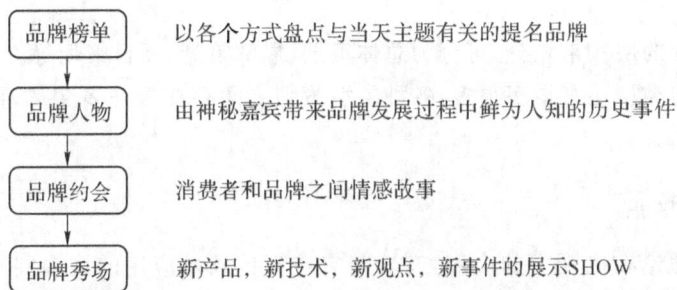

图 1-1　策划者策划依据

1. 人是策划活动的主体，如果没有人，也就没有策划。

2. 策划者还必须拥有准确、快捷的信息和丰富的知识；策划水平的高低，直接影响策划目标的实现。策划者的知识水平和信息量有关。掌握现代策划的科学知识乃是策划的基础。

3. 与策划者相对来说，策划的目标和对象就是策划活动的客体。如在电视策划中，电视节目的制作、观众群体的定位、电视传播过程中存在的各种状况和问题，均属策划对象之要素。

4. 现代策划不是求神问卜，更不是简单的排列组合，而是运用科学的手段和方法，进行创造性的思维活动，从而选择明智的策略和正确的战略，确定可操作的方法和步骤。

5. 对事物的判断和对未来效果的预测是策划的必然结果。同时，不管策划的结果如何，事前都要有一个明确的设想。

(二)策划的范围

由于策划的范围很广，涉及的行业很多，策划的目的各异，因此，策划的种类很多。

按应用领域来划分，可分为政治策划、军事策划、经济策划、媒体策划等，媒体策划又可以分为电视策划、广播策划、报刊策划以及新媒体策划等；

按策划目标划分，可分为 CI 策划、环境策划、行业规范策划等；

按策划内容划分，可分为活动策划、危机策划、调研策划、营销策划等；

按策划规模划分，可分为宏观策划、中观策划和微观策划；

按策划范畴划分，可分为战略策划和战役策划；

按策划的竞争性划分，可分为完全竞争性策划和非完全竞争性策划，即以策划方法的成功是否导致竞争对手的失败来划分；

按策划的效果预测来划分，可分为确定型策划、不确定型策划和风险型策划；

按策划的层次来划分，可分为总体策划、局部策划、项目策划等。

策划的类型还有很多很多，各种类型策划之间存在着许多交叉、重叠、包容或隶属关系。

二、策划的特征

策划理论在电视中的应用，有着与它在其他领域应用的许多共同特点，这些共性形成了电视策划的一般特征（共同点）：

(一)目的性

——无论是何种策划，都是为了实现某种目的性。

策划的目的性特征就是要求我们通过策划，围绕某一活动的特定目标这个中心，努力把各个要素、各项工作从无序转化为有序，从模糊变成清晰，从而使该活动顺利圆满地完成，并且更具针对性。

(二)创新性

——策划贵在创新，没有创新就没有策划的存在价值。对于创新，国内外都有精辟的论述：

江泽民同志指出："创新是一个民族的灵魂，是一个国家兴旺发达的不竭动力。"

日本学者认为："独创性研究能力和生命力旺盛，国家就兴旺。如果腐朽的话，国家就衰退。"

美国管理咨询专家说："不发达国家之所以不发达，与其说是由于缺乏资金，不如说是由于缺乏创新。"

(三)预见性

——策划是一项立足现实、面向未来的活动。为将来的活动做准备，把握未来是策划的重要性之一。因此，策划需要进行预测分析、前瞻研究，同时要有一定的超前性，只有这样才能有效地指导未来工作的展开。从这个特性来看，策划学也是未来学和预测学的具体应用。

(四)竞争性

——竞争是产生策划的土壤，竞争就是促进我们采取对策的原动力。洛杉矶奥运会的策划充分体现了这种竞争性。

1984 年前举办的历届奥林匹克运动会都是亏损的。尤伯罗斯决心改变这种状况，因此在负责筹办 1984 年在美国举办的第 23 届奥运会时，他首先策划改革奥运会的赞助厂商的赞助方式。历届奥运会在这方面的做法是：赞助厂商自由报名，赞助费多少由厂商决定。1980 年虽然赞助单位多达 381 家，但组委会仅得到筹资 900 万美元。其失败的原因在于众多赞助单位之间缺乏竞争。鉴于此，尤伯罗斯决定在赞助中引进竞争，正式作出本届奥运会的赞助规定：正式赞助单位为 30 家，在每一行业中只接受一家，每家最少赞助 400 万美元。这一竞争机制使各赞助厂商纷纷在自己的赞助费上加码，以击败对手。如富士公司为了击败柯达公司，一口气出资 7000 万美元，使坐山观虎斗的"渔翁"尤伯罗斯大获其利。结果仅此一项就筹集到 38500 万美元。另外，尤伯罗斯还通过不记名投票的竞争方式出售电视转播权，通过收费的火炬接力仪式等形式广开财路。尤伯罗斯通过这一系列的策划，不仅没有花美国政府一分钱，反而盈利 1.5 亿美元，改写了承办奥运会必然会在经济上亏损的历史，这也充分体现了竞争在策划中的作用。

三、电视节目策划的特殊性

由于策划的领域不同，对象不同，任务不同，因此，策划是不尽相同的。与其他策划相比，电视策划有它区别于其他策划的特殊性（异同点）：

(一)政策性

在中国共产党领导的我国，电视是宣传工具的一种，它与报纸、广播一样，担负着宣传党和政府的各种方针、政策的任务。因此，电视策划者作为新闻宣传工作者，在电视节目策划中，要自觉遵守由这些方针政策而形成的宣传纪律。另一方面，基于这一强烈的意识形态色彩，电视成为一个特殊的产业，为了牢牢地控制这一舆论工具，国家对它实行垄断性经营，并由此制定了一系列的政策法规，引导着我们策划的全过程。在电视节目策划中，策划方案必须无条件地服从于、服务于党和政府制定的各项方针、政策。

(二)时效性

电视作为新闻媒体，它的许多节目策划，不仅仅是新闻节目，包括欣赏娱乐性较强的节目，往往都要结合重大的新闻事件或重要节日、重要纪念活动而展开，表现出很强的时效性。特别是电视新闻节目，不管你的策划多么好，如果你的新闻不能率先及时播出，还是不能算成功的。这就是为什么众多新闻媒体为争夺重大新闻不惜代价的主要原因。可以说，时效性和真实性一样，都是新闻策划的生命线。即使像社教、文艺等一类时效性稍弱的节目，也要紧密配合党和政府在每一时期的中心工作，也要及时追踪社会普遍关注的热点、群众广泛参与的活动来做文章，也就是说要抓住策划的时机和先机。

(三)综合性

电视策划要考虑的因素很多,尤其一些大型的策划更是一项浩大的系统工程,牵涉许多部门和环节。策划,正是在综合分析、平衡协调诸因素以保障实现目标的过程中,显示出它的综合性。比如一台大型文艺晚会的现场直播就包括:

——电视台内的综合:节目部门、技术部门、后勤部门等;

——电视台外的综合:演出单位、协办单位、上级领导、观众来宾等;

——演出部分的综合:导演、演员、音乐、美工、服装、道具等;

——节目内容的综合:主题、节目、串联、串词、音乐、舞美等;

——录制部分的综合:摄像、导播、主持、录音、字幕等;

——播出部分的综合:直播车、信号传送、节目编排、节目预告等;

——联络服务的综合:场地、交通、保卫、餐饮、接待等。

这种综合性导致"牵一发而动全身"的整体性,要求我们做策划时要考虑到每一环节,任何疏漏都会影响整体效果。

(四)动态性

孙子兵法的《虚实篇》中说:"夫兵形像水,水之形,避高而趋下;兵之形,避实而击虚,水因地而制流,兵因敌而制胜。故兵无常势,水无常形,能因敌变化而取胜者,谓之神。"孙子在这段话中以水无固定形状因地势而变化作比喻,形象地说明了作战策划中随机应变的动态特征。我们认为,不仅仅是在作战策划中,在电视策划中也同样具有这种特征。

电视作为大众传播媒体是与现实的政治、经济和文化生活紧密联系的,而当今社会又处在一个瞬息万变的时代,因此我们的电视策划也就不能一成不变。这些变化主要来自两个方面:一是策划外部的变化。比如每一时期党和政府都有其中心工作,电视节目就要紧跟形势、配合宣传。有时重点在此,有时重点在彼,需要不断地调整策划战略。二是策划运作过程的变化。比如说北京奥运会前中央电视台栏目《奥运来了》《人在奥运年》《奥动项目揭权》,总体策划是预先做好的。但是具体到每一期节目的策划,是根据各项运动的备战和曾经有过的动人情景来制作。这些动态性的电视节目策划极大地调动了观众观赏和参与的兴趣,让广大观众始终保持新鲜感和兴奋度。

电视策划的动态性就是要体现一个"变"字,根据事物发展的需要,作出新的策划。

四、我国的电视策划

说到"策划"一词,其实在中国最早的使用者是电视人。20世纪80年代初,中国电视的制片人制尚未建立,但是出现了一种既非电视台领导,又不是电视导演的实际掌权人,这些人往往是一个节目(多半是电视剧)的立项人(是他们说服了各方面的官员,使一个节目得以上马),还是这个项目运作经费的筹措人,自然也是这个项目的具体负责人(编剧和导演往往是由他选择的)。按说这就是制片人,但是当时制片人制尚未建立,挂"制片"的头衔不易获得社会认同(那时的"制片"仅是导演手下的行政负责人),而挂"监制"领导不答应,挂"导演"也说不过去,无以名之,乃从日本电视片中转译一词,曰:"策划"。

在当今中国电视领域,策划已被广泛地应用,从节目的制作到节目的播出,从媒体的经营到产业的发展。尤其在电视节目策划上,大到像《东方时空》那样的综合性板块栏目,《春节联欢晚会》那样的大型文艺节目;小到每一期节目,每一部(集)电视片。如电视连续剧《星火》《长征》《任长霞》《英雄无悔》,电视政论片《大国崛起》,纪录片《邓小平》《望长城》《唐人街》等等,无不是经过精心策划而取得轰动效应的。"策划"一词已日渐频繁地出现在许多电视节目的创作人员名单中,而且常常放在十分显著的位置上。难怪我们的电视界前辈感慨地说:电视制作已由"编导中心"转向了"策划中心"!更有人把电视的发展划分为三个时代:

制作人时代——制片人时代——策划人时代。

然而,尽管这些年来策划在电视领域取得了丰硕的成果,但比起它在商界和广告界的成就,电视策划还是逊色多了。这是因为长期以来我国电视处在一种缺乏竞争的垄断和计划经济地位。

竞争性和功利性是滋长策划的沃土,缺乏这种土壤的我国电视策划当然还停留在初级阶段。

我国电视节目出现的"克隆"现象充分说明了目前电视策划的滞后,优秀电视节目的策划更为匮乏,因而导致了许多栏目和节目的形式雷同和内容陈旧,导致了电视资源大量的重复和浪费。可以说,我国的电视策划专业化、科学化、现代化还有相当的发展空间。可喜的是,近年来电视人不仅创造了不少令人注目的成功策划,而且开始对电视策划进行了一些虽然不够系统,却十分积极的理论探讨。但是,直到目前,在电视理论研究中还没有建立这样一个专门的学科,对电视策划还没有进行系统的、全面的、深入的理论研究。

作为一门新的业务,新的工作,甚至新的学科,电视策划到底是干什么的?它的对象是什么?它的研究范畴包括哪些?

作为电视策划学的研究对象,自然是电视领域里的各种策划活动及其规律。其研究范畴大致可分为三大部分:

第一部分是电视策划的基本原理和基本概念,主要解决电视策划思维方式方法这一核心问题;第二部分是策划与电视结合而形成电视策划的专业理论,主要解决在电视策划中的各种认识问题;第三部分是电视策划实务,主要解决电视策划的具体应用和实际操作问题。因此,我们的研究方法就是借助大量的电视策划实践,通过吸收电视学和策划学的相关知识,深入探索电视策划这一创造性活动特有的运动规律,从而最终达到更好地指导和服务于电视策划工作的目的。

第三节　策划的任务

策划,可以说是一项小型的系统工程,涉及方方面面的事情,而且还存在先后次序和轻重布局。那么,进行一项电视策划活动,需要进行哪些方面的工作呢?

这里,我们先阅读一份电视节目策划案——

《2005 高校录取进行时》直播方案

7月8日全国各高校录取工作将全面展开,为了能够全面及时地将2005年各高校录取工作信息第一时间传达给广大的应届考生及家长,我们拟从6月27日—7月17日每天下午用110分钟的直播时间,采取演播室访谈、电话短信咨询、播报录取信息等形式,为观众传递最新的录取信息,传递各高校的校况以及入学辅导等信息。

一、意义

《2005 高校录取进行时》直播节目,是经济频道针对暑期收视群体以及特定的收视人群量身定做的一档直播节目。首先,这是央视首次采用20天直播形式持续关注每年一度的高招录取事件,是在高招领域的一次突破性报道;其次,这也是一次建立与各高校良好关系的好机会,是我们资源的又一次扩大化;最后,这也是我们频道拉动暑期收视低点的一次创新性举措。

二、节目形态构成

演播室访谈＋短片＋现场问题解答

节目版快构成

1. 高考录取情报站

2. 魅力学校

3. 高招录取现场互动

4. 名人与大学

5. 招办主任全联线

6. 直击录取现场

三、建议直播时间

6 月 27 日—7 月 17 日,每天 110 分钟

四、演播室人员结构

主持人＋2、3 所高校校长或招生主管＋职业专家

主持人:

专　家:招生负责人、教育专家、心理专家

嘉　宾:行业名人

五、节目内容

1. 宣传片＋片头　1 分钟

2. 演播室主持人开场(上热线电话＋悬念话题介绍)、介绍嘉宾　2 分钟

3. 首先播报各高校招生录取最新信息(贴画面＋字板)　3 分钟

4. 马斌话高招引入今天话题　2 分钟

5. 两所大学高招办主任介绍学校情况(放学校情况的片子)　4 分钟

6. 高校另类介绍(出了多少杰出人士、学校成就)　3 分钟

7. 介绍今年的高招新变化(嘉宾站在地图前介绍)　2 分钟

　　介绍以地域来介绍　4 分钟

8. 片花　10 秒

9. 电话咨询问题解答　10 分钟

10. 两个嘉宾就热门专业进行排名,进入话题讨论　3 分钟

11. 当日热门职业行业介绍　1 分钟

12. 嘉宾与专家讨论:以教师为例(本科四年怎么过;需要参加其他哪些学习;可以参加哪些实践)　10 分钟

13. 高招咨询和话题讨论同时交叉进行　30 分钟

14. 结尾:扶贫助教(按省份转轮盘造悬念)　5 分钟

共计:80 分钟(未含广告及其他片花)

六、节目宣传词

800 万莘莘学子

谁能顺利走进高校大门

谁能如愿获得理想专业

他们的人生将从此不同

中央电视台二套经济频道

6 月 27 日全面启动大型直播节目

《2005 高校录取进行时》

四十所高校招生主管实时解答考生疑问

20位行业精英现场咨询专业学习规划

敬请关注大型直播节目《2005高校录取进行时》

七、合作资源

支持：教育部

独家内容资源支持：搜狐

因这次直播启动时间短，而短时间内我们掌握的资源有限，而搜狐公司在今年组织了全国各大高校招办主任的在线访谈，并开通了专门的高考频道，影响面很大，他们掌握有丰富的内容资源，所以我们拟请他们作为我们的支持单位，负责向我们提供所有的联系方式并邀请各高校的招办主任。

我们在片尾以支持单位的形式表示鸣谢。

同时在节目直播中，搜狐将进行同步直播，这样拓展了我们的收视群体，扩大了我们的影响力。

八、节目预算

1. 设备费用

2. 节目费用

3. 人员费用

4. 差旅费（嘉宾）

附1　各地录取时间表

类别	批　次	录取准备时间	录取时间
音乐、美术类	31所独立设置的艺术院校或基地班	7月8日	7月9日至7月10日
	其他本科艺术院校	7月11日	7月12日至7月15日
	其他专科艺术院校	7月16日	7月17日至7月20日
体育类	本科一批院校（公办院校）	7月11日	7月12日至7月14日
	本科二批院校（民办、独立学院）	7月15日	7月15日至7月18日
	师范类专科批院校	7月19日	7月20日至7月21日
	高职（高专）批院校	7月22日	7月23日至7月26日
文史、理工类	本科提前批院校	7月10日	7月11日至7月14日
	本科一批院校	7月15日至16日	7月17日至7月20日
	本科二批院校	7月21日至22日	7月23日至7月27日
	本科三批院校、高职单招本科院校	7月28日	7月29日至7月31日
	少数民族、老区预科班	8月1日	8月2日

附2 节目其他备选名称

1.《2005高校录取进行时》

2.《高校录取直播室》

3.《高校倒计时》

4.《走近象牙塔》

5.《高校录取情报站》

6.《省招办全联线》

7.《2005高校招生绝对现场》

附3 高考招生直播预排表

6月27日

中国传媒大学 北京电影学院 中央戏剧学院

嘉宾:李咏

演艺职业大讨论

6月28日

华东师范大学 北京师范大学

嘉宾:徐小平

6月29日

国际关系学院 外交学院

嘉宾:吴建民

6月30日

北京大学 复旦大学 中山大学

嘉宾:余秋雨

探讨文史哲

7月1日

中国人民大学 武汉大学 山东大学

嘉宾:陈东升

经济管理

7月2日

厦门大学 南开大学(待查)

嘉宾:叶茂中

广告

7月3日

浙江大学 同济大学

嘉宾：推荐知名校友

工艺设计

7月4日

清华大学　哈尔滨工业大学

嘉宾：数学家（待查）

数理化

7月5日

北京交通大学　上海交通大学　西安交通大学

嘉宾：（待定）

7月6日：

华南理工大学　华中科技大学

嘉宾：张朝阳

IT业

7月7日

北京航空航天大学　西北工业大学

嘉宾：（待定）

话题：（待定）

7月8日

北京邮电大学　南京邮电大学

嘉宾：（待定）

7月9日

中国协和医科大学　中山医科大学

嘉宾：钟南山

7月10日

对外经济贸易大学　中央财经大学

嘉宾：（待定）

金融（待定）

7月11日

中国政法大学　中国人民公安大学　西南政法大学

嘉宾：宋雨水

律师、法官

7月12日

北京外国语大学　上海外国语大学

嘉宾：杨澜

外企

7 月 13 日

中国农业大学 中国林业大学

嘉宾:陈章良

7 月 14 日

西安外事学院　湖南涉外经济学院

嘉宾:(待定)

7 月 15 日

香港大学　澳门大学　香港中文大学

7 月 16 日(预留)

7 月 17 日(预留)

《高招直播》节目招商方案

1. 节目总冠名

方式:20 天直播总冠名,总片头后 5 秒总冠名广告＋15 秒形象广告

价格:(待定)

2. 高校形象片展播

方式:(待定)

每日高招最新资讯看板　冠名及广告

全国高校招生信息　冠名及广告

每日幸运观众抽奖　奖品赞助

主持人服装　实物赞助

　　在这份策划中,考虑的内容和进行的工作虽然比较多,但大致可以划分成五项任务:

(一)确定目标

　　几乎所有的策划都是目标策划,都具有明确的目的。电视策划当然也是目标策划。比如说一个节目的策划,必须要有它的目标,有一个期望值。换言之,这个节目是做给什么人看的? 这个节目播出后要达到什么样的目的? 期望它达到什么样的社会效果? 这个既定目标就会指导我们整个策划过程。无的放矢或目标不明是根本做不好策划的。比如说,有些栏目从内容到制作都不错,但收视率却不高或者没有形成稳定的观众群,那么,我们也许就该倒过来找找原因,看看我们的目标制定得是否正确,是否与实际操作相符。

在这份"2005高校录取进行时"直播方案中，它的目标十分清楚，就是将2005年各高校录取工作的信息，在第一时间即时传达给广大的应届考生及家长，以及所有关心高考录取情况的广大观众。同时，我们可以判断，这个目标的制定是在调查研究的前提下产生的。

(二)调查研究

在确定目标之后，是不是就可以马上作出策划呢？那还不行。电视策划不能靠凭空想象，也不能靠心血来潮，而应建立在大量收集信息和缜密的调查研究基础上。"没有调查就没有发言权。"这句哲学上的名言用在电视策划中，仍然是非常恰当的。从表面看，"2005高校录取进行时"直播方案好像没有反映出调查研究的过程和结果；实际上，方案的策划者已经占有了大量的、准确的、详尽的材料。比如，2005年全国约有800万学生参加了高考，全国有1500余所高校将录取若干名学生。更为详尽的信息，诸如当年哪些专业是热门专业，哪些学校是热门学校，哪些学校是第一批录取的，第二批录取的时间将从什么时候开始，什么是民办院校……虽然没有直接出现在策划中，但在已经采访有关部门和依靠信息网络的基础上，做到心中有数，而且情况将会由邀请的嘉宾在演播室一一解答。试想，倘若没有事前的调查研究，能做出前后21天的高考招生直播预排表吗？除此，"2005高校录取进行时"直播方案对观众的需求也是进行了深入的研究的。在中国，一年一度的高考即国家大考，牵动着亿万人的心。一个考生的后面必有一个庞大的亲友团，人人都在关注他们所关心的那个考生的命运。在高考录取阶段，尤其是这样。所以，在这个时候推出这样一档直播节目，必然会有广泛的、庞大的观众市场即节目市场。

(三)进行创意

创意的构思是策划的核心部分，也是电视策划成败的关键所在。人们常说"出点子"，"出好点子"。创意不仅仅是一两个点子，而是许多点子的集合，它不是一个点，而是一条线，一条策划成长和成功的生命线。创意的内核就是创新。在"2005高校录取进行时"直播方案中，创意是非常新颖的。首先，创作出十个短句的节目宣传词："800万莘莘学子，谁能顺利走进高校大门……40所高校招生主管实时解答考生疑问，20位行业精英现场咨询专业学习规划。"这样，一下子把800万×N倍的观众紧紧地吸引到节目中来。其次，在节目形态构成上，采用演播室访谈＋短片＋现场问题解答的方式，并且分为高考录取情报站、魅力学校、高招录取现场互动、名人与大学、招办主任全联线、直击录取现场等六个节目板块。节目形式既统一又多样。第三，在演播室人员构成上，是苦费了一番心思的：前后二十天的播出时间，每天都有两三位高校校长和招生主管参与,同时请来教育专家、心理专家或其他职业专家,回答高考招生工作中的各种问题,在很大程度上提高了节目的权威性和可信度,自然又在很大程度上满足了观众的心理需求。第四,充分利用得天独厚的合作资源,请求教育部和搜狐网站的支持,为观众提供丰富的信息。最后,加强了直播节目的服务性,既介绍有代表性的学校,又报道不同批次录取的时间,让观众觉得节目就是他们的朋友和顾问。

同样,中央电视台《东方时空》的成功,可以说是来自两方面的出色创新:一是管理体制上的创新,二是节目制作上的创新。湖南电视的异军突起,同样取决于它在管理体制上和节目形式上的大胆创新。在完成基本构思的创意之后,就要解决策划的切入点问题,即策略的选择和制定。策略也是策划创意的重要内容。光有好的构思、好的创意还不行,还必须根据实际情况,因时因地因事因人采取相应的策略。创意是创造性思维活动要达到的境界。

(四)编制方案

在电视策划里,除强调对目标的把握和策略的制定外,还要重视把思维的成果形成完整的实施方案,好比建一幢房子,要拿出图纸才能施工。一个策划项目的实施总不会是个人行为,往往需要集体的协同工作,没有一个详尽、明确的文字方案,操作就缺乏依据,而某个细节的疏忽和失误都会危及计划的完成和影响实际的效果。在"2005高校录取进行时"直播方案中,从节目的宗旨到节目的宣传词,从节目形态构成到节目版块构成,从节目的片头、片花到节目内容,从演播室人员组成到邀请的嘉宾,从解答的问题到讨论的问题,从经费预算到主持人的服装,也就是说,从整体到细节,都考虑到了。因此可以说,上述方案的编制是系统的、完整的。

(五)调控过程

策划方案编制出来后,可以说策划的任务已经基本完成,但那只是一个"纸上谈兵"的东西,作为整个策划活动的过程它还远没有结束。策划还有一项十分重要的任务,就是对电视策划方案从制定到实施整个过程进行调控,有一个在时间进程上的详尽安排。在"2005高校录取进行时"直播方案中,有三个附件,以附件3"高考招生直播预排表"为例,从6月27日到7月17日这21天的直播时间里,每天都有2~3个学校作为重点播出的对象,也有嘉宾的参与和讨论的问题。这样,不至于因时间跨度大,涉及的单位多,报道的内容丰富,在实施过程中存在一定的变数而使整个方案出现纰漏甚或断层。

第四节　电视策划人

在一切事物发展变化中,"外因是变化的条件,内因是变化的根据,外因通过内因而起作用。"而在所有的内因作用中,人的作用是最重要和最主要的。策划人在电视策划中的作用显而易见,而电视策划人的作用和能力首先取决于其自身的素质。

一、什么是策划人

策划人是理性的思考者。作为精神和文化的传播媒介,电视从业人员肩负社会大任;作为一个社会人,策划人应该关注社会、关注人生、关注人类命运,应当跟随社会发展的节拍,不断调整自己的步伐。因为如果一个精神产品的策划人,从来不去思考社会与人生,他的作品就必然会缺乏起码的思想深度。而对于电视策划人来说,思考更是一种社会责任和职业素质。所有的传播,传播的都应该是思想和智慧的结晶;无论是策划一个新的栏目,还是策划一个节目的选题,都离不开积极的理性的思考。也许我们可以这么说,策划就是呈现你的思想。没有思想的传播是不存在的,而没有思想的策划则是拙劣的策划。

如果你同意策划人应当是一个理性的思考者,那么,策划人就应当是一个敏锐的观察家。因为思考离不开观察。对生活对社会深刻而细腻的观察、深切的体验,是策划的必由之路。100多年前,英国一位名叫威廉·哈兹里特的作家说过:"我们走过的一生,常是一条狭窄的路径,周围隔着一层薄薄的帷幕;但帷幕背后却是画图森列,竖琴悠扬,然而我们却不想伸出手来,掀掀帘幕,以便浏览一番华彩,触摸一下琴弦。正像在剧场之中,当古色古香的幕布徐徐升起,成群的人物、光怪的服饰、盈盈的笑颜、豪华的盛筵、庄严的列柱、林际的空明等等,无不纷然俱呈,奔来眼底;同样,只消我们肯偶尔'隔帘偷窥一下过去',一切感官上的膂足,记忆里的珍藏,一切意之所至,心之所痛的种种事物,瞬间也将重入我们的胸臆。"(威廉:《再论出游》)

策划人是激情的诗人。诗人有一颗敏感的心,生活的细枝末节都能掀起他内心的波涛;诗人有一颗热烈的心,人类社会的一切景象他都充满了热情;诗人有一颗勇敢的心,人生的风云变幻不会使他消极沉沦;最重要的是,诗人有一颗灵慧的心,他有着丰富的想象力,有着化腐朽为神奇的创意力。实际上,以饱满的热情和振奋的精神状态,去发现平凡的田园里最美好最动人的景色,给它押上优美的韵脚,这就是策划人的工作。

策划人还应该是精明的战略家。身处电视媒体林立的中国,面对几十上百万的电视同行,怎样最大限度地利用可以利用的资源,以最便捷高效的方法,创造出最抢眼的、最好销售的电视节目,或创造出最新的电视品种,这是电视策划人最基本的战略课题。有人说,条条大路通罗马,但最近的只有一条。策划人所要探讨的就是怎样找到这条最近的路。事实上,战略的制订是一个漫长沉闷的推理计算过程。当策划人作为一个诗人时,可以自由驰骋自己的想象,上天入地,没有禁区;而当策划人作为一个战略家时,则必须小心翼翼,稳扎稳打,步步为营,要逻辑严谨,条理清晰,来不得半点马虎。

策划人一般没有决策权。

策划从某种角度上说,是一项"买空卖空"的工作。这颇有点像春秋战国时期的仁人志士,有一肚子好主意,有一套套治国方略,但他们不是国君,也不是握有实权的诸侯,要想实现其治国安邦的理想,只能鼓其唇摇其舌,说服有决策权的人按他的妙计行事。

二、电视策划人的职责

电视策划人的职责主要有以下几个方面:

第一,制定传播计划并实施督导。为媒体效力的策划人,当然是围绕媒体的主业即大众传播事业的展开,提供各种高水准的计划。大的方面可以是策划重大的活动,推出新的栏目,调整播出布局,小的可以细到策划一个节目的选题。这些计划一旦获得批准,策划人就要协同实施督察指导的责任。

第二,收集、整理、分析收视反馈的信息。电视传媒作为一个信息传播系统,准确充分的信息反馈,是科学决策的基本保障。策划人应当与节目、广告、观众联系、公关及行政部门充分合作,建立起完整畅通的信息反馈体系。从理论上说,策划人应当是掌握反馈最充分的人,策划部应当是信息反馈的汇总中心。策划人应当经常进行专题调研。

第三,研究前瞻性项目和相关理论。广泛收集各种可能有用的参考资料,深入进行理论研究,大胆探讨中远期项目的可行性,这些都是策划人的日常工作。

第四,组织"外脑"系统。任何一个电视台,电视台的任何一个部门,都不可能独立完成起传播事业的所有工作。对于策划来讲,策划人不可能面面俱到,大包大揽,因此,外请专家顾问,组织"外脑"系统,是拓宽思路、扩展传播空间的一个不可缺少的、有效的途径。

电视策划既可以是整个频道的策划,也可以是单个栏目、单个特别节目的策划,还包括了主持人形象的策划。

三、电视策划人的基本素质

电视策划人的工作，是一种高级的思维活动，他要站在社会、自然、人生等重大问题的前沿，作出理性的思考，因此，对他的要求较高。那么，他应当具备哪些素质呢？

（一）要有渊博的知识

知识其实就是信息在个人头脑中的储存与处理。正如我们强调信息对策划的重要作用一样，丰富的知识将促使电视策划人头脑中灵感组合的频率更高、价值更大。有丰富知识修养的人，能敏捷地接受多方面的信息。电视策划人的知识不仅仅限于电视领域，还要了解与电视相关的自然科学、社会科学和人文科学的各个领域。这里说的策划人是指一个群体，他不仅仅是一个"通才"，还应该是一个"全才"和"杂家"。

当然，策划绝不可能包打天下，策划人也绝不是无所不能的万金油。

现在常有人说，策划人的基本素质就是"丰富的阅历"和"广博的知识"，这种提法的动机可能是善良的，但实际上是没有必要的。知识不见得越多越好，因为知识可以分为对人有用的正知识，对人没用的零知识，和对人有副作用的负知识。像轧钢工艺学对于电视策划人来说就是零知识，而买卖毒品的"知识"则可能是负知识。人的大脑对知识的容量是有限的，证据就是人会忘记一些长期用不上的知识。比如大学生都学过外语，如果毕业后长期没有使用，外语就渐渐还给老师了。大脑这种淘汰知识的作用，是为了腾出空间来吸收有用的新知识。以"中文之星"电脑软件为例，它的设计就模仿了人脑的特点。所有的词组都按照使用的频度排列顺序，越常用的排得越先，而不用的词组就会渐渐隐退，直到淘汰。于是，只要看看软件里哪类词组优先出现，就可以知道电脑的主人是做哪一行的，这也是这台电脑的主人知识结构的一种旁证。

我们没有必要让一个策划人浪费时间和脑力，去掌握过多的没用的所谓"广博的知识"。真正的知识是可以通过一次次的策划实践渐渐积累起来的，平时的知识积累，多也无妨，但是到了真用时不一定就顶事。因为平时泛泛收集的知识往往失之肤浅，缺乏准确性和系统性。其实就是同样从事电视策划的人士，也都各有所长，不见得对电视传播的每个领域都样样精通。比如有的人长于纪实节目的策划，有的人则长于文艺节目的策划，知识结构也都不一样。而且，即便是专注于一类节目的人，每天接触到的选题也各不相同。崔永元就说："每次都是一个新的话题，每次都靠临阵磨枪。"

"丰富的阅历"和"广博的知识"对任何人来讲都非常有益，不独对策划人；

但要是把它定义为基本素质，来要求每一个策划人，就显得有些荒谬。同时，以"阅历"和"知识"自居的策划人，如果次次都用既有的"阅历"和"知识"去对付所有策划，那就不是一个负责的策划人，一个策划人仅凭经验就信马由缰指指点点，没有科学系统的论证，那么他的策划充其量只能算是一种"创意"，不能算是策划。创意是一种灵感，而策划是一种科学设计。科学设计往往有章可循，只要掌握了方法，有没有"丰富的阅历"和"广博的知识"，都可以做到。

(二)要有敏锐的反应能力

一个感觉器官、神经中枢及大脑思维对外部事物刺激的感觉响应，即为"反应"。反应敏锐的人，往往能感受外界给予的微小刺激并由此迅速地组合出富有价值的灵感来。因此，在媒体激烈竞争的今天，电视媒体及策划能够抢得先机，往往就来自于电视策划人敏锐的反应。它主要表现在发现或发现力上。

发现力指在迅速掌握和理解所策划项目本质特征的前提下，判断其价值或卖点的能力，发现问题的能力；也是对客观事物(节目的表现对象)的判断和认识的能力，因为电视策划是一整套对电视节目的预测和控制的过程。

发现力包括在平时观察及思考积累的过程里的发现和寻找项目的能力。有一个古老的故事，是讲反应和发现能力的：魏王送给惠子一颗大葫芦的种子，惠子用它种出来的葫芦巨大，有五石的容量。惠子对着这么一个庞然大物犯了愁，他对庄子说："用它来盛水，它的硬度不够，怕它难以承受；把它剖开制成瓢，那么大一个瓢又无处可容。这种东西虽然很大，但因为它没有什么用处我将它打碎了。"庄子批评惠子没有眼光："你有五石容量的大葫芦，为什么不考虑将它系在腰上以浮游江湖？"庄子说："在江湖上浮游是多么快乐啊。"

这个古老的哲学故事说明，要发现一个事物的价值，必须跳出固有的生活观念。盛水或制瓢，是葫芦的固有用途，而巨大的葫芦在这两方面都派不上用场，所以惠子只好把它打碎了之。而庄子跳出了葫芦的一般概念，直接抓住它的漂浮特性，给予全新的解释。葫芦能漂浮是人所共知的特有事实，但一般的葫芦太小，漂浮的作用就发挥不了，所以被人忽视了。

如此看来，想要有所发现，需要逆向思维，需要打破常规，需要想象力的帮助，这也是创意力。

(三)要有丰富的创意

什么是创意？创意就是与众不同的想法，它靠的是你那颗活蹦乱跳的心。作家 John Steinbeck 说："我们人类是唯一懂得创造的一类，而且只有一种创造工具，就是个人的心智以及精神。"创意是策划人想象力的发挥、创造欲的冲动、灵感的迸发，以及对项目目标的好奇探索的行为。

成功的电视策划是创造性的结果,而创造性思维又是以创新的想象力为先导的。因为,电视策划必然涉及当代社会各种各样的法规、准则、经验、公理,它们既能使策划的思维得以进行,又限制了思维的创造自由。惟有"想象无禁区",才能拥有最大限度的自由。善于策划者,多是想象力丰富、自由无羁地进行创新思维的人。他们想象力的触角,跨越时间与空间的羁绊,从已知的世界深入未知的或可知的世界,新的图案、新的思路,均通过想象冲出旧思维的牢笼。

想象,在一定意义上说,就是创意。

创意是知识的升华、经验的变形;它的基本要求是标新立异、破旧立新。

通常所见表现丝袜透明感的手段,是让模特亮出整条大腿,以丝袜接近大腿根的那段比较厚的袜箍来与袜子的其他部分对比,以显示其薄(并且表示模特的确穿着袜子)。这就几乎没有什么创意。而有人却另辟蹊径,巧妙地设计了这样的画面:模特穿着短裙坐在沙发上,看上去好像没穿袜子(显示其极薄),但你往下一看,只见一只小狗正咬着袜子往一边拽,设计者用这个戏剧性的情节表示了袜子的存在,而模特不必暴露大腿,这就是创意。

创意是一种突围。据说中央电视台《东方时空》的《生活空间》那句著名的概括语:"讲述老百姓自己的故事",是其制片人陈虻在几番冥思苦想之后,于某日夜里偶然闪现于脑海的。这个堪称经典的口号,平实准确地反映了这个节目版块的基本特征和定位。其实陈虻的创意已经与设置《生活空间》的初衷相去甚远(否则这个版块一开始就会被命名为"百姓空间,"),他对设置《生活空间》的初衷做了突围。按原先的意图,《生活空间》是一个服务生活型的版块,两个女主持人就一些日常生活话题,娓娓而谈,类似于生活顾问。虽然这个意图符合《东方时空》"真诚面对观众"的宗旨,但实在没有什么新意。实际上,原先的《生活空间》未能获得成功,问题就出在节目类型定位的错误上。而陈虻之前的制片人,一直在节目的形式上下功夫。这就像一个人出现水肿时,医生拼命对他进行美容治疗一样,根本于事无补。陈虻的聪明在于他诊断出病人水肿的病根是肾脏出了毛病,于是果断进行换肾手术。他去掉原先生活服务的定位,代之以记录生活状态的定位。这在当时,的确是个大胆的突围。

创意是策划的核心。如果失去创意这个核心部分,策划就无从说起。那么,创意有什么法则吗?回答是否定的。但是,它也有一些可资借鉴的方法:

1. 从最不显眼处入手

最著名的例子是一家牙膏厂的促销建议。老板发动全厂员工动脑筋,想办法,多卖牙膏。一般人的思路是做些新颖诱人的广告,或者搞个有奖销售,还有人提出改进包装,甚至有人提出改进配方,越说越复杂。一个普通工人说,只需把牙膏瓶的瓶口加大,使顾客每天很自然地多挤些牙膏用,就加速了顾客买牙膏的频率,销量自然提高。

2. 从最简单处入手

往往人们会把思路纠缠在复杂的地方,久久难以自拔,而成功的创意并不复杂。美国有一家汽车出租公司,叫阿维斯公司,他们一直落后于另一家出租公司,却又苦无良策,只能眼巴巴地望着对手的柜台前天天排着长队。但是,有一天一个既高明又简单的创意产生了,他们做了这样的广告:"请来租阿维斯的车,我们柜台前排的队最短。"生意兴隆竟然成了对手的弱点,而门可罗雀却成了争拉顾客的优势。这个创意来自一个最简单的想法——乘出租车的顾客图什么?不就是图个快吗?

3. 从最不可能处入手

凡被认为不可能的事,总是存在一定的可能性——因为既然人人都认为不可能,至少意味着你可以创造第一。CNN 如今已经是世界级的电视新闻网了,而在 1978 年 12 月,特纳向人们宣布他要办一个纯粹新闻台时,人们认为他又在胡闹,认为他会把家底赔个精光。当时人们普遍认为,经营电视新闻只会赔钱,它收视率不高,制作费却高得惊人。而且特纳本人历来不爱新闻,他有一句名言:"没有新闻就是最好的新闻。"其实当时特纳正面临着一个麻烦,他向政府申请的有线电视经营执照马上就要过期,再不开播就要作废了。起初他还想着用这个执照办一个音乐台,或者别的什么,后来他又改变主意,决定办一个 24 小时的新闻台,这是前所未有的构想。他最初的想法是,钻法律的空子,用有线电视台报道一些耸人听闻的杀人案,只要没有"发射广播信号","联邦广播委员会就管不着我们了"。

4. 从其他行业借鉴

电视的栏目化就是从平面媒体及广播电台借鉴来的;曾经盛极一时的电视小品,借用的是戏剧学院课堂教学的手段;就连"主持人"这个行当,也是从舞台借鉴而来,中国的观众就曾经长期把电视晚会的主持人看做"报幕员"。借鉴需要有所改进,不能生搬硬套。主持人这个形式就有一个从生搬到改进的过程。从 1941 年 6 月美国成立第一家商业电视台之初,电视节目的播音都模仿舞台朗诵的传统方式,由播音员播读各种稿件。后来由于这种形式过于单调,而且舞台腔越来越不适合在人们家庭的电视机里生存,越来越令人厌憎。1952 年,美国哥伦比亚广播公司制片人唐·休伊特,率先在美国两党全国代表大会中,采用记者现场播报的形式来贯穿报道。到了 1956 年美国两党会议,全国广播公司的切·亨特利和戴维·布林克再次套用这种形式时,主持人大获观众认可,由此,节目主持人的概念频频出现在各类广播电视节目中,并进而取代了新闻节目中的播音员。从其他行业借鉴,是既能创新又能避免抄袭的好方法。

5. 到生活中去找灵感

我们在前面已经说过,看电视是简单化的、私人的行为,不像看电影是一种社会活动,所以,越接近百姓的创意就越受到欢迎。当文艺晚会一年不如一年时,无需任何技巧、人人都可以玩一把的游戏晚会正日见红火,因为游戏更接近百姓的生活。有时你会感到奇怪,过去只在单位联欢会上玩的,上电视根本就拿不出手的那些游戏,如今怎么就登堂入室,成了电视节目了。其实恰恰就是这样的不登大雅之堂的游戏,最符合电视的本性。这里不妨借用美国的广告策略家舒尔兹评价广告的话再次说明电视的特性:它"是受人尊敬的而不是施恩于人的;是寻求对话的而不是独白的;是能引发回应但不是刻意安排的"。最典型的例子是诗朗诵,自电视日益辉煌以来,这种高雅的艺术形式就越来越没有了市场。仔细想想也不奇怪,有多少人能在家里这样朗诵呢?

6. 联系思维

联系思维指由一个事物联想到另一个事物进而产生创意的过程。联想电脑的广告词写得好:"人类失去联系,世界将会怎样?"陈汉元先生在为《话说运河》撰写序篇时,就是把运河(主题)与长城(主题外的陪衬物)联系在了一起。他看着地图,发现长城与运河一个从东到西,一个从南到北,看上去倒很像汉字的"人"字,灵感的火花就在这时迸发出来,就从这"人"字说开去,这两个中国古代的大型人力工程,长城是阳刚的一撇,运河是阴柔的一捺,两者都被陈先生赋予了人的性格,于是《话说运河》就这样飘飘洒洒地开始了。

7. 逆向思维

所谓逆向思维就是敢于标新立异,敢于逆流而动。反其道而行,打破常规,不顾常理。中央电视台过去有个《洛桑学艺》,是《曲苑杂坛》的一个单元,这个节目就是逆向思维的结果。授艺的师傅什么都不会,学艺的徒弟倒是无所不能,这就是喜剧。

创意是一种特殊的创造性劳动,创意无止境,创意无定法,方法也是无穷尽的。这里说的七点,仅仅是九牛一毛。这些方法的总结,对于策划人的创意如果能有启发,当然功德无量;但是如果要通过读书来搞创意,那就是缘木求鱼。你见过"创意指南"这样的书吗?如果有,那一定是在骗人。

如果说创意有规律的话,创意的规律很像写作的规律,它被总结出来就是为了让人打破。在创意的问题上,从来都是提倡打破墨守成规。

(四)要有开阔的视野

世间万事,都有个来龙去脉。今天在昨天就有显示,明天在今天也必会有迹象。对电视策划人来说,所策划的活动、事件均是"将来时态"的。因此,要求电视策划人必须视野开阔,能够超越现有的时空,放眼未来。所以"预见性"就是不可或缺的能力素质。而所谓的预见性,其实质就是电视策划人的推理思维能力与合情合理的想象能力在分析信息、认识事物、预测未来方面的体现,是对既有的信息、加上动态的时间、因果逻辑关系等进行有机组合而产生的灵感。

(五)思想要活跃

电视策划是一种思维活动。而要产生创造性的思维结果,往往要运用一些科学的思维方法,如:归纳思维法、演绎思维法、类比思维法、发散思维法、收敛思维法、逆向思维法、辩证思维法……然而,在具体策划中,电视策划人往往是针对要解决的问题、要实现的目标,找到最佳的对策。因此,电视策划人总是将各种各样经验中或信息中的办法与目标相结合,以组合成策划的灵感。通常这一灵感与目标之间的关系,被称为这样或那样的思维方法。那么,目标只有与特定的甚至是唯一的信息组合,才能产生最富有价值的策划灵感。显然,在这种信息的组合中,就需要电视策划人富有思维的灵活性。否则,总是让目标与习惯的思路信息组合,也就不可能产生富有新意的策划灵感。

(六)谋划要周密

策划不同于"建议"或"点子",只要有创新性就可取,而在创新性的大思路下,还要进行细致、缜密的思维,从步骤到细节均须考虑到。策划是为了实施,或者说是为了更好地实施策划目标,这就向电视策划人提出了谋划周密性的严格要求。电视策划者从某种意义上来说,也是一位操作能力很强的管理者和执行者。

策划,就是谋划安排,就是制定战略战术,就是运筹帷幄。策划人还是行动的组织者。策划人的工作绝不仅仅限于创意,仅限于创意的人叫"创意人"。恰好工作中包括了创意,而更重要的工作内容是组织实施。如果我们要把策划工作划为阶段的话,在策划的前期工作中包含了创意,而接下来的工作就是行动;策划人一定要把策划案变成行动,策划才成其为策划,未能成为行动的策划,只能永远地被称为策划案。

(七)配置要合理

我们一直在强调,电视是集体合作的事业,一人包办是不可能的。因此,协调力对于策划人来说是必备的能力。日本千叶大学教授多湖辉说:"企划内容里的97.9%是任何人都知道的,非常常见的普遍的东西,当它们被一种新的关联体系重新结合起来,具有相当的有效性时,就能发展成企划。"企划人的协调,内容之一就是将资源进行整合配置,把既有的资源集合在排列有序、新奇独特的构思里,让它们发挥最大的能量。

协调的内核是配置。如果我们回顾一下 20 年前的情景,可以发现当时几个最有影响的人是几个报告文学作家;当时轰动中国的报告文学甚至影响了中国最优秀的电视人,他们把自己拍摄的纪录片也命名为"电视报告文学"。报告文学大约保持了 10 年的辉煌,就逐渐淡出,如今已经风光不再。在今天快节奏的社会生活中,读者没有时间读长篇的作品,而出版者也等不及作家去写精雕细刻的皇皇大作,于是平面媒体上就出现了组合文章,不同的作者,相同的主题,各自从不同的侧面展开写作,编辑部将这些文章一拼,就很完整很全面了。这就是配置。

我们来看一期《新周刊》的配置,这期的主题是"中国城市"。在《新周专题》栏目里,编发了 3 篇文章:《中国城市魅力排行榜》,18 个页码;《说不清的中国城市》,4 个页码;《前途远大的八座城市》,4 个页码。在《摄影日记》栏目里,以"《新周刊》记者目击中国城市"为题,编发了 38 张照片,10 个页码。在《新周调查》栏目里,以 6 个页码的篇幅,报告在北京等 7 个城市里的同题调查的结果(调查题:我心目中最好的城市)。《中国城市》专题一共用了 36 个页码,占该刊约 32% 的篇幅。这要让一个作家承担,他要花多长时间旅游,又要花多长时间写作呢?这还不是最典型的例子,有的时候整本杂志就是一个主题。只有采取组合配置的方法,才能做到既快又好。

电视需要配置,既快又多姿多彩。

先讲节目资源的配置。1998 年夏季的水灾期间,人们从中央电视台的屏幕上看到了气势恢弘的配置。《新闻联播》《新闻 30 分》《晚间新闻》等各档新闻栏目对水灾作详细的动态报道;《东方时空》《焦点访谈》《新闻调查》等新闻及评论栏目作纵深报道和评论;8 月 22 日起撤掉《科技之光》,推出《健康之路》特别节目《抗洪灾,防疫情》,每天在黄金时间做 5 分钟防疫知识介绍;《商务电视》也在商务信息中想方设法地加进了一些灾区急需物资的信息;此外还有公益广告和音乐电视的配合,连《焦点访谈》的片头也改成了抗洪抢险的画面。而 8 月 16 日和 8 月 21 日的两场大型赈灾义演文艺晚会的现场直播,为灾区筹集的款项超过了 10 亿元人民币。每天,不论前方后方,观众们总是集中在电视机前,通过中央电视台的屏幕了解各地汛情灾情,了解中央的战略部署。可以说,1998 年水灾期间,中央电视台的这种节目配置,起到了沟通全国上下,激励国人抗洪斗志,号召国人支援灾区,安定灾区民心的作用。节目资源的配置,还包括节目的整合重组,使一个节目多次利用,或使零散的节目集合成有规模的大节目。在 1997 年香港回归报道中,凤凰卫视利用航拍节目的资源,另做《遨游香港凤凰号》有奖收视节目,就是"一鱼两吃"的概念。凤凰卫视还有一个资源整合的方式,也值得借鉴,就是在一个总栏目名下,集合若干个不同的栏目,归类播出。如,在《完全时尚手册》的总栏目之下,周一至周五分别播出介绍时装及时装模特的《天桥云裳》、介绍饮食风尚的《美食新乐园》、介绍汽车时尚及赛车故事的《车元素》、介绍娱乐圈消息的《娱乐百分百》、介绍旅游资讯的《周末任你游》,这些栏目之间并没有必然的联系,但是被整合在一起,统一由李辉主持,在"时尚"的旗下集合,成为一个栏目,打包出售给广告主。又如,《非常新干线》也是同样的原理,在这个总栏目名下,周一至周五分别播出介绍内地社会、经济文化资讯的《时空大陆架》、介绍香港社会生活的《香港今日看真点》、介绍台湾风情的《宝岛风情》、介绍香港建设规划的《蓝图2000》、表达人文关怀的《青年目击者》等。这是一种"握拳式"的资源配置方式。

如果从经营的角度考虑,还有一种资源配置方法值得注意,我们可以把它叫做"节外生枝法"。众所周知,《南方周末》是《南方日报》的周末版,但是它是独立运作、单独销售的,读者可以不订《南方日报》而只订周末版的《南方周末》。在广东以外的读者来看,《南方周末》是一张似乎比它的母报还要大的报纸。这就是"节外生枝"所创造出来的传媒奇迹。凤凰卫视曾经有一个《金言榜》节目,就是利用《杨澜工作室》"节外生枝"衍生出来的"副产品"。据说这个《金言榜》节目单独卖了几百万的栏目冠名广告。如今各电视台都有的《体育新闻》,也是从最早的综合新闻中分化出来的,另起炉灶,成为独立运作的栏目,既丰富了屏幕,又满足了观众需求,还多了一个销售广告的节目资源;实际上,这种"节外生枝"并不妨碍综合新闻节目的全面性,重要的体育新闻,综合新闻节目中一样可以重复使用。

人力资源的配置也不容忽视。众所周知,中国电视发展的今天,越来越多的制作群体是临时集合起来的,大家并没有一个单位的感觉,完全是合则合之,不合就散。而电视又最讲究合作,所以配置的重要性就显现了出来。配置的基本精神,就是要最大限度的发挥个人的才能,并使每个人的才能全都朝着有利于达到项目目标的方向发展。科学合理的人力配置,能促使普通人创造出不平凡的业绩。"任何组织都不能靠天才,因为天才人物毕竟是少数"。人力配置的作用是,使每个人发挥出比他个人的才能大得多的能力,也可以使每个人的弱点减少到最小程度。

人力资源的配置,在电视策划中,可以按节目类型来抓主要矛盾。脱口秀节目,自然是要抓住主持人,主持人有了,这个节目也就基本上立住了;综艺晚会的制胜元素比较复杂,但撰稿和演员是最主要的元素;纪录片的摄像师是决定一个片子基本形式的元素,因为纪录片在摄制过程中,往往要靠掌机的摄像师去灵活地见机行事,当时什么样就是什么样,没有重来的机会。当然我们也可以反过来看因果关系。如果你策划的出发点是特定的一个人，比如是一个即兴发挥口才很好的主持人，为他策划脱口秀节目，那么这时配置的任务就是为他配置一个较强的选题谋划班子，配一个善于收集资料、善于分析各种情报的助手，再给他配一个对外联络的强手，专门去寻找善于与主持人对话的嘉宾，人力配置工作就万事大吉。"人海战术"和"尖刀班"，是两种根本不同的人力配置理念。

据说1998年长江洪灾报道中，中央电视台有来自11个部门的几十个摄制组前往灾区，这是"人海战术"；而凤凰卫视、广东电视台、北京电视台就只派出了一个或几个摄制组，这是"尖刀班"。只要配置得当，二者都无可厚非。

人力的配置不能仅仅停留在"协调"上，因为协调毕竟是消极的。配置的目标是，让分散的、具有不同能力的、不同个性的电视人，组成一个有共同目标的、为一个共同项目服务的、互相协调的整体。这个整体的能力并不是他的所属成员的能力的简单算术和，而是一种不论在数量上还是在质量上都远远超出原有成员的能力的新力量。

物质资源的配置，主要指设备、演播场所等的配置。似乎还没有一个电视台的设备常常闲置，实际情况是，设备总是不够用。一个完备的电视策划案，应该包括设备使用的详尽计划。

资金资源的配置，是指资金的预算和使用。"一分钱，一分货"，这是商品社会的基本规律。资金资源对项目的质量、规模的影响极大。按说，资金资源的配置，真要做到详尽周到，得由专业的财务人员负责计算，但是专业的策划人必须是个算账的行家里手，起码得向财务部门提供一个基本的配置思路和计划。资金资源的配置规划是策划中不可分割的一部分，它对于评估项目的可行性、计划投资规模，确保项目成功是非常关键的。它包括以下几个方面：

资金的来源。这是每个项目都必须考虑到的问题。资金一般有四个来源：本台自有的资金投入，广告费划拨，合作方投入，银行贷款。有时可能出现几种不同来源的资金混合使用的情况。策划人自己必须要有一本账，如果有银行贷款，则利息得仔细计算，还要考虑还贷期限。如果是合作方的投资，要仔细说明回报方式，让决策方权衡是否合算。

资金的额度及用途。影视资金的使用往往有些特殊支出，比如场租，还有明星的出场费，有时酬劳占到了总投资的很大比例。电影《红色恋人》总投资3000万人民币，其中张国荣的片酬达到600万人民币，占20%。制片人张和平说："我认真衡量了一下，张国荣是个非常优秀的演员，片酬上的付出是可以和回报成正比的。"关于资金的额度，正确计算出大笔支出的额度之外，加上其他常规支出，就可以获得一个大概的估计。至于详细的支出预算，不是策划人的工作,应在项目获得批准后,由制片人制定。

效益预测。这方面的内容包括:产量(电视节目产品的长度或集数),品种等级(属于哪种节目类型,一般会被安排在哪个时段播出。儿童节目总被安排在每天17点至18点这个时段,而纪录片总在23点之后播出),可以提供的广告机会(时段和时间),有无派生产品(如录像带、VCD、CD、DVD、画册、各种纪念品)。把上述四项内容计算一遍,即可预测出效益的大致情况。效益预测应当列明总效益、合作者效益、扣除合作者效益之后电视台的效益等,供电视台的决策者参考。

现金流量分析。对于一个项目来说,现金流量规划是成功的关键。现金流量分析包括:需要多少现金,什么时候需要,现金的获得方式。这个分析强调你的项目日历上的时间点,在什么时间现金应当流入项目组,什么时间又流出,流向何处。电视的项目支出大量是现金,少了现金,电视就寸步难行。

美国著名的百货公司主管 J. 瓦纳梅克说:"策划能否成功,在于能否充分利用他人的头脑和他人的资金。"

四、如何提高策划人的素质

电视策划人的素质不是天生的,它完全可以通过后天培养和实践锻炼来培养、提高,因为这些素质不是处于静态的,而是一个动态的发展过程。如何提高电视策划人的素质呢? 它包括能力的自我培养和情操的自身修养。

(一)培养能力

能力的自我培养包括:研究能力的培养和操作能力的培养。

1. 研究能力的培养

所谓研究能力,就是自己提出课题,自己去回答、去解决的能力。具体到电视节目策划来说,就是自己接受或提出策划任务,自己想方设法产生和形成策划方案。

研究能力的培养一般遵循以下路径进行:

(1)丰富知识。"博学"才能"多才"。与摆在面前的课题相关的那个领域的知识越广博,经验越丰富,那么,根据实践要求而提出的解决问题的思路就越灵活,办法就越多。国外有学者指出:"具有丰富知识和经验的人更容易产生新的联想和独到的见解。"当然,哪一个电视人都不可能无所不知,作为一个策划人更重要的是具有迅速、及时掌握相关知识的能力,他(她)要像海绵一样在知识的海洋里尽情地吸纳。

当然,拥有知识并不等于就一定能应用好知识。这里还有一个思维方式的问题。一般说来,习惯于只作线性思维和平面思维的人,在思考问题的时候都会有局限性,而擅长于立体思维的人,由于具有更为广阔的思维空间和灵活易变的思维方向,研究、解决问题的能力则会更强。因此,在争取知识总量增长的同时,还要优化思维方式,不要像我们在生活中所形容的那样"一条道走到黑"。

(2)积累想象。想象,是一种能动的思维能力,是凭借形象思维和抽象思维,对头脑中已接收和贮存的各种信息、素材进行加工制作,重新排列组合,创造出未曾感知过、甚至从未存在过的事物形象的心理过程。德国哲学家康德认为,想象力具有创造性的认识功能,它能从真正的自然界里创造出另一个抽象的自然界。

书本知识是想象的素材,社会实践更是想象的素材,有意识地多接触社会,多参加实践活动,对诱发想象和丰富想象的积累也很重要。

(3)善于思考。从某种意义来说,创造的过程就是思考的过程,因此,要乐于和积极地思考问题,勤于思考才能善于思考。即使曾经拥有丰富的知识和经验,如果一段时间不愿"开动脑筋",不去"更新换代",那么知识就只停留在原有的层面上。经过思考,才能对事物的特性,对这一事物与另一事物的联系有新的发现,研究才能有新的突破。

2. 操作能力的培养

电视策划不仅是一个思维过程,而且还包含它的物化过程,要把思维的成果记录下来,形成完整的策划方案,并根据方案规定的内容和操作的程序去实施方案。我们把这种能力统称为操作能力,具体表现为习惯、作风和魄力。

(1) 培养良好的习惯。习惯是人在处理事务过程中无意识的动作。习惯有"好"、"坏"之分,凡有助于研究解决问题的,就属于积极的、"好"的习惯;对研究、解决问题有阻碍作用的,则属于消极的、"坏"的习惯。具体到电视节目策划来说,就很需要培养这样一些好的习惯:

——利用图形符号。在思考问题时,边思索边在纸上用图形或符号把思考线索描绘下来,这种做法会有效地刺激大脑,避免思维停滞;会有助于集中注意力,避免思维松懈;有时新异的线条或图形还会触发灵感。

——记录思想的火花。人的认识是一个由浅入深、由感性到理性的发展过程。这个过程体现了由知之不多到知之较多的积累增殖过程。在这个过程中,人可能会出现一些突如其来的新想法、新观念,即我们常说的"思想火花",这就不但需要我们为捕捉、描述这些新想法准备必要的条件,比如,随手能拿到的笔和记录的卡片;还要有即时记录的习惯。稍有怠慢,这些稍纵即逝的想法说不定就会在脑海中绝迹,即使能重新"检索",也可能要浪费很多的时间和精力。

(2)培养良好的公关能力。公共关系,是指人与人之间、人与社会之间的关系。良好的公共关系有利于人们相互交换信息、相互影响和相互作用。缺乏公关能力的人,往往会人为地在自己与社会及周围环境之间形成一道屏障,影响彼此间的交流和工作的推进。这既会是心理因素所致,更是作风使然。无论何种原因,都应认识到公关能力是操作能力的一个重要方面,要针对自己的实际情况,锻炼和增强自己的公关能力:

——电视策划无论是在方案的策划研究、对外联络、方案执行,还是在总结评估等阶段,都不可能不进行交流。不通过交流,不可能在策划人员内部和在策划人员与社会各有关方面建立广泛、有效的联系。因此,电视策划人员不仅应该培养自己具有诚实、守信、礼貌、谦恭、宽容、忍耐等良好的涵养,而且要学会依靠自身的这些涵养,与公关对象建立起真诚、积极的关系。

——语言是公共关系的重要工具。因此,语言表达能力是公关能力的重要组成部分。电视策划人员不一定是雄辩的演讲家,但必须使自己的表述具有很强的逻辑和层次,不但要能完整、准确地表述自己的思想,还要有显现简约、幽默等魅力;不但要能吸引人,还要能打动人、说服人。

(3)培养良好的文字表述能力。电视策划离不开文字的记录和传递,因此,策划人还应培养自己良好的写作能力,对计划、方案、合同、总结、广告等体裁的文稿撰写都要具有较高的水平。

(4)培养良好的组织管理能力。一个策划项目往往是一项"系统工程",不但需要协调各方关系,还要对各个程序实施严格的管理。这样才能推进计划的执行,实现最终目标,取得预期效果。高层人员有宏观管理责任,处于具体工作岗位的干部在岗位职责范围内也有管理任务,因此,电视策划人员无论职务高低,都应该注重自己组织管理能力的锻炼。

(二)陶冶情操

情操,实际上指的是人以某一事物为中心的一种复杂的、有组织的情感倾向。现代心理学把人的这类复杂情感称为高级情感,并分为理智感、道德感、美感三种类型。对电视节目策划来说,我们不仅要重视和研究受众对这三种情感的诉求,而且,从策划人员自身素质来说,也要加强这三种情感的修养。前者表现为节目策划客观的依据和针对性,后者表现为节目策划主观的基础条件和保障。

1. 理智感

理智感指同满足求知欲、追求真理的思维活动及其内容相联系的一种情感,对创造性的思维和实践活动具有促进作用。对电视节目策划来说,一个项目的策划固然体现了策划人员对选题的认识,同时,也体现了策划人员在情感方面的倾向和态度。如湛江人民广播电台荣获中国广播电视新闻奖一等奖的特别节目《好样的！女兵》，三个主创人员中有两个就是军嫂，对军人和妇女的特有情感激发了她们的策划和创作欲望。一个策划人员如果没有强烈的社会责任感，没有对社会问题的极大关注和对群众疾苦的深切同情，就不可能从中发现问题，并以此为依据，提炼出有关的策划选题；没有强烈的对电视事业改革和发展的事业心和使命感，也不可能对节目策划表现出执著的追求和满腔的热情。因此，不断提高自己的政治思想素养，是电视节目策划人员的重要任务。

2. 道德感

道德感指同行为的道德评价相联系的一种情感。道德感也是电视节目策划人员自我修养的一项重要内容。比如，作为一种创造性的思维活动，电视节目策划不可能没有困难和挫折，有时候困难和挫折还会尖锐地表现为善和恶、公正和偏私、诚实和虚伪的较量，这时就需要策划人员坚持正确的道德评价和自身的操守，有与困难和挫折斗争的精神和勇气。

3. 美感

美感指对美的主观反映、感受、欣赏和评价。电视节目策划人需要培养自己的审美情趣，这不仅是节目策划内容和表现形式的要求，关系到我们策划的节目能不能给人以正确的认识和教育，又给人以美的享受；还是节目人员自身素质的要求，体现出节目人员自身的涵养和在社会上的形象和影响。

(三)善用方法

1. 人脑与电脑

电视策划是电视策划人大脑思维的结晶，优秀的策划源于对人的大脑功能的成功开发。大脑的功能对于一般人来说，尚有90%未被开发和利用。从人体解剖和生理学的角度来看，人脑有左脑与右脑之分、大脑与小脑之分，它们分工不同、功能各异。用于思维活动的主要是大脑，而大脑左半球和右半球的分工也有所不同。因此，电视策划人要努力使左右脑均衡发展，要在实践中逐步完善大脑的功能，充分发掘大脑的潜能。然而，作为整个人类来说，人的大脑的生理功能毕竟是十分有限的。作为个体的人来说，一个人的大脑的作用也是十分有限的。因此，每一个人应该借助他人大脑的智慧，借助人类的科学成就，这就是所谓借助"外脑"——电脑，做到人脑与电脑的联动；只有做到"左右脑并用"、"人脑与电脑并用"、"内外脑并用"，才能使电视策划的"脑库"容量大，功效高。也就是说，要不断地开发人工智能。

人工智能是用人工方法模拟人类智能的一种技术，它包括推理、学习和联想三大智能要素。目前，人工智能的推理功能已获突破，学习功能正在研究中，联想功能处在探讨阶段。人工智能将在逻辑推理计算机、模糊计算机和神经网络计算机三者的基础上实现。电视策划人应该密切注意这一进程，以便及时开发和利用人工智能的最新成果。

2. 借用"外脑"

由于人的认识水平和知识范围都很有限，对于电视策划来说，一个人的脑子是不够用的，因此就要用两个人的脑子、三个人的脑子甚至更多人的脑子，这叫发挥集体智慧。这种集体智慧不仅仅需要集思广益，而且还需要优化组合，即汇集各类人才的智慧，组合各路精英的头脑。业内人士的脑子不够用，那就借用业外人士的脑子，这就叫做借用"外脑"。

什么是"外脑"呢？从电视策划的角度来看，就是指业外策划者。业内策划者当然是由电视人组成的，他们的优势在于对电视的熟悉，而业外策划者则是包括所有非电视专业的社会策划人才。由于他们的加盟，不但大大地弥补了电视人在各个领域知识的欠缺，而且会极大地丰富电视策划的思维方式。纵观近年来众多业外人士和文化精英的"触电"，确实让电视荧屏精彩纷呈，为电视策划增色不少。这些"外脑"主要由三路精英组成：

（1）其他媒体

近年来，不少报纸、杂志、通讯社和电台的从业人员进入电视圈，以他们对电视独到的理解参与了电视策划工作并取得了佳绩。如《人民日报》记者张绵力率领一些报人为北京电视台策划并制作了电视栏目《北京特快》，向电视的表象化传统发起了冲击。新华社王志纲策划和拍摄的电视片《南方的河》，在反映改革开放方面，以其前所未有的深度和广度着着实实为广东电视争了一回面子。制作出《中国娱乐报道》和《世界娱乐报道》的光线电视策划研究中心的策划人和出品人王长田，原来是《中华工商时报》的一名记者，等等。

（2）其他专业

近年来，不少电视栏目都曾邀请许多社会学、法学等专家学者参与策划，以提高电视文化的深度和品位。如中央电视台十分火爆的谈话栏目《实话实说》，总策划杨东平是北京理工大学高教研究所副研究员，策划郑也夫是社会学教授。这些"外脑"虽然不一定都对电视制作很在行，但是他们知识渊博、见解独到，具有多向思维的优势，完全可以与熟悉电视的业内策划人取长补短，共同形成电视策划上的优势互补。当今中国电视人已经懂得，专家学者是他们最大的"脑库"。

（3）其他艺术

电视这块热土，也吸引着文学、电影等诸多文化艺术门类的艺术家们。前几年，广东电视台制作了多部颇具影响力的电视连续剧，《情满珠江》《英雄无

悔》《和平年代》等均荣获全国"五个一工程"大奖,这些精品佳作从策划到制作
完全是由珠江电影制片公司一手包办的。电视台的许多文艺晚会和文艺节目,
在策划时更是经常邀请社会文化精英参与,有时甚至全部委托他们承办。

借用"外脑"还有"远亲杂交"的优势,通过内外脑的结合使我们的电视策划
思维达到"优生优育"。

五、新世纪对电视策划人的新要求

(一)超前思维

2005年,湖南卫视的《超级女声》对中国观众来说是一次狂欢,对电视同行
来说是一场灾难;2006年,无数卫视的选秀节目对中国的观众来说是无数个分
会场的狂欢,对电视台的其他节目来说是一场接一场的灾难(电视剧除外)。

深究这个媒介现象的本质,我们理应十分清醒地意识到,《超级女声》的策
划是从2003年到2004年之间开始的,最早借鉴了当年风靡欧美的《美国偶像》
等节目的"选秀"形式,以"一夜成名"的诱惑为卖点,以"海选"的洋相百出为噱
头,以"晋级"、"PK"的赛制构成冲突和悬念。在2004年首度播出时并没有激
起足够大的反响。2005年为《超级女声》冠名的"蒙牛"集团在策划这个与湖南
卫视的合作之初几次面临项目下马的危机,时间仅仅在一年之前。谁也没有想
到这个节目一年之后会这么火,这次合作随之也成为商业策划的经典案例,"蒙
牛"集团的这位策划人甚至就此写了一本畅销书。而当时间的车轮开始碾过
2006年,当中国大批电视人致力于从不同路线发掘选秀节目类型的富矿时,湖
南卫视的"纪录真人秀"节目《变形记》已经开始第一季首播;以体育项目为表现
形式的"奥运娱乐秀"《我是冠军》也悄然登场。这些策划会不会带动中国电视
节目的下一个风潮?

湖南卫视自20世纪90年代末以来就持续在一轮又一轮的收视竞争中独
领风骚。这很大程度上要归功于"电视湘军"的超前思维。超前思维是一种突
破式、预见式的思维方法。透过表象发现事物变化发展的规律,进行潜在的制
因分析,对节目设计、市场交易、媒体发展的前瞻性思考,才能做到真正策划事
物,而不是被事物所策划。

(二)经营意识

广播电视媒体的产业化促使越来越多的节目从"导演制"转变成"制片人
制"。现在的导演往往只负责节目的具体编排和制作,制片人则要关注从节目
选题到内容制作,从节目交流到市场交易等各个环节。在国内目前的策划机制
不够健全的情况下,策划人常常兼任制片人,或负有和制片人类似的责任。当

今的节目策划不仅是单纯的节目创新,还要考虑广告、人力资源管理和财务核算等,需要策划人树立节目经营的意识,具备公关、交易和管理的能力。未来的策划人不仅要能够提出优秀的节目创意,还必须能够在让节目成品走向市场,进行流通。

(三)学习能力

策划一个新节目或新选题都离不开积极而理性的思考。策划人应该是一个敏锐的观察者和积极的思考者。对社会生活的方方面面怀有好奇心和关注度,对各种媒介现象有细致而深刻的观察和体验。但社会之广阔,生活之复杂多变,任何人也做不到全知全能,只有善于学习、能够适应发展变化的头脑才可能做出明智的决策。况且"策划人"目前在中国还是一种新行当,即使专业院校的正规训练也尚处于不断探索之中,因此,我们除了努力丰富自己各方面的知识经验之外,更重要的是从实践中思考和总结,训练自己的理解力、判断力和行动力,不断地主动适应新环境、发现新情况、解决新问题。

第二章　电视节目策划的程序

本章要点

　　在电视节目策划中,立项、创意、设计、实施、总结是它的"五根支柱"。

　　这"五根支柱"也是电视节目策划的五个主要环节。通常,其步骤(程序)也是依次进行的。

　　电视策划是一种程序,策划过程中每一步都有明确的目的和要求。研究和掌握这些规律,认真做好每个环节的工作,将有助于我们提高策划的质量和水平。我们这里研究的是电视节目策划的程序,其他电视策划也类似。电视节目策划的程序一般包括:立项、创意、设计、实施、总结五个主要环节或步骤。但在实际操作中,"程序"并非一成不变。有时,先立项再做创意;有时,则先有创意再去立项;有时,在设计方案时会发现新的信息,进而重新修改创意;有时,在实施过程中会发现问题,进而对策划方案进行微调。不论怎样,在电视节目策划中,立项、创意、设计、实施、总结是策划的五根支柱。

第一节　选择项目

　　电视节目策划的第一步就是选择项目,确定题目。这里首先要解决这样几个问题:要不要做策划? 要做一个什么样的策划? 如果要做这个策划,需要做哪些前期准备工作? 作为立项,策划的前期工作需要做两件事:一是确定目标,二是搜集信息。

　　这里,我们先看一个策划方案——

《晖哥帮你忙》"五一"特别策划

节目缘起

为配合频道传真相亲大会,《社会传真》将在子栏目《晖哥帮你忙》推出"五一"特别节目"晖哥帮你找对象"。

节目样式

"晖哥帮你找对象"将沿用朝晖现场服务类节目的样式,以邻家大哥形象帮助单身男女约会相亲,节目重点在于记录相亲过程,其中我们还将设置一些小环节考验相亲对象,主持人将对其表现作出简单的点评,同时为当事人出谋划策,提供参考意见,整个节目计划共分七集,每集选择一位靓妹或帅哥作为当事人,然后让她(他)从相亲档案当中选择两到三位,约定一个地点,先后见面,节目计划制作长度在四到七分钟左右。

具体内容

1)主持人呼号:传真相亲会,晖哥帮你忙。我现在是在……(当事人家或者工作单位),今天某某小姐(先生),希望来参加我们的相亲会,……

2)当事人简单介绍,亲友团声援,讲述当事人的优点。

3)当事人挑选意中人(两到三名),讲述挑选理由,包括对对象的要求。

4)主持人串场,来到相亲地点。

5)相亲对象出现,晖哥与当事人躲在一边,这时按事先设计的考验环节开始,比如:一位美女抱着文件路过,文件撒了一地,看相亲对象反应,同时还要观察当事人的反应,请当事人作出初步判断,是立刻回绝,还是等会再看。(此环节结束,工作人员将请第一位相亲对象到一边等待。)

6)按照以上过程,第二位相亲对象出场,以此类推。

7)当事人与三位相亲对象见面,主持人请双方谈各自的第一印象,然后相互提问,或者表现才艺,最后当事人作出最后选择,以献吻为选择方式。

8)主持人请亲友团发表意见,是否满意。

9)最后主持人结尾。

拍摄人员和设备要求

1)主持人一名,现场导演一名,摄像两到三名,工作人员两名,根据需要还要若干名故事会演员参与。

2)对象的挑选需要综合部配合完成。

苏州广播电视总台《社会传真》栏目

2006—4—4

在这份不甚完整的特别节目的策划中,策划者首先想到的问题是题目。

一、确定策划题材(目标、定题)

电视策划的前期任务首要的是要确定目标(对象)。确定目标的重要之点是:

(一)价值意义

价值是项目本身的意义,有的项目具有政治意义,有的具有经济意义,有的具有文化意义,有的具有社会意义,有的具有科学意义;而卖点是项目赖以出售的那个部分。任何一件事情或事物,都有大小不同的多种价值,要从繁多复杂的内容里,发掘最有价值最有意义的成分,是策划者才智的表现。在《晖哥帮你忙》"五一"特别策划中,策划者从司空见惯习以为常的社会生活现象中,发掘出在"五一"长假期间为大龄青年男女相亲找对象的题目,这对大龄青年男女本人或是他们身后的亲友团来说,都是很有价值的事情。

第15次南极考察,显然已经不能考虑一般性的"第一次"卖点。但是,它仍然有"第一性"可以发掘。如果用了自己的直升飞机参与作业,则这就是"中国第一次使用了自己的直升飞机",它结束了中国南极考察借用他国直升飞机的历史。另外,它也将是中国在20世纪进行的最后一次南极考察,考察内容的广泛和深入也是前所未有的。这个项目不仅有科学价值、经济价值,还有政治意义。

(二)明确卖点

发现了价值还不够,还必须找到卖点。有时价值就是卖点,有时价值不等于卖点。其实望文生义就可以搞清楚二者的区别。项目好不好卖,有没有经济市场,能否引起广告主和观众的注意,特别是能否让广告主慷慨解囊,就看卖点如何。于是策划人第二个着眼点就是寻找卖点。

卖点就是商机。当策划人发现了项目的价值之后,必须判断这价值是否就是卖点。如果不是,则要另外发掘或创造。《晖哥帮你忙》的卖点就在于"五一"长假休闲时人们对婚嫁大事的关心。第15次南极考察的科学价值是显而易见的,但是卖点不突出。策划人打算进行"全程直播报道",就是创造卖点。我们已经说过,广告主通常喜欢连续不断的节目。如果这个想法可以实现,将创造中国电视史上首次南极全程直播的先例,也就是创造了"第一次",也就带来了一次商机。创造卖点的方式就是这样把一个项目进行系统整合,理出主题,打包推出。

一般来说,策划目标(题材、题目)的确定取决于:上级下达的指令性任务;

上级根据形势需要给予的指导性指示;策划人在搜集信息的基础上,根据形势需要和观众需要提出的策划目标。前两项都是先确定策划目标再做下一步工作,也就是说先确定要不要做这个策划? 有没有必要做这个策划? 而第三项则是开始不一定非要做这个策划,而是从大量的信息中确定策划的必要性。

二、搜集资料信息(材料)

信息的搜集是电视节目策划的现实基础,是确定策划目标的现实依据。信息采集不是盲目的,它是根据电视节目策划的目标和任务来选取它的采集范围,一般包括以下几个方面:

(一)环境信息

一是政治环境信息。如党和政府在不同时期会有不同的中心工作,这就要求包括电视在内的新闻传媒给予积极的配合。在我国,电视媒体作为党和政府的喉舌,不是简单地作为一个"传声筒",而是通过对信息的采集和利用,精心策划和制作观众喜爱的节目,从而达到良好的宣传效果。二是社会环境信息。包括大至时代背景,如国内外大事和问题,小至周边环境,如当前的社会现象和现实问题,往往可以成为电视节目策划的视点。三是观众需求信息。观众是电视的服务对象,对观众的各种需求,只要适合在节目中反映的,都应成为电视节目策划的依据。

(二)竞争信息

从办好电视节目以形成自己独特的社会效果和影响这个目的出发,电视节目的策划从一开始就带有功利性和对抗性。随着媒体的市场化、产业化,这种竞争会更加激烈。

因此,有关竞争对手的信息就会成为电视节目策划的一种重要依据。它包括:确定竞争对手的信息,竞争对手的有关信息,有关竞争条件的信息等。

(三)自身信息

"知己知彼,百战不殆"。竞争不仅要了解对手,也要认识自己。自身信息是指策划主体各组成要素及结构现状等有关信息。对电视节目策划来说,主要包括:人才资源信息、资料储备信息、技术条件信息、管理运作信息等。

(四)市场信息

电视节目制作播出需要资金的支持。市场信息主要指广告市场对电视节目的资金需求的承受情况。它包括:广告市场对节目的承受能力,资金提供的渠道和形式。

（五）预测信息

预测信息是指对事态未来的发展进行估计和推测所形成的有关信息。一旦事态按预测方向发展，将构成节目策划的重要契机。

（六）反馈信息

反馈信息是指社会各有关方面对节目策划或节目执行情况反映到策划主体的信息。反馈信息对完善策划思想、总结策划经验都有积极意义，是信息采集范围不可缺少的方面。

信息采集还要遵循一定的原则，有的学者将其归纳为"六度原则"：

（1）信息宽度指信息的覆盖面

这里要注意的是信息采集应有的适当范围。范围过宽，自然会增加投入和操作的难度；范围过狭，又会影响信息的可靠性。

（2）信息向度指信息的采集方向

我们说信息重要，并不等于说所有信息都有使用价值。没有使用价值的信息叫"冗余信息"。为了不受冗余信息的干扰，在采集信息的时候，就要确定方向，有所侧重。如果说信息宽度可打开眼界，那么，向度就是深度的发掘。

（3）信息精度指信息的精确程度

"准确是信息的生命"，信息不准确，策划也就失去了事实依据。

（4）信息真度指信息的可靠性，反映事物发展规律的程度和真理成分

精确度高的信息未必都是真实的。真理是相对而言的。有时现象并不反映本质，有时真相也会伴有假相，所以对信息还要作真伪分析。

（5）信息融度指多种信息按其内在联系有机组合的程度

有意识地对信息作交叉分析，尽可能寻求其内在联系，在其融合的基础上使之产生新的信息。如果仅仅孤立地分析信息的价值，往往会浪费信息资源。

（6）信息速度指信息传播的速度和时效

对电视节目策划，尤其对新闻节目策划来说，时效常常是一个关键因素。失去时效，就会失去策划的价值。

采集信息的渠道很多，大体上可以分为两种：一种为公开的渠道，如专题调查、公开征集、随机捕捉等；一种为隐蔽的渠道，在法律和道德许可的范围内，辗转托人搜集、乔装调查等。

采集信息的基本方法也很多，归纳起来主要有：

①实地观察法

指有目的、有计划地运用自己的感官或借助科学的观察仪器直接了解社会现象的方法。比如说，我们搞现场直播策划就一定要勘察现场，观察拍摄角度，

为选定机位提供依据。

②文献研究法

指通过搜集各种文献资料,摘取有效信息的方法。电视媒体可依靠社会各机构提供的大量资料,从中找到可供节目策划使用的信息。

③访问交谈法

指以访问交谈方式了解情况的方法。除面对面交谈外,还包括电话访谈、笔谈。这些方式与观察法结合使用,可使获取的信息更有深度、更有价值。

④问卷调查法

指用统一设计的问卷向被调查者了解情况或征询意见的方法。由于问卷通常采用匿名方式,因而被认为是最科学、可信度最高,往往也是成本最大的调查方法。但是随着网络的使用和普及,网上的调查也变得十分简便,问题是它只能代表一部分观众的意见。

⑤非常调查法

主要指以隐蔽方式采集信息的方法。适合为那些批评报道策划搜集信息。

三、研究节目对象

调查研究包括三个方面:研究观众、研究对手和研究自己。研究观众包括了解当时的观众需求、一般观众的心理和特定观众的特点。我们在这里一方面要根据搜集的信息,进行具体的了解。另一方面要运用传播学理论,来认识受众传播规律。也就是说,一要知道观众喜欢看什么,二要知道如何设法让观众看好它。研究观众主要是解决节目策划的可视性问题。

研究竞争对手和了解自身情况同样很重要,只有知道竞争对手的情况才能制定相应的对策;只有知道自己的优势和劣势,才能知道什么可以做到,什么难以做到甚至不可能做到,这关系到电视策划的可行性。下面我们举例进行个案剖析:

案例

《相约星期六》

1998年春天,一个全新的综艺节目通过东视20频道走进了上海人的生活,上海滩又多了一件新鲜事;周六晚上年轻一派荧屏相会,创出谈情说爱新时尚,这就是《相约星期六》。

就是这样一个大部分时间都在说话的节目,确实吸引了众多观众的目光,不仅年轻一代爱看,有些家庭全家老少围坐在电视机前,边看边跟着里面的话题议论。

那么这个栏目是怎么策划出来的呢？

有人去沪上某知名大报的阅览室里查资料，在计算机目录有关"爱情"一档内，却只有着"早恋问题"和"大龄青年问题"两类，似乎上海这座城市的人们都直接从青春的学生时代跃进了"老大难"之列。对于上海这样一个浪漫的城市，爱情早已成为城市文化中重要的一部分，不容忽略，而又确实被忽略了。

近年来，人们对向来以"星本位"唱主角的综艺节目提出了越来越多的质疑，反倒是贴近生活、贴近百姓的节目大受欢迎。《相约》希望能在综艺节目从"星本位"向"人本位"转变上做一个尝试，让普通年轻人唱唱主角，谈谈原汁原味的生活，充分发挥"百姓智能"。同时，当前的中国社会正面临转型期，也是各种价值观念碰撞最激烈的时候，由封闭走向开放，社会中的各种人际关系态度都在发生着转变。对于平时工作繁忙、人与人之间缺少沟通机会的年轻人，在爱情等问题上更是面临一个重新审视、重新思考、重新定位的过程。如果能够通过一种喜闻乐见的形式，为他们提供一个相识交流的机会，使观念激荡一下，有助于帮助他们探索寻求一种符合现代发展的人生观、恋爱观和道德观。同时这些城市白领的生活观念，又从另一个角度塑造着上海这座国际化城市开放、活跃、向上的城市形象和文明氛围。《相约》就是在这样的情形下应运而生的。

节目策划人给这个节目的定位是：电视直销＋实话实说。

有一位女嘉宾坦言："现在不是流行电视直销吗？我也要把自己在电视上推销出去。"的确，在某种意义上，《相约》是未婚男女的电视"相亲"，让单身的人们能够通过媒介结识更多的异性，寻找可能的恋爱机会。然而，《相约》并不是电视征婚会，更多的是一个爱情讨论会。

爱情是永远的话题。在当前社会文化的转型期，社会交往和社会关系都在经历重新构筑和调整。恋爱婚姻观作为社会观念的一种，也呈现多元化和现代化的走向。对爱情的渴望、思虑、追求、迷茫，在不同文化背景的年轻人心中交织。他们需要倾诉，需要理解与被理解，需要在观念的碰撞和融合中看清爱的面目，找到解决爱情难题的答案。《相约》为他们提供了一个倾诉和交谈的场所。在轻松愉快的氛围中，素昧平生的年轻人相识相聚，达到了解沟通的目的；与此同时，作为电视受众的年轻人，同样是这个爱情课堂的一员，可参与到这场社会大讨论中来；进而言之，其他年龄层的受众尤其是作为父母辈的上一代，他们同样渴望了解年轻人的所思所想。《相约》为他们打开了了解沟通的机会。

"世界在于沟通"。在沟通与了解的基础上,《相约》也希望有缘人通过节目相识相恋,找到人生伴侣,那自然也是美事一桩。

《相约星期六》节目浓缩了上海年轻一代的生活形态。大部分报名参加的嘉宾是大专或以上学历的城市白领,但也不乏生机勃勃的蓝领、粉领;公司职员、教师、工程师是最多见的职业。他们中最小的刚过双十年龄,最长的已过而立之年,大部分未满25岁,正是对恋爱理智浪漫兼而有之的年纪。一个有趣的现像是:报名参加的女性远远超过了男性,刚开始时竟然是50:20。节目播出一段时间后,阴盛阳衰的现象略有好转。

嘉宾的出现过程同样是一个年轻人了解与沟通的过程。绝大多数年轻人是在收看节目后通过拨打声讯电话报名的,基本上每次节目播出后能接到一二千个报名电话,有本人亲自报名的,也有亲朋好友代为报名的。最高记录是一个男青年竟打了50个同样的电话,为自己报了50次名。经过初步筛选,把200个年轻人分成40人一组,每组召开"见面恳谈"。每个人都要上台自我介绍,台下所有人充当临时"陪审团",来个"爱情大逼供"。台上人坦言自己的爱情经历,动情处甚至泪盈于睫;台下人时而发问,时而鼓掌,时而欢笑——心灵的碰撞和理解尽在其中。在恳谈会后,适合参加节目的嘉宾预备队基本组成。节目编导开始和每个人进行单独谈心。

参加《相约星期六》的嘉宾基本上抱着三种目的:一是"打对象",将节目视作"相亲大会",为了寻觅另一半,解决终身大事;二是"找自己",将节目视作"个人舞台",在电视上展示口才和魅力,展示真我风采;三是"打朋友",将节目视做"聚会派对",倾谈自己对爱情的看法,交流彼此对爱情的感受,认识更多的朋友。其中抱第三种心态的年轻人最多,当然不少人是三种心态兼而有之。

短短几个月,《相约星期六》在上海乃至江浙两省着实火了起来。第一期节目未做任何宣传,收视率达到8个百分点,此后一直保持在14以上,最高时达到18。在上海所有的电视综艺自办栏目中,《相约星期六》的收视率始终排在前两位。因为它真实、平易、轻松、诚挚;因为它满足了现代人的倾诉欲、表现欲、交流欲;更因为它讨论的是所有人追索的爱情与婚姻,特别是其中的实际问题。而嘉宾的言语,折射出城市人的各种心态,反映我们生活的现实。

就已播出的节目情况而言,"打对象"的结果尚未明朗,虽然有若干对已经进入个别约会阶段,但是谈婚论嫁为时尚早。"找自己"的反馈非常明显,每次节目播出后节目组都要转交大量求爱信件,个别受欢迎嘉宾每天可收到十五六封信。"找朋友"的结果最为圆满。参加录像的12位过后组成了一个"单身俱乐部",不定期举行娱乐活动。节目组更在 8 期节目后,集合所有嘉宾,举行"狂欢派对",沟通感情。

《相约星期六》节目的成功,因素固然较多,但对观众的研究应该说是首要的,也是十分到位的。调查研究的目的在于发现问题和寻求解决问题的方法,为此,策划人永远要保持清醒的头脑,要对项目、对自己的策划案保持一种挑剔的、谨慎的、审视的态度,对项目不能有成见,但要带着问题意识去研究判断价值和卖点。这方面,要多听取专家的意见。像上面南极考察一事,策划人员及时请教了卫星通讯专家,而这位专家虽然不是策划人的熟人朋友,但他实事求是,决不隐瞒真相,表现出一个专家应有的专业精神,使策划人员及时地发现了策划案存在的不可行性。如果这个问题没有及时被发现,策划案得以通过,然后就此征集到足够的广告赞助,到实施时才发现这个致命的缺陷,广告主再索赔或退资,大家不欢而散,策划人变成了骗子,项目一败涂地。许多大型策划,往往爆出内讧新闻,合作各方互相埋怨,甚至对簿公堂,反目成仇,就是由于事先的策划对问题的研究不够,应对的措施不足而造成的。所以策划人万不可在对问题缺乏足够了解的情况下,就草率确定项目。

研究问题还包括对项目本身进行审视,这往往可能发现另外的项目。一个策划人不能永远只顾应付上级或他人提出的项目,要开动脑筋自己发现项目。有时对上级或他人提出的项目,多想想有没有更改主题或发展方向的可能性,假如换个主题或方向更有卖点呢?对自己发现和提出的项目也要勇于反思,进行内省,看是否有另一个思路,多从另一个角度进行逆向思考。

总之,我们不能把研究问题停留在发现问题上,要在研究问题的过程中,解决问题和发现新的课题。实际上,问题往往就是机会。

第二节 构想创作

在经过确定目标、搜集信息和研究观众等大量前期准备工作之后,就可以进入策划过程的核心部分——创意。创意包括两大部分内容:基本构思和策略选择。

一、基本构想

基本构想就是在确定策划目标和任务后,在搜集和加工大量信息的基础上,激励策划人的创造性思维,形成一整套独特而崭新的基本思路和具体想法。

其主要内容是：一要最大限度地采取多种形式、手段和方法激活策划人的创造性思维。二要明确策划的价值取向，换言之，就是这个策划的目的意义要有所侧重，有所取舍，任何策划都有一个恰当的期望值，这就是策划的定位。三要有一定的预见性，任何策划都是关于未来的设想。增强预见性可以规避策划风险。

案例

《品牌中国——我的品牌 我的中国》策划案
（2005 年 3 月 28 日）

播出安排：

4 月 25 日—29 日　　每天 21:00—22:00

4 月 30 日　　　　　21:00—22:30

一、基本立意：

● 品牌改变生活，品牌与我们共度风雨时光，这是一个具有深度历史感、联系国产品牌与国人情感的大型特别节目。

● 这是对中国品牌历史沉浮和未来挑战的一次梳理和探寻。

● 这是一次弘扬民族精神、支持民族产业、锻造中国品牌的一次全民互动活动。

二、节目概貌：

一个主题评选：由国家统计局经济景气监测中心提供主体数据支持，以央视国际网上评选和央视公众短信投票作为参考，选出 50 名"2005' CCTV 我最喜爱的中国品牌"，按品牌的时代分为五部分：百年经典（老品牌）、激情岁月（新中国成立前后）、弄潮一代（改革开放前后）、世纪新锐（新世纪）、未来之星（新兴行业中将要成为名牌的品牌）。

"5＋1"的节目构架：前五天，制作五场以谈话为主体形态的演播室节目，对中国品牌发展史作主题性梳理。在第六天，汇集中国品牌，以一场名为"2005'CCTV 我最喜爱的中国品牌现场发布晚会"作为中央电视台"品牌中国"宣传的最为隆重的结尾。

三、前五天节目概述：

◎ 节目立意

节目以中国品牌发展进程的几个段落为基本结构方式，以品牌构建的几个核心要素和关键词为基础内容方向，对中国品牌的发展做全面的展示。在每一天里，构建多维的谈话场，并且引用广告竞猜、两难问题、人气调查、场外互动等多种方式提升谈话的趣味性和可视性,确保收视效果。

五天五个话题侧重点,从不同的角度宣传中国品牌。

第一天,品牌中国百年经典——品质

第二天,品牌中国激情岁月——精神

第三天,品牌中国弄潮一代——机会

第四天,品牌中国世纪新锐——创新

第五天,品牌中国未来之星——发展

◎ 节目结构

和当天主题有关的数位品牌关联人(缔造者、推广者、使用者等)轮流上场,场下100名观众。

每天的节目分为四个段落+"中国品牌知多少"的场外互动

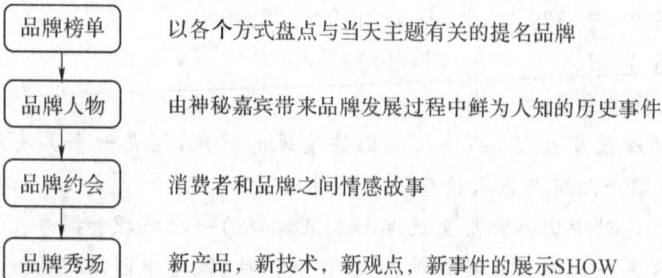

品牌榜单	以各个方式盘点与当天主题有关的提名品牌
品牌人物	由神秘嘉宾带来品牌发展过程中鲜为人知的历史事件
品牌约会	消费者和品牌之间情感故事
品牌秀场	新产品,新技术,新观点,新事件的展示SHOW

四、第六天节目概述:

2005年CCTV我最喜爱的中国品牌现场发布

◎ 基本情绪

一个盛大的颁奖活动,一次中国品牌的盛会。在每个阶段的品牌发布中,尽可能营造品牌诞生时期的社会氛围,力求把中国品牌与中国社会发展联系起来,把中国品牌改变人们生活的概念传递出来,宣扬一种高度的民族自豪感与自信心。

◎ 晚会分为"百年经典、激情岁月、弄潮一代、世纪新锐、未来之星"五个颁奖段落,每个段落保持统一的、单纯的模式。

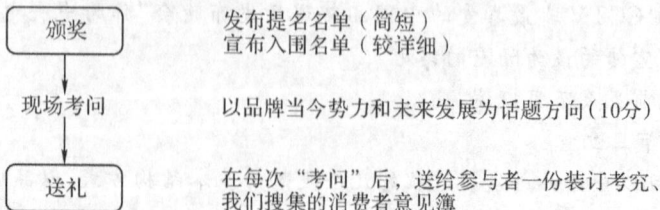

颁奖	发布提名名单(简短) 宣布入围名单(较详细)
现场考问	以品牌当今势力和未来发展为话题方向(10分)
送礼	在每次"考问"后,送给参与者一份装订考究、 我们搜集的消费者意见簿

"现场考问"环节:

一位主持人,三位入围品牌老总,在充分沟通的基础上,展示当今的品牌实力和发展的未来,例如,要求老总用一个词预期自己今年的市场表现,并就此展开。

五、第一阶段宣传方案

1. 人物故事征集:(电视)

您是国产品牌最忠实的支持者吗?

您与国产品牌之间有无法割舍的渊源吗?

请马上和我们联系,告诉我们您的故事:010—???

登陆我们的网页:???

2. "我最喜爱的品牌"征集:(网站和短信)

在央视国际网站上罗列 100 种中国品牌,请网民选择自己最喜爱品牌(50 个以内)。

短信征集——

谁是您喜欢的中国品牌,请发短信到?,参与评选,赢得大奖。

3. 话题征集。(报纸及网络)

给中国品牌的十大忠告/十大建议/支持中国品牌的口号。

附件一:各阶段品牌名单

年代的划分以该品牌成为公认名牌的时间为依据,已经消亡的品牌不在此列:

百年经典——历史悠久的老字号(1949 年以前)

青岛啤酒(酒),五粮液(酒),贵州茅台(酒),张裕(酒),杏花村(酒),全聚德(餐饮),狗不理(餐饮),大白兔(糖果),六必居(酱菜),王致和(腐乳),稻香村(糕点);

同仁堂(药品);

北极星(钟表),张小泉(剪刀),回力(胶鞋);

商务印书馆(出版社);

对话品牌:同仁堂,全聚德,张裕,茅台,五粮液,商务印书馆,青岛啤酒,中国银行。

对话主题:品质,或者信任,

激情岁月——和新中国一起成长的名牌(1980 年以前)

蝴蝶(缝纫机),凤凰(自行车),永久(自行车),海鸥(照相机);

熊猫(电子),解放(汽车),东风(汽车);

英雄(笔),美加净(化妆品),乐凯(胶片),白猫(洗涤剂),中华(牙膏),

红双喜(乒乓器材);

长城(润滑油);

海螺(衬衫)。

对话品牌:中华,乐凯,解放,红旗,永久或凤凰(?),红双喜。

对话主题:朴素(结实耐用),团结,自豪(自己的,自力更生)。

弄潮一代——改革开放后诞生和成长的名牌

海尔(电子),小天鹅(洗衣机),长虹(电视),康佳(电视),澳柯玛(冰柜),美菱(电冰箱),春兰(空调),格力(空调),美的(空调),格兰仕(微波炉),新飞(电冰箱),科龙(空调)TCL(电话机、电视机),海信(电视机);

北大方正(电子),长城(计算机),联想(计算机);

双星(鞋),红豆(服装),雅戈尔(服装),森达(皮鞋),恒源祥(毛线),鄂尔多斯(服装),三枪(服装),波司登(羽绒服),虎豹(衬衫),康奈(鞋),杉杉(服装),仕奇(西服),鸭鸭(羽绒服),李宁(运动服装);

健力宝(饮料),燕京(啤酒),维维(豆奶),乐百氏(饮料),露露(饮料),娃哈哈(饮料),双汇(肉制品),光明(乳制品),三鹿(乳制品),完达山(乳制品),华龙(方便面),伊利(乳品);

大宝(化妆品),两面针(牙膏),安尔乐(卫生巾),雕牌(洗涤用品),奇强(洗涤用品);

健民(药品),三金(药品);

盼盼(防盗门),飞亚达(钟表);

外研社(出版社)。

对话品牌:李宁,格兰仕,娃哈哈,联想。

对话主题:机会。

创新世纪——新世纪诞生或成长迅速的品牌

中兴通信,中国移动(通信),中国联通(通信),中国电信(通信),中国网通(通信);

福田(汽车),吉利(汽车),奇瑞(汽车);

蒙牛(乳品),汇源(果汁);

昆仑(润滑油),统一(润滑油);

隆力奇(化妆品),好记星(电子),皇明(太阳能热水器),曲美(家俱);

波导(手机)、爱国者(MP3);

国美(卖场)、苏宁(卖场)、大中(卖场);

万科(房地产)。

对话品牌:吉利(或者奇瑞),波导,奥康,纳爱斯,蒙牛。

对话主题：科技，强势（扩张速度快），进取。

缤纷未来——代表未来发展方向行业内的品牌

新东方（教育），一卡通（金融），腾讯（网络），盛大（网络游戏），女子十二乐坊（娱乐），CBA（体育），阿里巴巴（网上交易），瑞星（杀毒软件），泰康人寿（保险），动感地带，姚明。

对话品牌：阿里巴巴，女子十二乐坊。

对话主题：个性化与多元化。

《品牌中国——我的品牌 我的中国》策划案的结构可谓高屋建瓴，站得高，看得远，驾驭自如。它的内容、范围涵盖中国的所有品牌类别，它的时间跨度上下长达百余年，但是，它的节目结构却非常简练，用"5＋1的构架"使节目格外凝练；从节目立意来看，五天五个话题，天天都有侧重点，从不同的角度宣传中国品牌。第一天，品牌中国百年经典——品质；第二天，品牌中国激情岁月——精神；第三天，品牌中国弄潮一代——机会；第四天，品牌中国世纪新锐——创新；第五天，品牌中国未来之星——发展；第六天，现场颁奖，虽然另类，但又一脉相传。这样的结构，的确是清晰有加。

二、选择策略

有了一个好的基本想法和思路，还要选择适当的时机和方式去实施它，这就是策划中的策略，也就是人们常说的"审时度势"。

策略又叫谋略，我国古代的"孙子兵法"、"三十六计"就富含着许多谋略精华。在电视策划中通行策略主要有两类：一是运势，二是权变。

(一)运势策略

就现代社会对"势"的理解来看，主要集中在三个方面：形势、势力和趋势。任何组织和活动都在特定的"势"中存在和运动。"势"有着不可抗拒的力量和能量，如能用之，则可达到"四两拨千斤"的功效。"势"的运用常以三种方式：取势、借势和造势。

1. 取势

某种势能已经存在，但由于种种限制，却不能马上运用，需要采取行动使它为我所有。

取势是古今中外各种政治、军事和经济竞争中常用的一种制胜方法和手段。如敌我双方突然相遇，双方指挥人员马上会想到要控制制高点，形成居高临下之势以打击敌人，抢占制高点就是一种典型的取势方法。《电视策划学》的作者谭天策划的驻湛部队大型文艺晚会《粤西军魂》之所以获得巨大成功,就是取了湛江市军民携手共创双拥模范城的"势"。正是有了这个势,节目得到党政军的鼎力支持。

2. 借势

借他人之势为我所用。

成语"狐假虎威"的故事便是借势的典范之一。《战国策·楚策一》记载,一次老虎要吃狐狸,狐狸欺骗老虎说:"天帝让我为百兽之王,你若不信,就跟在我后面走一趟,看看百兽见了我是不是害怕。"老虎就跟狐狸一起走了,百兽看见它们果然纷纷远逃。老虎不知道百兽是因害怕它自己才逃走的,还以为真怕狐狸呢。狐狸在性命攸关的紧急关头,机智地借老虎的威势来吓走百兽。

3. 造势

通过主观努力制造利于自己的势能。

造势与当今社会上常说的"炒作"十分相似,如香港歌坛的"四大天王",有的歌唱得并不是很好,但是通过包装,特别是在各种传媒上连篇累牍地炒作,在社会上和舆论上就掀起一场声势浩大的"造星"运动,于是形成了"追星一族",在歌迷中产生了争相一睹天王风采的渴望。好莱坞巨片《泰坦尼克号》的造势更发挥到几近极致。这部电影从美国到中国,从英国到澳大利亚,从演员的选择,场面的布局,特别是声、光、电与计算机多媒体技术的运用及一系列高超的创作与策划,使得该片还没出笼,全球观众就翘首以待,甚至有些大媒体还采用倒计时方式来计算《泰》片行将公映的消息。结果《泰坦尼克号》创下了票房收入 20 多亿美元的神话。近年来,内地媒体也纷纷效仿国外及港台做法,有的炒作也是十分成功的。问题是"炒作"不能光是空穴来风、凭空捏造,更不能靠搞些绯闻、假新闻来哗众取宠,甚至误导舆论,让公众有上当受骗的感觉。

(二)权变策略

策略的一个最大的特点就是随机应变,尤其在动态变化极大的电视策划中,如何见机行事就是一个策略问题,这里也有两大常用招法:先发制人和后发制人。

1. 先发制人

先发制人是我国古代军事策略的一个重要思想。《汉书·项籍传》称:"先发制人,后发制于人。"可见先方抢占一个山头,抢先一步占领制高点,可以打得敌人溃不成军。在现代新闻战中,抢新闻就是先发制人,谁最先抢到重大新闻那就是头条新闻、独家新闻,谁就能在激烈的媒体竞争中赢得主动和优势。需要注意的是,先发制人不是说你想抢先就能抢先。能不能抢?怎么抢?都需要我们根据自己的实力和特点在事前作冷静、客观的分析,尔后才能迅速、果断地作出决策。

2. 后发制人

一般认为,先发能够制人,后发难免受制于人。然而,现代策略的研究成果告诉我们,这并不是绝对的结论,有时"后发"也能"制人"。分析对手在"先发"过程中暴露的疏漏、盲区,甚至过失,进而采取更严密、更全面、更完善的办法形成自己的强势,在竞争中夺回主动权并进而取胜。"后发制人"失去了时序上的优势,"制人"的手段必定集中在针对对手的弱点和缺陷,突出自己的特点和优点上。结合电视节目策划的实际,可以从三个方面来把握:在节目内容上力求人无我有,在节目形式上力求人有我新;在宣传力度上力求以势"压"人。

请看运用权变策略的案例:

《娱乐干线》

(×××电视台专栏节目《娱乐干线》策划案)

1. 策划动机

本台的基本定位是"以娱乐服务大众"。目前国内尚无专门的、每天一期的娱乐信息栏目。目前国内的娱乐信息节目通常为周刊;日刊均为综合新闻或经济新闻。本栏目将填补空白,并且形成强有力的冲击。平面媒体的娱乐版深受读者欢迎,相信每天按时播出的形象生动的栏目也将受到观众欢迎。

2. 栏目特色

以本市青年为主要目标受众,介绍大都市最新、最快和最具潮流意识的娱乐信息栏目,为都市青年提供时尚生活、休闲娱乐、演艺圈热点等与国际同步的最新信息。是一个全面引领都市文化的新型娱乐信息栏目。

3. 市场调查及分析

目前居国内收视率靠前的娱乐类节目均为传统的综艺晚会,但这类节目已经在走下坡路。从年龄段上分析,从16岁至40岁之间的观众群,均表示希望看到信息类娱乐节目。

在回答"是否愿意天天看最新娱乐消息"这个问题的时候,16至25岁的受访者,55%表示愿意,35%表示无所谓,10%未答。26至35岁的受访者,42%表示愿意,45%表示无所谓,12%未答。36至45岁的受访者,21%表示愿意,25%表示无所谓,54%未答。

这个结果表明,年轻人需要娱乐信息节目,并且越年轻越有兴趣。特别值得注意的是,26岁至35岁这个年龄段,有42%的人愿意看这类节目,实在出人意料,同时也令人鼓舞,因为这是一个很有朝气又很有实力的观众群。当然,表示愿意看并不表示到时一定看,白天加早上能有10％以上的收视率,就算大功告成了。

4. 栏目定位

汇集世界最新娱乐信息,接近演艺圈、交流信息,每次都有娱乐界的"新闻",节目内容务必做到最前卫、最接近内幕。

5. 样式形态

主持人棚内清谈串场并评介娱乐发展及潮流,预拍片段力求轻松活泼,节奏快捷,并且可长可短,灵活掌握。在信息重要或有大明星出场时,可变为通栏节目。

6. 子栏目设置

《今日星座》明星访谈或明星介绍片,长度:6分钟。《现场追击》新电影摄影棚、新戏彩排现场追击采访动态报道,长度:6分钟。

《演艺圈线报》内幕报道,长度:3分钟。

《极度点评》文艺评论。由权威人士担任评论嘉宾,长度:3分钟。

7. 流程设计

第一节

总片头20秒

主持人开场1分钟

今日星座6分钟

串场35秒

小片头5秒 第一节完

第二节

小片头5秒

串场1分钟

现场追击6分钟

串场50秒

小片头5秒 第二节完

第三节

小片头5秒

串场30秒

极度评论3分钟

串场30秒

演艺圈线报3分钟

结束语35秒

完场字幕20秒

8. 行动倒计时

10月底之前，完善企划案，并获得部领导批准。

11月15日之前，获台领导批准，同时上报预算方案。

11月底之前，预算获得通过，并开始制作三个样本节目和宣传片。

12月10日，宣传片播出，审看样本片。

12月底之前，制作出一周节目备用。

明年1月1日(星期一)，正式启播。

第三节 设计方案

　　节目策划的构想创意出来后，就要进入具体设计阶段，就要用书面文案具体表述出来，以便实施时有操作的依据。节目策划方案的设计通常包括两部分：编制方案和论证审定。前者解决操作性问题，后者解决可行性问题。

一、编制方案

(一)策划书的写作内容

　　策划方案又叫策划文案或策划书。编制电视节目策划的文案就是把整个电视节目策划的构思用文字和图表确定并表述出来，形成一份可操作的"施工图纸"。根据这个要求，策划书写作的内容大致可以分为六个部分：目的意义、内容形式、组织机构、实施程序、经费预算和效果预测。

1. 目的意义

　　节目策划书主要是节目策划人写给节目制片人和制作人看的，在让他们知道怎么做之前，首先要让他们了解为什么要这样做，让他们认识策划肩负的任务和追求的目标。比如《品牌中国——我的品牌 我的中国》策划案"的基本立意：

　　●品牌改变生活，品牌与我们共度风雨时光、这是一个具有深度历史感、联系国产品牌与国人情感的大型特别节目。

　　●这是对中国品牌历史沉浮和未来挑战的一次梳理和探寻。

　　●这是一次弘扬民族精神、支持民族产业、锻造中国品牌的一次全民互动活动。

这里要尽可能用三言两语简明扼要地点出来，不要空话、套话，不要讲太多的大道理，力求虚中有实。这里所说的"实"是指策划的定位，不要无限地夸大一个策划的作用，而要把它限定在一个实事求是的范围之内。

2. 内容形式

在明白为什么要做之后，就要阐述做什么，让策划者阐述他的创意，这是策划书的关键部分。通常可以从内容和形式两个方面来介绍这个创意。

节目内容包括题材、选题、主题思想、背景材料以及相关内容；节目形式包括节目类型、长度、表现手法、制作技巧、技术手段以及包装推介等。比如：

《社会传真》世界杯报道方案的"节目内容"：

《世界杯新闻联播》分四个小板块。

第一板块是主打的德国连线。首先，主持人将通过双视窗与传真德国特派记者进行联系，然后由现场记者开始进入报道正题，时间在 1～2 分钟左右，内容将以德国当地当天的花边新闻为主（要求与众不同）。其次是德国当地市民、足球界人士包括记者等对晚上比赛的预测、分析和简单评点。时间为 1～2 分钟。

第二板块是卫星传真汇编。从卫星传真中截取一到三条有关世界杯的报道，进行打包，每条消息时间控制在 20 秒以内，总的时间为 1 分钟。

第三板块是竞猜互动环节。观众回答世界杯或德国的一些趣味问题，获取奖品，同时预告更大奖品将在晚上的两小时特别节目中出现。

第四板块是赛事预告。以字幕和固定模板形式出现，时间为 5～10 秒左右。包括昨日比分和今日重点赛事预告。

另外，《社会传真》结束，将预告当天两小时特别节目的主要内容，同时以昨天的精彩比赛画面或德国风情作为结束，进一步加深观众对传真世界杯节目的印象。

《社会传真》

2006 年 5 月 24 日

3. 组织机构

知道做什么之后，就要考虑由哪些人来做，由哪些单位和部门来实施，怎样分工又怎样合作。比如说，主办单位要做什么，协办单位负责什么，由谁来领导和协调，又由哪些人去具体制作，具体到指定哪位台领导或部门领导负全责，哪些部门负责哪一部分的工作，有时甚至需要组成专门的摄制组或办公室。这里重要的是形成强有力的工作班子和明确参与工作人员的职责。组织机构往往有两个层面，一是组织领导机构，二是具体制作机构。

4. 实施程序

明确了人员组织和任务分工后,就可以部署工作安排了。什么时候完成前期准备,什么时候进行拍摄,什么时候进入后期制作,什么时候审查和修改,什么时候在什么频道和时段播出等。要制定一个具体的时间表,使操作者能够准确地掌握策划的实施过程,同时也便于策划者和管理者控制和监督工作进度。

5. 经费预算

项目的实施、节目的制作都需要一定的经费支持。目前的节目经费来源一般有两个途径:一是行政拨款;二是赞助经费或广告收益。无论是哪一种来源,都应做好经费预算,这是节目成功的物质保障。

6. 效果预测

做完这些计划后,还可以预测一下节目播出后所产生的效果,提出一个获取社会效益和经济效益的期望值。比如说收视率、观众反响、社会效果和专业评比等,使之取得一个总结和评估的依据。

根据以上内容,我们可以将策划书的构成要素归纳如下:

(1)What(什么)——策划的目的、内容;

(2)Who(谁)——策划牵涉的组织和人员;

(3)Where(何处)——策划实施地点;

(4)When(何时)——策划实施时机;

(5)Why(为什么)——策划的缘由;

(6)How(如何)——策划的方法和实施形式;

(7)How much(多少)——策划的预算;

(8)Effect(效果)——策划结果的预测。

(二)策划书的写作技巧

一台戏剧如果情节不错,但剧本写得拙劣呆板,那么这台戏也会索然无味。策划书的写作也是如此,惟有形象、生动才能吸引更多人的参与和支持。策划书的样式和风格可以各有差异,但在写作技巧上要注意以下几点:

1. 首先设定策划所处状况,尽量简明扼要地描述;

2. 引人入胜地描绘策划主题,使之具有说服力和吸引力;

3. 详细地描述整体形象,展开策划主题,使之具有感召力;

4. 分条细述,按一定逻辑铺开,使之具备可操作性。

策划书要形象生动,还应可视化,尽量使用各种图表、实物照片来补充说明。

(三)策划书应内外有别

同样的情节可以写成好几种不同的剧本,同一个策划书也可以按如何使用、给谁看、何种目的而有不同的表述形式。尤其对不同的对象,按机密程度划分为内部策划书和外部策划书。

内部策划书是绝密的,仅供决策者和组织者参考,主要有以下六项内容:

①策划实施上的人际关系对策;

②策划实施上的相关组织和团体的对策;

③策划实施中的资金对策;

④策划实施与其他传播媒介关系的对策;

⑤与策划实施有关的政府机构对策;

⑥与策划实施有关的法律问题。

外部策划书则是供策划的参与者和操作者参考的非绝密文件(但对一般公众保密),写作时应注意以下三点:

(1)把握好保密的"度",在外部策划书中不能透露策划的核心机密,但又必须让外围参与者对策划产生兴趣,明确自己在此项活动中的职责与行动方案。

(2)站在对方的立场上撰写,语气、思路都要让对方满意。如尽量做到逻辑鲜明,提纲式撰写。

(3)以互惠的态度,写明策划给对方的好处及相关利益。

二、论证和审定

节目策划方案编制完毕,还可能有不完善甚至不可行的地方,需要进行科学的论证并通过上级领导的审定,即通过论证决定取舍,通过审查进行修改,最后达到最优化和完成审批程序。可行性论证要做如下几个方面的工作:

(一)对目标系统进行分析

即分析目标是否能够实现,实施策划的把握程度如何,目标是否明确,围绕实现目标的各个环节的关系是否协调。

(二)对限制因素进行分析

有时会出现这样的情况:把节目策划孤立起来分析是可行的,但是与外部条件结合起来分析会发现受某些外部条件的制约,以致策划的某些方面内容、甚至整个策划都实施不了。这就需要对策划作局部或全面的调整,甚至在不得已的时候还要果断放弃。

(三)对潜在问题进行分析

即预测策划在实施时可能发生的潜在问题和障碍,寻求防止和补救的办法。比如现场直播要考虑刮风下雨等不可抗拒的自然因素。如中央电视台为奔赴伊拉克采访的特别报道成员买了战争保险,准备了防弹背心、战地救生卡等。

(四)对预期效果进行评估

即对节目的社会效益和经济效益进行评估,鉴定节目策划是否值得实施。

节目策划经过充分论证后,还要经过主管领导的审核和批准。这不但是宣传纪律问题,而且涉及一个具体节目策划与总体宣传任务的关系,涉及某一个部门与全台工作的协调。因此,节目策划的报批是电视节目策划不可缺少的一个程序,也是节目策划开始实施的关口。

注:参见"《品牌中国——我的品牌 我的中国》策划案"的编制方案(见本章第二节)。

第四节　实施意见

从策划理论的角度来讲,一个策划经过立项、创意、设计到最后的审定,这个策划的历史使命就算完成了。节目策划也就变成了工作计划,成了实施的依据。就像建筑设计师完成了他们的设计蓝图之后,就把它交给施工部门去按图施工,设计师们又去忙别的设计任务了。从这个意义上来看,策划的完成就是一个计划过程的终结和一个实施过程的开始。但是,一个节目的策划只有通过顺利的实施、成功的运作才能看到它的最终成果。从这个角度来看,实施又是策划的延续,是策划的"物化"过程,是整个节目策划的一个部分。况且,健全的策划机制也赋予策划人以监督指导实施的权力和责任,这是因为电视策划是一个动态的过程,在实施过程中总会遇到这样或那样的问题,需要电视策划人的解释和指导;总会有实际与计划不相符的地方,需要电视策划人进行修正和补充,进行必要的调控。就好比产品的售后服务,电视策划人把电视节目策划这个产品"卖给"节目部门,还要进行跟踪服务,让节目部门用好这个产品。因此,电视节目的策划实施需要做两方面的工作:任务分解和过程调控。

一、任务分解

任务的分解是指策划被编制成具体计划并经过审定后,进而细分出不同的项目、不同的岗位目标和责任,以便计划的操作和任务的落实。任务分解需要考虑两个方面的问题:

广播电视节目策划

（一）分解工作

尽可能充分地把计划展开，既避免任务的疏漏，又方便对工作做出合理的安排。电视节目的综合性决定了节目策划执行的系统性（请见下面的文字分解图）。从图 2-1 中可以看到，策划方案往往提供的是总体策划，在分解任务的时候还要进行具体的专项策划。尽管综合的范围和难度大小有所不同，系统的复杂程度也会不同，但都需要靠系统内部各个环节的通力合作，才能把计划完成，把节目办好。"合作"的前提就是"分工"，因此要充分把计划展开，并根据展开的计划分配好工作任务，避免出现漏洞，影响计划的推进和目标的实现。

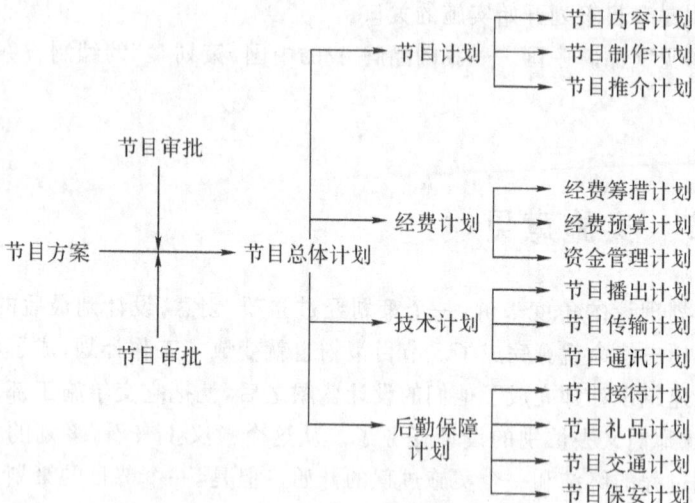

图 2-1　电视节目策划任务分解示意图

（二）明确责任

尽可能严格地明确岗位责任，既避免职责不明，又方便具体操作。在一个运作的系统里，没有明确的分工是不行的。倘若不明确，工作就会打乱仗，就会引起扯皮现象，这都会影响工作的效率和质量。但是，只做一般的分工是不够的，分工的含义不仅包括工作任务的分配，还包括明确目标、要求、时限、权限等项内容。

二、实施调控

实施过程的调控包括对各项分解任务进行有效的指挥、协调和监控，以保障目标的实现和取得满意的效果。为了实施对全过程的控制，要采取如下措施：

(一)建立和健全组织领导机构

　　根据节目策划和实施的需要,要临时建立一个精干高效的组织领导机构,以保证节目策划、实施的指挥。作为一个大型活动,还要成立组委会,下设若干工作部门。

(二)编制具体的工作日程表

　　时间是执行节目策划、实施的一个重要依据,因此当务之急是编制一个具体的工作日程表,一方面可使各部门的工作运行能够心中有数,能够自行安排;另一方面有利于监督和协调各分解任务的工作进度,保障计划的如期完成。在时间紧迫的情况下,为了敦促工作人员加快工作进度和提高工作效率,往往还会使用倒计时公告的方式。

案例

"德国之行"世界杯报道日程安排(德国时间)

　　6月17日　　启程前往德国

　　6月19日　　目的地:柏林

　　8:30　　　　出发前往柏林(3—4小时车程)
　　　　　　　　采访小组赛第三轮第一场比赛(德国—厄瓜多尔)

　　12:30　　　第一时间:
　　　　　　　　提前一睹决赛体育场的风采
　　　　　　　　预测出线形势以及德国是否会保留实力等
　　　　　　　　重点采访东道主球迷对球队前景的看法

　　13:30　　　"小科开洋荤":
　　　　　　　　到球迷公园拍摄花絮

　　14:30　　　第一时间:
　　　　　　　　前往德国队驻地,做现场报道,关注德国队近况

　　16:00　　　动身返回驻地
　　　　　　　　联系当地俱乐部和足球业内人士,预约采访;搜集当地媒体报道,联系国内同行,准备第二赛场的节目内容

　　20:00　　　撰稿并编辑当天拍摄内容,传输回本台

　　6月20日　　目的地:法兰克福

　　8:30　　　　出发(2—3小时车程)

　　12:30　　　第一时间:

荷兰和阿根廷"冤家路窄"

两个世界杯的世仇又添新恨

天蓝和橙色两队球迷的对峙将是一个看点

预测比赛

第二战场：

世界杯历史上，东道主德国和荷兰以及阿根廷都素有恩怨，德国人如何看待这场比赛

采访当地媒体记者或足球业内人士

"小科开洋荤"：

关注导致球迷骚乱的罪魁祸首：啤酒介绍　啤酒有多贵，一天消耗有多少等等，还有德国啤酒的历史文化

15：30　和球迷一起观看德国队比赛，拍摄花絮

18：00　返回驻地

20：00　整理素材撰稿传输成片

……

（三）建立和坚持工作会议制度

程控的主要手段有两种：一是汇报工作，属于"下情上达"；一是情况通报，属于"上情下达"。如何保障"上下左右"的经常沟通呢？除了相互之间的个别联系外，最主要的还是采用各种类型各种范围的工作会议，通过各个方面的有关人员面对面的磋商，随时随地发现并解决存在的问题。

第五节　评估总结

任何一项策划都有它的开始和结束，但是从整个电视事业和节目制作来看，策划又是永无止境的。一项策划的结束，往往又是另一项策划的开始。重视评估和总结，对于丰富策划者在节目策划理论方面的认识，提高队伍的整体素质和实际操作水平，无疑具有十分重要的意义。对已经结束的项目进行效果评价、实施过程的分析检讨和总结，找出值得反省的问题和教训来，以便在下一个策划中更上一层楼。总结的重点是：

预测与结果的差异有多大？

形成差异的原因是什么？

实施过程中存在什么问题？（这些问题是否曾在事前预料到）

本项目是否解决了这些问题,解决的方法是什么,有什么问题没有解决,遗留了什么后遗症,善后工作怎么做,今后遇到这类问题有无解决的办法?

教训、启示,或作为可以继续发展的主题,或留下了什么可以重新另立的一个项目。

这中间最重要的是"预测与结果的差异分析"。

在这个阶段大致有三方面的工作要做。

一、信息反馈

首先要搜集节目播出后所有的反馈信息,了解这个节目策划是否成功,成功在哪里? 不尽人意或失败又在哪里? 观众是怎么样看的? 专家又是怎么样评价的? 这些信息可以通过收视调查、观众来信、专家座谈等方式来搜集。这些反馈信息的分析,还要尽量做到量化,要用数字来说话。下面我们来看看中央电视台的《实话实说》的数字化报告。

1997年《实话实说》进行了两方面的探索:一是有意识地引入个案型节目,二是把录制现场移到外地,扩大嘉宾和观众的来源。到底这些尝试效果如何呢? 为此,他们采用央视调查中心提供的资料来进行收视情况分析,如下表 2-1所示:

表 2-1 《实话实说》收视率的排行榜

最高	最低
节目内容%	节目内容%
1. 打假之后 3.26	诊断婚姻 1.97
2. 走近孩子 3.23	豪爽的东北人 2.39
3. 你好香港 3.21	幽默的东北人 2.47

这个排行榜提出了两个问题:一是收视率最高的前三名都是讨论型或争论型的节目,而个案型的节目占最后一名,这是否说明个案型节目不受欢迎? 二是收视率最低的 3 个节目中在北京以外录制的节目有 2 个,是否在外地录制的节目质量不易保证?

经分析表明,由于节目时间的限制,即使录制现场讨论的情况比较丰富,也不能全面反映在播出的节目当中,因此许多观众认为这类节目不像《实话实说》,偏离了他们的期望。同时分析也表明,在北京录制与非在北京录制收视率差别不大。他们还根据大量的资料勾画出收看《实话实说》的观众特征:

性别:没有明显的性别偏好;

年龄：年龄越大的越喜欢看《实话实说》；

教育：《实话实说》在高学历者当中更受欢迎；

居住地：是"城里人"的节目；

职业：从事管理、技术和服务业的观众更愿意收看《实话实说》。

《实话实说》的策划者就是根据这些资料支持的反馈信息，来调整今后节目策划的方向，以进一步提高节目质量的。

二、总结与研究

在搜集大量反馈信息的基础上，就可以进行全面的总结，可以是个人总结，也可以是集体总结，不管是哪一种，都应找出成功的经验和失败的教训，目的是为了把下一个策划做得更好，可以是业务总结，也可以作为理论探讨，为了推动整个策划水平的提高，还可以进入理论研究的层面，撰写论文或进行研讨。但值得注意的是，这一步工作往往容易忽略。许多策划完成后，大体上知道它成功了便又开始忙下一个策划。其实，全面评估和及时总结一个策划的得失，对于提高整个电视策划水平是大有裨益的。

三、拓展增值

如果这个节目策划做得十分成功的话，可以利用总结、表彰、座谈和评论等形式来扩大其影响；还可以通过出版该节目的纸质和电子出版物，给这个策划增加附加值和连锁效应，带来更大的社会效益和经济效益。例如大型政论片《大国崛起》在中央电视台经济频道首播后，引起良好的社会反响，紧接着，《大国崛起》的 DVD 片和同名纸质出版物在全国出版发行，它的经济效益和社会效益将会是理想的。

第三章 电视节目策划的要义

本章要点

日新月异的荧屏世界正宣告一个新时代的到来——中国电视进入策划人时代! 为此,我们需要认真、深入和系统地研究电视策划理论和实践活动。

本章重点阐述的是电视节目策划的目的、原则,策划的观念,策划的内容和策划的空间。

第一节 电视节目策划的目的和原则

一、策划的目的

在电视这一电子传媒的运作中,策划的目的亦即重要作用体现在许多方面,我们把它归纳为五个方面。

(一)提高节目质量 促进精品生产

电视策划最直接的作用和最后的落脚点,最主要的还是体现在电视产品的生产中,体现在节目的质量上。假如一个策划案做的自认为周密、细致、高超、前沿、具体、实用、可行,但是,最终制作出来的节目没有亮点,水平一般,没有唤起观众的兴趣,那么,我们可以说,这个节目的策划案没有达到它预期的目的。电视策划具有强烈的目的性,那就是指导节目制作,生产上乘作品,即我们现在常说的精品节目。什么是电视精品呢? 就是那些"思想精深,艺术精湛,制作精良",具有旺盛生命力的电视作品。所谓"思想精深",离不开对选题和内容的精心策划;所谓"艺术精湛",离不开艺术创作上的不断创新;所谓"制作精良",离不开制作技术上的实施策划。

那么,生命力呢? 生命力绝不是昙花一现的作品,而是首播要赢得观众赞许,回放依然说好,再播尚有价值。

(二)提高业务素质

电视策划瞄准的是电视产品,要生产出高质量的电视节目,从前期开始,必须在选题、内容、结构、风格、样式等方面给予考虑,这些周密而细致的工作,不是任何人都可以随心所欲地编造出来,而是对策划人有较高的要求,不仅要有高尚的道德情操,为观众服务的思想精神,做好党的宣传工作的政治素养,而且要有渊博的知识,特别是对所策划的项目要熟悉,要有一定的认识和新的见解,同时还要有丰富的创意,另外,也要有超前的思维,懂得市场经营。这些要求的间接作用则是促进电视人业务素质的提高。策划迫使电视人去运用、改变和拓展他们的思维方式和方法,使他们的"脑子"变得更好使。策划也促使电视人充实自己,改变自己的知识结构,从而提高自身的综合实力。而且它不仅仅要求业务素质的提高,还有综合素质的提高,它包括思想素质、文化素质和专业素质。

策划人不是电视台也不是电视制作公司的领导,但他要懂得组织和协调各方面的关系;策划人也不是节目制作中的某个职务,但他要熟悉电视的具体业务。

策划可以培养和造就电视业内的"全才"、"通才"和"奇才"。

(三)协调各项工作

策划,尤其是大型策划,是一项系统工程,它牵涉方方面面,牵涉电视运作的各个部门、各道工序、各个岗位、各个工作的特点,需要很好地去协调,任何一个环节出现纰漏都会影响策划的成功和效果。比如,一个大型节目的现场直播,对内要调动节目制作部门、节目播出部门、技术部门、后勤部门,甚至行政部门;节目制作部门又包括摄像、导播、主持、灯光、美工等等;对外它还要处理各种社会关系,协调其他主办单位和协办单位。因此,如果我们把整个电视工作看作一部高速运转的机器的话,那么,策划则是其不可缺少的润滑剂。

协调好电视制作中的各方面关系,就是为节目制作铺平了道路,创造了必要的条件,它将会激发创作人员的创作热情,加快节目的制作速度,进而提高节目的质量,带来良好的经济效益和社会效益。

(四)深化电视改革

策划的内核就是创新,创新就是要打破原有的条条框框,向旧的观念和体制挑战。虽然,我们大多数的电视策划还是在现有的电视运营框架里做的,但如果策划者要想出奇制胜的话,就要有一些出格的想法,而这些想法必然与原有的做法、理论、机制或体制发生矛盾。

如何解决这些矛盾呢？一是"削足适履"；二是"破旧立新"。前者将使我们的策划难有大的作为；而后者就会迫使我们对旧有的东西进行改造和改革，以适应当今电视的迅速发展。因此可以说策划是电视发展的推动力，电视改革的助推器。

(五)推动产业发展

在今天，电视还是一个"朝阳产业"。看明天，中国电视正面临两个方面的挑战：一方面电视作为一种新的生产力，其巨大潜能亟待释放出来；另一方面是要面对电视全球化和新媒体崛起的激烈竞争。因此，电视策划必须拿出思想的利剑，解决电视媒体整合中的各种问题，化解业内运作中的各种矛盾，注入创新思维和改革意识，不断地向旧有体制发出挑战，通过一个个策划目标的追求和实现，从而推进中国电视产业化的进程和我国电视的整体发展。

二、电视节目策划的原则

(一)目标性原则

电视节目策划作为一种创造性的活动，具有很强的自主性和灵活性，但这些特性的发挥绝不可能是一种任意的行为，而是要遵循电视媒介的运作规律，有明确的指向和目的。所以确立目标就是任何策划的第一步，电视节目策划的目标，一般来说就是创造新节目，提高收视率，最大限度地强化节目的社会功能和提高节目的自身价值。具体到不同类型或题材的节目又有更细化更具体的目标。也就是说目标在前，策划在后，目标性原则是电视节目策划的第一原则。当然，事先设定的目标可以在策划的进程中不断加以完善和修正，甚至一些新线索出现之后可能会使策划人放弃原有的思路而向另外的目标进发，但这一切都是以既定的目标为起点的，新的目标也是原始目标的派生品。换句话说，任何节目的策划都必须有明确的目标性，而且这个目标的正确与否对整个节目策划的方向正确与否产生决定性的影响。那么现在一个最实际的问题产生了：从哪些方面去考虑一个节目策划的目标呢？

电视节目策划的目标至少要包括三个方面：受众目标、利益目标、竞争目标。

摆在首位的是受众目标。观众永远是节目的上帝，我们在开始节目策划的时候首先想到是我们的上帝长什么样？是大风车？是夕阳红？还是半边天？不同年龄、性别、职业、阶层的人对电视节目的需求和接受习惯都是大不相同的。电视节目虽然是"众口难调"，但是我们起码应该知道自己的节目最主要是做给那一类型的人看的。比如说，《超级女声》的策划，现在大家看起来，好像吸引了全社会很多不同年龄和阶层人的目光,但实际上这个节目策划之初的受众目标非常明确,就是 14～15 岁的女孩子们。正因为成功的对目标受众产生了巨大的吸引力,由于电视媒介的"家庭观看"的模式和中国人全家重心皆在孩子的特殊文化背景,这一批主要受众所带动的"附属受众"将是跨年龄跨阶层的。所以《超级女声》所做的只是尽可能地满足和调动它的目标受众——青春期的、有梦想、有表现欲、强烈的需要自我意识被认同的女孩子们。接下来的事情就是这些女孩子们的朋友、同学、家长、老师、甚至邻居等等一系列"附属的受众",由于关注他们身边的这些女孩子而开始关注这个节目。可以想象,如果《超级女声》的策划之初就把受众目标定成"全家老小社会各界齐关心",那将会是什么结局。每一个环节的设计都要照顾到"全家老小社会各界"的话,这个节目策划的每一步都会产生"大风车"与"夕阳红"式的矛盾,这个节目怎么可能做得下去? 即使把这样的策划写在了纸上,分解到各个制作环节上,也没办法做出来,更不可能做好。

　　摆在第二位的是"利益目标"。也就是相对于我们的受众来说,我们自己(媒介本身)要通过这个节目策划实现什么利益,达到什么目标。在市场机制日益健全的社会里,这是每一个电视台在生存发展中无法回避的问题。我们是国家电视台? 地方电视台? 还是卫星电视? 我们的节目覆盖面是哪些地区有怎样的地域特征? 因此我们的节目在哪些方面有商业卖点? 我这个节目对受众的功能是什么? 应该能产生什么样的经济或社会效益? 以何种手段和途径才能确保资金回报? 现在的和潜在的市场前景和科学依据是什么? 策划这个节目我们更期望于短期回报还是长远利益? 我们需不需要找赞助商合作? 合作双方的职能和利益怎么分配等等。类似这样的问题在实际操作中很可能比确切了解我们的受众特征更为困难,但它却是一个节目策划能否实施和一个节目能否运作下去的生命线。是观众完全不需要考虑,而我们却不得不"时刻准备着"的基本问题。

　　摆在第三位的是"竞争目标"。在受众目标和利益目标相继明确之后,我们十有八九都会立刻发现一个令人沮丧的问题:人和人的想法为什么在我研究受众的时候那么不一样,而当我创意节目的时候又变得那么一样了? 同形态的节目、同受众指向的节目、同功能的节目、同播出时段的节目、同覆盖领域的节目……仿佛一下子都冒了出来。似乎自己除了媒介领域无处不在的竞争以外,什么也看不到了,创意的处女地早已经被别人攻占了。怎么办? 作为专业人,我们理应认识到一个好的策划并非指向"横空出世"、"石破惊天"的,它恰恰应该是在众多面目难以区分的"同类"中具有较强竞争力的。这种竞争力来自于对竞争对手的全面分析,针对对手的缺陷和自身的条件找到自身竞争力的所在,确定针对性极强的策略和竞争目标。比如说《超级女声》火了以后,各地电视台都开始想要通过"选秀"节目争得一杯羹。当观众发现电视上同时在海选或PK的节目不下十个的时候,他们会不会很痛苦?他们难道不是在想,为什么这些节目都很像,却没有一个比《超级女声》更好看呢?他们的这种痛苦基本上可以说是那些做策划时没有明确本节目竞争目标的同行们造成的。相对来说,做得比较好的算中央电视台和上海东方卫视了。中央电视台针对湖南卫视毕竟是地方台的弱势,拿出只有国家电视台才可能有的气势,策划了《梦想中国》《挑战主持人》《平面模特大赛》《化妆造型大赛》……一切往大的方向做,往权威的方向做,并且层出不穷、前赴后继,充分利用了任何地方电视台都不可能与之抗衡的资源优势、传播覆盖面和媒体公信力,持续抢占黄金时间的收视率。东方卫视没有这样的条件,但它敏锐地发现它在上海、在全中国老百姓心目中可能是最"洋气"的,所以打出的是《莱卡我型我秀》《加油好男儿》这两张牌。这前一张牌针对湖南卫视的平民性,与"国际级"唱片公司老板、音乐制作人合作,造成"超女"产生"本土偶像",而"莱卡"打造"国际明星"的印象;后一张牌则更明显的针对"超女"只选"女声"的局限,给同样有表现欲望和明星梦想的"好男儿"们一个机会。这个竞争目标显然比包括《梦想中国》在内的其他任何与《超级女声》竞争的选秀节目更为明确,可以说处处都是对着"超女"来设计,形成鲜明的对照和恰好的补充。因此我们不难解释,在《超级女声》火爆之后众多选秀节目相似的面孔中,东方卫视的这两张牌会更容易被观众所识别。

一个目标明确的策划,才能使节目在残酷的同类竞争中,迅速而准确地找到自己生存发展的立锥之地。

(二)创新性原则

"创新"是近年来在各行各业使用频率很高、提得最多的一个时髦之词。这个词的本质含义是指一种思维模式的特质,这种特质被认为是任何领域和事业取得发展的生命线。创新思维应用在电视节目策划中,最突出的表现就是求异性。其"求异"形式又可分为两类,即"要跟别人不一样"和"要跟自己的以往不一样"。

"要跟以往不一样"换句话说也就是要"争第一"。"第一"就意味着"前无古人",意味着超越常规、打破常理,从对问题的设想方式到对问题的解决方法再到实施方案的效率成果,都是与传统套路和轨迹截然不同的。比方说第一次在广播节目中使用热线电话,第一次在电视节目中开通短信投票,第一次直播攀登珠峰,第一次通过卫星实现海峡两岸嘉宾"对谈",第一次通过手机平台实现电视节目直播等等。由于广播电视节目的形态随时受到广播电视技术进步的激励,每一次技术的革命都会带来一次节目形态的创新浪潮,所以广播电视节目策划的创新性常常会体现在对新技术新手段的"第一次"使用或"第一次大规模"使用上。纵观20世纪80年代以来中国电视节目的发展历程,广播电视技术的进步在某种程度上促成了广播电视节目从录播到直播、从单向传播到多方互动、从演播室到现场的形态革命。所以作为节目的策划者,我们必须密切关注技术的发展趋势,并敏锐地意识到新技术给节目创新带来的可能性。

"要跟别人不一样"换句话说就是要"与众不同"。此处的"众"是指在每次"前无古人"的创新成果面市以后,都会迅速地涌现出一大批面目相似的"来者",利用同样的手段、同样的形式"换汤不换药"地做节目。这时候问题就又产生了:"第一"永远只有一个,那"第二"要怎么跟"第一"不一样呢?"第三"又要怎么跟"第二"相区别呢……这就是"同类创新"的问题。同类创新是比"首创"更常遇到的问题,因为在工作中的绝大多数时候我们都会发现"第一"早被别人占去了。能够成为某项"第一"的策划人是非常幸运的事情,但在实际工作中,我们常常不得不走的还是在同类节目中创造新意的路子。这条路子的主要走向无外乎两个:一是"移花接木",将已获成功节目的基本样式、主要卖点直接"拿来",通过调整内容或增减元素,使自己的方案获得个性。比如江苏卫视2006年推出的《绝对唱响》,在2005年就兴起的"选秀"节目风潮中显然占不到任何先机,海选、淘汰、PK对观众来说都已失去新鲜感,因此这个节目在策划时就借鉴韩国SBS的速配节目《情书》而在"选秀"中增加了"配对"的元素,同时注意到其他选秀节目以"海选"选手洋相百出为卖点被很多观众排斥的现象,在《绝对唱响》中减去了这些元素,使节目更温情、更符合中国观众的审美。二是"反其道而行之",针对已获成功节目的最大弱点、受众缺口,将目标锁定在"被遗漏"的受众群里,避其锋芒而攻其软肋,比方说《加油好男儿》对《超级女声》,这点我们在谈电视节目策划的"目标性原则"时就已经涉及,就不赘述了。

(三)实效性原则

电视节目策划说到底是一个用来指导实际行动的计划和方案,无论这个计划多有目标,这个方案多有创意,最终必须要能够实现才行。不仅要"切实可行",而且要"行之有效",这就是电视节目策划的"实效性原则"。

什么样的策划才是"切实可行、行之有效"的呢?首先,它必须对现实的情况有准确的把握和深刻的分析,包括现在的观众普遍对什么感兴趣?他们现在为什么对这些感兴趣以及他们将来还可能对什么东西感兴趣?目前的电视同行已经针对他们的这些兴趣采取了什么样的行动?获得了什么样的传播效果?为什么会这样?那么我到底应该怎样?其次,它必须充分考虑到节目创制方面面的现实条件。从整体创意上必须符合国家现行的法律法规、社会经济的一般规律、所属媒介机构的性质立场以及地域文化习俗和审美差异等等。从具体实施方案上,每一项资源的分配、每一个环节的部署,都必须符合现有的人力物力和技术条件,具有现实的可操作性,有合理的预算和科学的运筹。如果一个节目策划方案所制定的目标越是经过科学的分析,所选择的方法越是能把风险和成本降到最低,那么执行这个方案就越有可能达到预期的传播效果。完成一个具有实效性的节目策划方案,不仅需要我们对电视节目制作的各个工种、制播流程、技术艺术、耗材和人员统筹等诸多因素烂熟于心,还需要我们对整个社会经济、受众文化心理、市场状况等大环境有清醒的认识和准确的判断。每一个创意、每一个设想都要顾及实际的可操作性,并努力找到最有效率、最节省资源的实施途径。

(四)整体性原则

广播电视节目策划的制定往往涉及采访、编辑、合成、播出、经营等许多方面,牵涉到的财物和人员十分庞杂,所有环节又都彼此联系、互相影响,是一个有机的整体,一个分工协作的系统。之所以需要策划,就是为了使整个系统在节目创制的过程中持续稳定高效的运转。一方面策划方案必须着眼于整体规划,以系统的观点平衡各要素之间的力量关系,对全部人力、物力、财力等资源进行科学整合、合理运用,达到利益的最优化组合;每一个局部环节的实施方案都应该考虑到它与其他环节以及整体计划的关系。另一方面策划方案除了实施部分,还应该包括目标预测部分和效果检验部分。策划是一项战略性的计划,是要建立在科学预测的基础之上,并最终通过实践效果来检验,不断修改和完善的过程。反馈机制是一个可否继续生存发展、自我更新的关键,是一个策划方案的重要组成部分,也是实际工作中最容易被忽视的环节。而做一名专业的电视节目策划人,整体性的原则是不容忽视的。做节目策划,既要注重细节,也得把握全局平衡;既要关注"当下",也得思考来龙去脉。

第二节　电视节目策划的内涵

一、电视节目策划的内涵和分类

(一)什么是电视节目策划?

1. 策划要有一定的创意

好点子、好创意对一个节目的策划来说十分重要,但创意不等于策划,一个节目内容或形式上的创意，只是整个节目策划流水线上的一个环节、一个部分。电视节目策划的全部含义，不单单是一个好创意、几个"金点子"能够担当的。比如说我们现在有了一个金点子，就是 2006 年的中秋节，我们要在厦门、金门和两岸之间的游轮上同时举行一台双语中秋晚会，通过中央电视台 1 套、中央电视台 4 套（中文国际频道）、中央电视台 9 套（英语国际频道）、福建东南卫视、福建海峡卫视、厦门电视台并机现场直播，通过香港无线电视台、澳门电视台、台湾中天电视台以及海外华语媒体的同步直播和中央人民广播电台"中国之声"、央视国际网络等合作同步播出，真正实现全球华人通过广播电视和网络在中秋节这一天"天涯共此时"的盛况。

我们看这台中秋晚会，具体节目内容还没有确定，仅通过这样的一个联欢形式就使"每逢佳节倍思亲"的含义与"情系两岸、呼唤统一"的宗旨不言而喻了，真可谓上承天意、下顺人情。然而是不是有了这个创意这台晚会就成功了呢？一个事实是早在 2005 年策划"江城月·中华情"时，总导演郭霁红就想在武汉的黄鹤楼和台湾的赤嵌楼之间设置"江海相连，名楼相望"的环节，但因为客观原因未能实现。可见灵感突发所带来的惊喜对于整个的节目策划来说，才只是万里长征走完了第一步，接下来我们马上就不得不想：这样的实际可操作性到底有多大？怎样调度人员和设备才能顺利实现对全球的现场直播？采取三点同时直播还是单点移动直播？三个会场的"戏份"比例怎么安排？怎样才能最大程度地兼顾两岸三地观众对"中秋晚会"的心理诉求？怎样才能最大可能地兼顾现场观众与电视机前观众的视觉感受？在节目内容和编排上如何与台、港、澳的电视媒体、专业演员和民间团体协调合作？直播过程中天气、设备、演员、道具等各方面因素可能出现哪些问题？针对各种意外情况有哪些应急措施和备用方案……

从上面这一系列问题我们不难看出：创意只是策划最初的程序中的一小部分，随之而来的策划的真正"主体"则是一个建立在科学调查和有效分析上，按照特定规律运作的系统工程。因此对于电视节目策划人来说，我们至少应该这样界定自己的工作：电视节目策划是一个流水线，而不是一个孤立的点子；是一个强调行动性的过程，而不仅仅是创意和规划。我们所要进行的电视节目策划，本质上是以观众为出发点，以节目为产品，以提高收视率进而获取社会效益和经济效益为目标的媒体运作过程；是以电视台的理念、性质、组织结构、传播行为以及节目产品为轴心而进行的人际交流过程；是对电视节目创制的预测和控制的过程。

2. 策划的质量要由反馈的信息验证

很多人相信节目策划的过程是从创意起至播出止，也就是说电视节目策划人卖给观众的是一张单程票。当节目播出时这个节目有没有满足目标受众的需要呢？是否达到了预期的传播效果呢？节目这样编排是否得当？实施这个策划是否正确？所有这些疑问的回答都只是对这一策划方案优劣的评价，而不属于策划方案本身了，"功过任由评说"。事实是这样吗？

我们依旧来看央视中秋晚会的例子：厦门国际会展中心的海景舞台，台北101高楼下的狂欢人潮，航行两岸间满载笑语歌欢的游轮，灯火通明跨海连天的虚拟金色长桥……这一切在焰火不断升腾的夜空衬托下，构成了2006年央视中秋晚会普天同庆的荧屏盛景。这是本次晚会导演和主创人员的突发奇想吗？如果说按常规这样一台大型的晚会要准备3个月时间，那么上面这个策划是从2006年7月开始的吗？

一个事实是这个节目的导演已经是连续第三次执导央视的中秋晚会了，并且从2004年上海浦江畔的"浦江月·中华情"到2005年武汉黄鹤楼脚下的"江城月·中华情"，这位导演日益形成了依托风景名胜在户外举办的中秋晚会的独特形式和利用自然条件借景、移景，营造"景观舞美"的艺术风格。如果你还记得2004年浦江畔那艘蓄势待发的帆船，以及2005年黄鹤楼上空、脚下与长江沿岸焰火的灯月交辉，你便会明白2006年"海峡月·中华情"晚会上巨幅白帆掩映中的厦门国际会展中心和金门、厦门、海上游轮的焰火齐放不是"妙手偶得之"了。

央视中秋"景观晚会"的概念在历次的节目策划过程中逐步形成和确立，成功使央视的中秋舞台成为中华民族地缘文化符号的艺术再现，给全球华人留下了深刻印象。在2004年的首次亮相受到瞩目和好评后，2005年的中秋晚会在内容和形式多个方面做出了改进、扩展和创新，再度引起反响，并一举问鼎国际电视文艺大奖，吸引了更多观众的目光。策划人在这样的基础上进行认真的研究和准确的判断，终于在2006年第一次实现了大陆大型文艺演出在台湾户外的成功举行。我们不仅看到一个节目的策划在长达三年的时间里日臻完善，更应该看到这个策划几乎已经用三年的时间培养起全球华人继除夕之夜看"春晚"之后的又一集体收视习惯：月圆之夜看"秋晚"。

从"春晚"没落到"秋晚"的兴起，从央视持续十几年的中秋室内晚会到2004年的第一次户外演出，从2004年的初次尝试到2005年的进一步探索，再到2006年的最终定型，我们看到一个节目策划清晰的发展脉络。如果没有"春晚"成为习惯，就不会有"秋晚"成为的概念；没有演播室晚会的审美疲劳，也就不会有"景观晚会"的尝试突破；没有2004年的"浦江月"、2005年的"江城月"，也就不会有2006年的"海峡月"。这种密切的前后联系告诉我们：优秀的节目策划绝不是单程车，而是一个循环往复的过程。当电视节目播出时，仅仅意味着最初的计划方案正在被实施,仅仅是一个策划从文本向现实转化过程的开始。而对节目播出后的反馈信息的搜集和处理,从某种程度上说比播出前包涵了假定性目标的创意、定位和策略更为重要。优秀的节目策划人一定会在策划的过程中建立一个能够持续不断推陈出新的机制。策划案中事先规定的反馈机制在对节目播出后的收视状况和传播效果进行有效跟踪和科学分析后将告诉我们:是否有必要对原定的策划方案进行调整? 所以任何一个节目的策划方案都不应该是一个只到播出为止的定局,而应该在制定之初就被设定为一个开放和兼容的,能够为今后的修改和完善留有余地的格局。

3. 策划是节目的前瞻性思维

前面我们讲到,电视节目策划本质上是以观众为出发点,以节目为产品,以提高收视率进而获取社会效益和经济效益为目标的媒体运作过程。对于这一点,央视"秋晚"的案例就是最典型的验证:在中秋节这个特殊的时间和气氛下,在庞大的媒体协作和技术支持下,在"秋晚"的两个小时中,全世界各个角落的华人都在关注这个节目,包括许多境外媒体和记者、评论人也许都在电视机前收看,并且看后各界人士好评如潮。可以这样说,"秋晚"策划不论从收视率、还是从社会效益和经济效益来看,都是成功的范例。那么,节目策划是不是应以紧跟流行、抓住热点,让所有人都喜欢、都接受为最高目标呢?

首先,我们应该认识到:不是每天都是除夕,每天都是中秋,除夕和中秋一年只有一天,一年只能出现一次盛况。"春晚"和"秋晚"的收视奇迹是基于特殊的时令和传统文化心理。在这两个特殊的时间里,虽然人的年龄、性别、阶层、行业不同,但人们都认同节日,因此它的受众几乎是全家福式的。但这种"全家福"一年就只有那么两次,而且即使就在这两次里,再完美的策划也不可能做到人人都喜欢、都接受。在"分众化"倾向日益明显的后传播时代,锁定全体受众为节目策划的目标已经成为笑谈,当前的策划应该做到也只有可能做到抓住具有典型特征的一部分人群,进行有针对性的节目设计,并按特定受众的心理需求,提供具有专业性内容的节目。

其次,我们应该注意到:没有哪一档节目是在第一次播出后就火到它后来众所周知的那个程度的。像央视"秋晚",尽管 2004 年就获得了不错的评价,但也是经由 2005 年的大受欢迎和国际获奖才备受瞩目,直到 2006 年的两岸直播才达到收视率和影响力的顶峰的。这是任何一个新创制的节目都必然经历的"生长期"。所以,任何一个策划方案对节目创意定位准确与否,也都要看经过这个生长期之后,节目是否已经培养了固定观众和引导了收视习惯。这反过来也说明,优秀的节目策划绝不只是针对目前的流行热点和当下的受众状况所作的急功近利的决策。我们作为准专业人士所必须清醒意识到的一个事实就是,在 100 个后来很火的节目中，有 100 个在它们创制之初都是没有那么火的。作为策划人，我们最关键的素质是要比我们的受众"快半步"，也就是所谓的"前瞻性"，在整个社会集体认识到某一种想法会很有意思以前，我们针对这种想法的节目已经在策划中了。所以说，策划不是现在流行什么就做什么，那不叫策划，那叫模仿。策划应当说基本上都是关于未来事物的，关于未来事物的当前决策，才叫策划。

二、电视节目策划的种类

电视节目策划是一种复杂、丰富、综合性的劳动同时又应当是一项科学、有序的专业工作。电视节目策划的复杂性、丰富性和综合性主要体现在电视节目本身从内容到形式的多样性与综合性，不同类型和样式的节目需要不同方法和侧重的策划。比如从节目类型上说，可分为电视新闻节目策划、电视专题节目策划、电视文艺节目策划、电视纪录片策划、电视剧策划、电视少儿节目策划等；从节目样式上说，又可分为谈话节目策划、直播节目策划、演播室节目策划、互动游戏或竞技节目策划等。与此同时，电视节目策划的科学性、有序性和专业性则体现在对这些复杂的类型和样式进行合理的划分和归纳，找到电视节目在语言形态和素材来源上的本质区别，并以此作为策划的依据。

从媒介的发展过程不难看出，受众对媒介的需求主要来自两个方面：一方面是最大限度的获取信息，迅速直接地了解世界的变化及其对自身生活带来的影响；另一方面是最大限度的获取娱乐，在紧张而有压力的工作和现实生活中经由大众媒介分享审美体验，使自己的身心感到放松和愉悦。满足观众信息需求的电视节目必须完全取材于生活中的真实存在并依据实物本来的发生发展过程进行结构；满足观众娱乐需求的电视节目则可以完全是人为组织、编排甚至是虚构、扮演的。因此，如果从电视媒介的语言方式和素材来源上看，活跃在荧屏上林林总总的电视节目不外乎这两大种类：纪实类和非纪实类。由此也衍生出电视节目策划的两种类型：纪实类节目的策划和非纪实类节目的策划。在这个基本框架下再结合具体节目的内容样式进行细分，就可得到一个较完整的、科学有序的结构体系，如图 3-1 所示。

此外，电视节目策划从宏观上说一般分为基本理念、具体策略和可操作性技艺三个层面；而一份完整的电视节目策划书通常要对这三个层面依次进行分析论证和预测。电视节目策划书的构思和写作将在下一节中详细阐述。

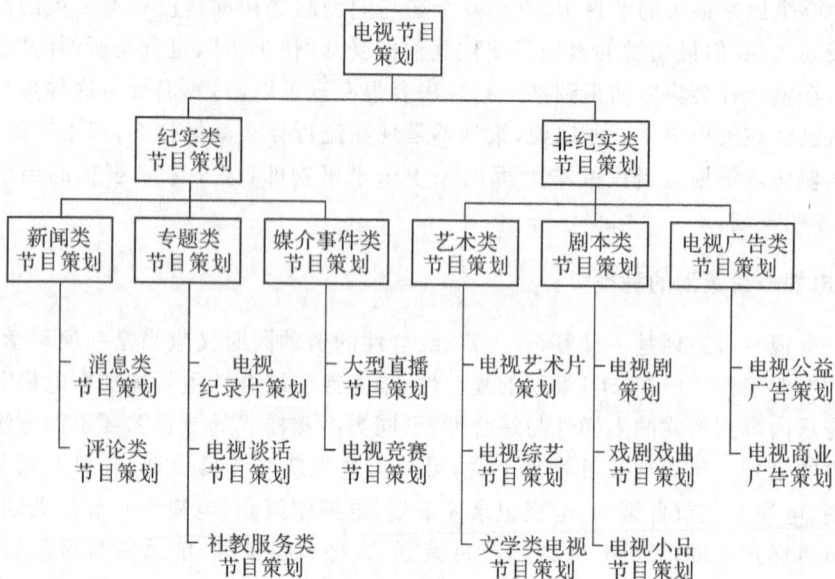

```
                         电视节目
                          策划
              ┌──────────────┴──────────────┐
           纪实类                          非纪实类
          节目策划                        节目策划
     ┌────────┼────────┐          ┌────────┼────────┐
  新闻类    专题类    媒介事件类    艺术类    剧本类    电视广告类
  节目策划  节目策划  节目策划     节目策划  节目策划  节目策划
```

```
─ 消息类        电视        ─ 大型直播      ─ 电视艺术片   电视剧      ─ 电视公益
  节目策划      纪录片策划     节目策划        策划          策划          广告策划

─ 评论类        电视谈话    ─ 电视竞赛      ─ 电视综艺     戏剧戏曲    ─ 电视商业
  节目策划      节目策划       节目策划        节目策划      节目策划      广告策划

              ─ 社教服务类                  ─ 文学类电视   电视小品
                节目策划                      节目策划      节目策划
```

图 3-1

第三节　电视节目策划书的构思写作

　　策划书,既是电视节目立意的纲领性文书,又是制作过程中的技术性手册。
　　一份电视节目策划书要涵盖哪些内容,涉及哪些方面,分为哪些步骤?我
们先来解读一份策划书。

CCTV - 2《2005 年经济年度报告》节目方案

一、方案构成

1. 节目设计方案

2. 操作预算方案

二、目标和作用

　　盘点 2005 年经济大事,为 2005 年经济制作一份电视档案,在"经济年会"
中承担理性、全面的梳理功能,体现经济频道对经济领域的专业见解。

三、节目定位

将中国、世界两个经济报告合二为一,突出:

1. 全球视角:盘点 2005 世界全球经济,见人见事,并阐释事件背后的深层

经济联系。

2. 中国落点:突出中国经济与全球经济的关联度,关注各国经济对中国的借鉴意义。

3. 从民生谈国际:以大众最关心的经济话题入手,连通草根与高端,突显经济与人的关系。

定位依据:2005 年中国、世界经济大事。可从三个方面归纳:

(1)世界进入高油价时代,中国经济随之跌宕起伏;

(2)人民币汇率浮动,带动亚洲很多国家汇率实现弹性制;

(3)中美、中欧纺织品争端为核心的全球贸易摩擦;G20 等各种世界级重大财经会议在中国召开。

四、调查分析

1. 调查问题:2005 经济,您认为哪些方面最值得关注?

调查对象:国际组织、权威机构、相关领域专家、业内人士

功能:对节目内容进行深入咨询,保证内容的权威性和专业性

调查方式:专题会议、电话采访、Email

2. 调查问题:2005 世界经济、中国经济十大事件

调查对象:国内、国外普通人

功能:寻找与世界经济有密切关系的人和故事

调查方式:与网站合作,建立专题调查;发起活动征询

五、节目样式创意

1. 新闻秀

用"神六"概念来包装整个节目,马斌乘神六飞船,在太空评点 2005 年全球经济。

(1)经济年度报告内容枯燥、回顾旧闻难有新亮点、整年经济盘点容量大,难以梳理、理论性强,形式感难做;

(2)"神六"是 2005 年中国具有世界意义的政治经济标志性事件,在"神六"上观察世界,体现出中国立场;

(3)从太空观察地球,自然具有了全球视角,为盘点全球经济提供了合理的角度,具有经济全球一体的意义;

(4)马斌新闻秀,把枯燥的经济内容生动化,拉进与观众距离;

(5)单人、小演播室、以主持人+资料回顾为主要形式,改变以往大演播室、多主持人、多嘉宾的高成本运作,降低节目成本。

2. 演播室设计

(1)演播室模拟神六飞船机舱;

（2）主持人穿着宇航服、主持人话筒为宇航员对讲机、主持人还配备望远镜等设备。

六、节目流程模拟

1. 开场——

发射秀：主持人开场，概括节目，介绍自己的装备，模拟宇航员表演

发射场：中央电视台经济频道经济年会主演播室

呼号：经济频道神州六号飞船准备就绪，2005年经济年度报告太空发布开始。

发射：过程完全模拟神六，并使用其发射画面

2. 2005世界与中国经济大事榜——

世界油价波动，中国如何应对

中国汇率调整，亚元时代是否到来

全球贸易摩擦，中欧、中美如何走出困境

自然灾害频发，成为世界各国经济最大变数

中国个税听证，怎样借鉴世界成功经验

中国房地产新政，全球投资走向

世界金融市场回暖，中国股改运行

财富论坛、G20等国际经济活动

中国"十一五规划"建议与世界经济和谐互动

3. "经济望远镜"——经济大事的选择和出现方式，马斌从太空用望远镜瞭望地球，到重大事件现场亲历，观察。以"贸易摩擦"为例——

德国港口：货物堆积如山；

江苏及浙江宁波：纺织工人停产；

阿姆斯特丹商场：衣服断码……

4. "月光宝盒"——经济大事回顾方式，回到新闻事件的当时当地大事记。以中美纺织品贸易摩擦为例——

4月4日，美国纺织品协议执行委员会（CITA）正式宣布，决定对部分原产于中国的三类纺织品自动发起纺织品特保调查。

4月6日，我国政府部门、行业协会和企业代表纷纷做出紧急回应。

6月17日，中美举行了对7种纺织品的第一轮技术层磋商，未签署实质性协议。

7月8日，中美双方对华设限的7种纺织品举行了第二轮磋商。未签署实质性协议。

8月18日，第三轮磋商，没有如各方希望的那样达成一个广泛的协议。

9月1日,持续两天半的第四轮磋商,没有取得实质性进展。

9月30日,又一次"挑灯夜战",但发生在中欧谈判中的"奇迹"并没有重演。

10月,第六轮谈判破裂,美方边谈判边设限。

5. "天地对话"——马斌在太空,以连线形式与专家串联、点评、阐述经济大事

口号:马斌启动天地对话,现在呼叫中国北京商务部部长

6. 结尾——

(1)飞船着陆秀。

(2)经济频道神州六号飞船准备返回,落回中国。

(3)平稳着陆,对中国经济软着陆、与世界经济和谐发展前景的预期。

(4)2005年经济年度报告发布完成。

七、筹备进程

1. 节目人员投入:保证三档资讯节目正常播出,无须抽调其他组人员。节目组所需固定人员为国际组编辑3人,记者组记者3人,制片1人;

2. 素材积累:今年已收录几万分钟的国内、国际经济新闻相关素材,2005年经济大事的电视资料都有存档;

3. 专家积累:与国际、国内经济学家保持长期紧密合作关系,与十几家外国财经机构如IMF、WB、纽交所、NYSE等已建立良好沟通合作方式;

4. 媒体合作:与十几家国外媒体如CNN、NBC、汉城电视台、俄塔社、华尔街日报等有合作关系,他们愿意为我频道提供节目素材和本国经济数据。我台20多名驻外记者合作良好;

5. 特别节目积累:从财富论坛、诺贝尔论坛、香港迪士尼、到G20会议,我们已经采访了许多国家的财长、央行行长和诺贝尔经济学奖获得者等

6. 前三期"预热"节目

(1)《调查篇——你最关心的2005全球经济大事》

(2)《普通人发问篇——经济与你有关》

(3)《权威篇——全球顶级人物评点2005经济》

《2005年经济年度报告》预算

(一)节目包装

宣传片:30秒×800元/秒×3个=72000元

片　花:6秒×800元/秒×6个=10800元

版式等:8000元

角　标:1000元

制　　景：80000 元

合　　计：191800 元

（二）磁带费

150 元/盘×300/盘＝45000 元

（三）设备费

演播室：30 小时×1500/小时＝45000 元

机房：50000 元

设备：20000 元

合计：115000 元

（四）人员劳务

主持人劳务：1 人×8000 元＝8000 元

导演：8 人×8000＝64000 元

撰稿：4 人×6000＝24000 元

演播室技术：30 人×2 天×200 元/天＝12000 元

编辑：20 人×3000 元＝60000 元

主放：1 人×2 天×500 元＝1000 元

协放：1 人×2 天×500 元＝1000 元

计时：1 人×2 天×500 元＝1000 元

美编：1 人×2 天×500 元＝1000 元

字幕：2 人×2 天×500 元＝1000 元

资料：1 人×2 天×500 元＝1000 元

制片：3 人×5000 元＝15000 元

嘉宾：40000 元

策划：30000 元

合计：259000 元

（五）短片制作

30 条×3000 元＝90000 元

（六）驻外记者站回传

50000 元

（七）其他

餐费：50000 元

包车：16000 元

差旅：90000 元

房费：30000 元

通讯(国际长途):30000 元

会议场租:30000 元

合计:246000 元

总计:996800 元

上面这份节目策划书给我们展示了一个(一种)比较清晰的策划流程图,也是一个(一种)策划内容的结构图。从中我们可以看出,要拟订一个策划方案,它所包括的内容大致有:

一、策划的项目

成熟运转的栏目,一般在设计之初就把建立健全的信息资料搜集网络写进了策划案。有的栏目甚至有专门的信息来源渠道、咨询机构和调查公司。每天的新闻线索既有来电、来信、来访反映的,也有从网络、报刊、杂志等其他媒介检索来的,还有各行各业的线人定期或不定期的提供来的各种信息。这样,每隔一周或一个月召开一次选题会,节目策划人、制作人员还有相关领域的专家,一起比较和筛选众多的选题。比如每到年底,各频道、各栏目都会选择一些"回顾"性质的、"年终盘点"之类的项目来做,中央电视台经济频道 2005 年底推出的"新闻秀"节目《2005 年经济年度报告》就是这样一个案例。这个策划的第一步就是对全年信息资料的梳理分析和对受众需求的调查研究。

(一)收集资料

1. 市场调研

经济类节目的"年终盘点"有没有市场? 此次节目对本栏目和本栏目的固定受众分别具有哪些价值和功能? 能取得什么样的社会效益和经济效益?

2. 问题调研

怎样取舍全年的信息资料? 如何安排国际、国内经济大事的比例和顺序? 以什么线索组织材料? 用什么形式串联各部分?

3. 观众调研

哪些是不同层面的受众都关注的经济事件? 什么样的总结、分析或建议是大部分观众所期待的?

节目策划人为找到以上三个方面的答案,制定了一个调查方案:

表 3-1　调查方案

调查目的	深入咨询,保证内容的权威性和专业性	寻找与世界经济有密切关系的人和故事
调查问题	2005 经济,您认为哪些方面最值得关注	2005 年世界经济、中国经济十大事件排名
调查对象	国际组织、权威机构、相关领域专家、业内人士	国内外普通观众
调查方式	专题会议、电话采访、Email	与网站合作,建立专题调查;发起活动征询

在此前提下,策划人将这些调查的过程和结果做成节目,在前几期中播出,也为最后一期的年终盘点"预热":

《调查篇——你最关心的 2005 全球经济大事》

《普通人发问篇——经济与你有关》

《权威篇——全球顶级人物评点 2005 经济》

(二)发现价值

经过全面的资料收集和深入的调研准备,策划人就可以基本确定《2005 年经济年度报告》这期节目的价值和目标了:盘点 2005 年经济大事,为 2005 年经济制作一份电视档案,同时在"经济年会"中承担理性、全面的梳理功能,体现经济频道对经济领域的专业见解。

发现价值是项目确立的基础,也是做好节目的基本条件。接下来就要开始考虑怎么实现这个价值和目标的问题。

(三)估计问题

《2005 年经济年度报告》将中国、世界两个经济报告合并起来做是否可行?如何克服回顾"旧闻"难有新亮点的问题?如何处理整年信息容量大难以梳理的问题?如何解决经济节目内容理论性强,形象感弱,形式感难以表现的问题……种种问题都要在策划的初期有所估计,而这也正是在接下去的创意构思过程中所要解决的主要问题。

二、构思创意

(一)首创与变奏

"年终盘点"的节目形式最早是从平面媒体借鉴过来的,《2005 年经济年度报告》也不是第一个采用这一形式的节目,因此显然不是一个占"首创"先机的例子。在年底各频道各栏目众多的"盘点"节目中要有所创新、吸引观众并非易事,尤其对经济类的节目来说更是这样。为了找到经济事件与普通观众的切合点,选择最有效、最合适的报道角度,策划人对 2005 年的重大经济事件和总体发展趋势从三个方面进行了归纳构思:

1. 世界进入高油价时代,中国经济随之跌宕起伏——全球视角;

2. 人民币汇率浮动,带动亚洲很多国家汇率实现弹性制——中国落点;

3. 中美、中欧纺织品争端为核心的全球贸易摩擦,G20 等各种世界级重大财经会议在中国召开——从民生谈国际。

这样就得出了节目的基本切入角度和报道方法:

全球视角:盘点 2005 世界全球经济,见人见事,并阐释事件背后的深层经济联系。

中国落点:突出中国经济与全球经济的关联度,关注各国经济对中国的借鉴意义。

从民生谈国际:以大众最关心的经济话题入手,连通草根与高端,突显经济与人的关系。

(二)大众与分众

一个节目所能满足的受众面越广当然收视率也就越高,这只是一个理论上的理想状态,实际情况更多的是众口难调,在做节目策划时还是准确地确定观众群比盲目追求收视率更容易接近成功。受众细分能使节目的定位更明确,达到让某些特定观众形成固定收视习惯并对节目产生一致认同的传播效果。比如经济类节目的固定受众,主要的还是城市白领阶层或相关领域的从业人员,所以《2005 年经济年度报告》固然要选择一些大众最关心的话题,但也不可能为了争取"大众"而柴米油盐式的聊家常,光讨论老百姓的口袋、粮袋和菜篮子问题。它更主要的目标是对固定观众收视需求的满足,延续栏目一贯的理性和权威性优势。

(三)开放性与可操作性

好的策划方案应该有一个动态的,能够不断自我更新的开放性格局,随时遇到新问题都可以做出适应和调整;同时策划方案的最终目的是将行动计划有效地付诸实施,一切创意和想法都必须是可操作的。比如说《2005年经济年度报告》的节目策划,本来"年终盘点"是一个不错的创意,但由于经济节目内容本身比较枯燥难懂,回顾旧闻又更难出新意,就必须想办法对方案进行新的设计。于是策划人选择了在经济节目中非常少用的形式:新闻秀。用"神六"概念来包装整个节目,让马斌乘神六飞船,在太空评点2005年全球经济。

"神六"是2005年中国具有世界意义的政治经济标志性事件。在神六上观察世界,体现出中国立场;从太空观察地球,自然具有了全球视角,为盘点全球经济提供了合理的角度,具有经济全球一体的意义;马斌新闻秀,把枯燥的经济内容生动化,拉近与观众距离;而且单人、小演播室、主持人+资料回顾的节目形式也改变了以往大演播室、多主持人、多嘉宾的高成本运作,能够节约资源。

接下来要做的就是演播室设计:演播室模拟"神六"飞船机舱;主持人穿着宇航服;主持人话筒为宇航员对讲机,并配备望远镜等设备。这些准备在具体操作上也比以往大演播室、多主持人、多嘉宾的做法简便多了,但是别开生面,富有特色,很好玩,也很好看。毋庸讳言,它的确是一种新的构思、新的创意。

三、整理方案

(一)将节目构思创意整理成实施方案

1. 找出决胜点

通常,最理想的状态是在一个节目策划的方案的首页,就应该看到这个节目的最大亮点,即决胜点。它是吸引观众,提高收视率,带来经济效益的基点,它对即将投入大量资金、人力、物力的媒介机构来说,是至关重要的。比如《2005年经济年度报告》的决胜点,就是央视经济频道节目内容的权威性、公信力与一个新颖有趣的"神六太空舱新闻秀"节目形式的组合,既保持节目的高品质,又将枯燥的内容形象化、娱乐化,让老百姓喜闻乐见。

2. 条理化、简单化

厚厚的一沓策划书应该是留给策划人自己的,向客户阐述一个节目策划时通常都需要把策划案精简为几页文件或做成一个扼要的演示文稿。整理出来的方案是给各部门各工种指导实施用的,必须要层次清晰,简明扼要,重点、方向和顺序必须令人一目了然。否则,事无巨细,没有条理,没有重点,反而使人不知从何处下手。

3. 留出机动空间

机动空间主要是指计划外的方案,即第二方案、替补方案。在策划实施的过程中,常常由于外界的干扰而无法照原计划执行,所以我们在替补方案里应该考虑到摄制播出设备、交通通讯设备、人员调配等方面的问题,做出相应的应急部署,以保证节目按时顺利的完成或播出。

(二)节目策划书包括的内容

1. 策划动机:即做这个节目的价值、意义和预期目标是什么,也就是说为什么要做这个节目。

2. 调查分析:即资料收集、受众调研的主要方式和得出的结论是什么,也就是说做这个节目的依据是什么。

3. 节目定位:即根据调查结果确定的节目功能、特性,节目的内容和侧重点是什么。

4. 样式形态:即节目的框架、主要结构,板块、包装,整体节目的时序、流程,本节目区别于其他节目或以往节目的特色等,具体设计是怎样的,都应该在策划书中详尽说明,突出可操作性。

5. 行动倒计时:从计划开始实施、到节目正式播出的工作时间安排。

6. 经费预算。

四、计划安排

按照以上步骤做好一份完整的节目策划书,下一步就要正式付诸实施了,一个节目策划能不能达到预期的效果是与这个行动计划能否高效高质量的实施直接相关的,因此我们要特别重视这个环节的部署,常常需要在策划案中专门拟定一份详细的工作计划或者时间表。比如下面这个节目策划案:

"德国之行"世界杯报道计划

《社会传真》开设子栏目: 小科开洋荤 玩转世界杯

栏目定位:突出我台记者德国现场报道概念,围绕"第一时间"、"第二战场"和"小科开洋荤"三大理念展开报道

第一时间主要围绕赛事展开,内容包括当晚赛事预测、球队与球星近况。赛事预测将由记者从比赛城市现场发回报道,重点分析当晚比赛(围绕可能影响比赛结果的传闻和消息展开),并采访球迷、市民以及媒体和足球界人士,请他们发表观点,最后公布当地足球博彩的赔率,使该段落与当晚的《全民大煮球》开奖环节挂钩,形成互动;球队和球星近况,记者将前往当天参赛球队的驻地,重点介绍近日发生在球队和球星身上的爆炸性消息和花边新闻,(采访一些同行或足球业内人士)从非球迷角度,重新审视评说该则消息,发回视角独特的报道。

　　第二战场的含义在于跳出比赛本身,重点报道赛场外发生的突发和紧急事件以及一些花絮和奇闻轶事,让苏州观众能够不出国门就能看到在中央台看不到的一些现场,真正感受到世界杯就在我身边。

　　"小科开洋荤"以轻松的步调,由记者带领观众体验一些世界杯上的新鲜玩意儿。节目通过走进世界杯期间德国人的生活,近距离感受德国的风土人情,看一看他们到底是怎么欢度世界杯,参与世界杯的;在小组赛与淘汰赛间隙,记者将到德国几个著名的建筑景点,说一说世界杯与它们曾经发生的故事,另外记者还将带领观众领略一番德国独特的足球设施和足球文化,真正看看中国足球与先进国家足球的差距。该组报道将使苏州的观众,特别是不太懂足球的观众有一种身临其境的感觉,真正了解德国,了解德国的足球文化,加深对世界杯的感性认识。

　　附表:

"德国之行"世界杯报道日程安排(德国时间)

6月17日　启程前往德国

6月19日　　目的地:柏林

8:30　　出发前往柏林(3~4小时车程)

　　　　采访小组赛第三轮第一场比赛(德国—厄瓜多尔)

12:30　第一时间:

　　　　提前一睹决赛体育场的风采

　　　　预测出线形势以及德国是否会保留实力等

　　　　重点采访东道主球迷对球队前景的看法

13:30　"小科开洋荤":

　　　　到球迷公园拍摄花絮

14:30　第一时间:

　　　　前往德国队驻地,做现场报道,关注德国队近况

16:00　动身返回驻地

　　　　联系当地俱乐部和足球业内人士,预约采访;

　　　　搜集当地媒体报道,联系国内同行,准备第二赛场的节目内容

20:00　撰稿并编辑当天拍摄内容,传输回本台

6月20日　目的地:法兰克福

8:30　　出发(2~3小时车程)

12:30　第一时间:

　　　　荷兰和阿根廷"冤家路窄"

　　　　两个世界杯的世仇又添新恨

天蓝和橙色两队球迷的对峙将是一个看点

预测比赛

第二战场：

世界杯历史上，东道主德国和荷兰以及阿根廷都素有恩怨，德国人如何看待这场比赛？

采访当地媒体记者或足球业内士

"小科开洋荤"：

关注导致球迷骚乱的罪魁祸首：啤酒

介绍啤酒有多贵，一天消耗有多少等等，还有德国啤酒的历史文化

15：30　和球迷一起观看德国队比赛，拍摄花絮

18：00　返回驻地

20：00　整理素材撰稿传输成片

6月21日　目的地：多特蒙德

8：30　出发（3～4小时车程）

12：30　第一时间：

日本对决五星巴西

上届世界杯中国也同巴西交过手，结果惨败，今年日本会如何呢？

日本的主帅是前巴西球星济科—真假桑巴

足球预测，采访日本球迷，看他们反应，自豪还是担忧

第二战场：

关注球迷表现，巴西的桑巴女郎和日本拉拉队，大家如何看待对方的表现，反映两个大洲民族文化的差异，也反映到足球的差异

15：00　现场看球，拍摄花絮

16：00　"小科开洋荤"：介绍世界杯美食

17：30　返回驻地

20：00　编辑撰稿传输成片

6月22日　目的地：汉诺威

8：30　（2～3小时车程）

12：30　第一时间：

关注中国近邻韩国。上届世界杯韩国历史性的进入四强，多少有裁判的帮忙，那么今年它到底能走多远？预测，请国内体

育记者谈看法,再询问德国人对亚洲球队的印象。

第二战场:

韩国的红魔拉拉队揭密,同是亚洲来的,韩国球迷到欧洲看球是不是也很难,花销大不大,他们是不是也随身带着泡菜等等。

15:00 "小科开洋荤":介绍世界杯纪念品

16:00 看球现场花絮

17:30 返回驻地

20:00 编辑撰稿传输成片

(从淘汰赛开始,所有报道内容将根据具体比赛对象进行随时调整)

6月23日—6月27日(16点和20点)

八分之一决赛

目的地:23日—慕尼黑或莱比锡

24日—斯图加特或纽伦堡

25日—凯泽斯劳滕或科隆

26日—多特蒙德或汉诺威

8:30 出发

第一时间和第二战场内容根据具体球队对阵形势确定,主要还是以场外消息为主,同时邀请媒体和业内人士对比赛做出预测,谈论对某热点新闻的看法。

6月28日

没有比赛

目的地:汉堡或盖尔森基兴

两座城市都是四分之一决赛所在地,都有一些与足球有关的内容可以报道,比如汉堡是国际著名的新闻中心,这里可以得到最快的足球信息,我们将设法采访一家报纸或者周刊。而盖尔森基兴是欧洲球迷热情最高的城市,那里将可以见识到最火爆的世界杯球迷。

6月29日—7月1日

四分之一决赛

目的地:柏林、汉堡或盖尔森基兴(与前面不重复)、法兰克福

7月2日—3日

没有比赛

目的地:莱比锡和斯图加特

两座城市中,莱比锡是德国足协成立的地方,同时也是音乐和文化之

城;而斯图加特则是自行车的发明地,都有值得一说的地方。

7月4日—5日

半决赛

目的地:多特蒙德和慕尼黑

7月6日—7日

没有比赛

目的地:柏林

重新回到柏林,这里记载着德国历史上许多重要的时刻,我们将在这里把足球和发生在这里的故事一并讲给大家听,直到决赛。

7月8日—9日

三四名比赛和决赛

目的地:斯图加特和柏林或其他城市

我们将集中两天针对即将到来的决赛,提前到决赛球队所在地进行第一时间的现场报道。

7月10日　启程回苏州

苏州广电总台

社会经济频道

2006-6-15

五、效果评价

在以往的电视节目策划文书中,常常省略了"效果评价"这个重要组成部分,往往忽略了节目播出后的效果分析与研究。尽管,这项工作是在节目播出后才能进行,但是,作为一份完整的节目策划书就应该包括效果评价。

效果评价包括制作质量、艺术水准、社会影响、收视率、市场价值、经济效益等等。在这些效果评价结论的基础上,策划部门的全体工作人员要总结节目的经验与不足,进一步清晰市场对此类节目的标准和需求,了解观众的反应和期待,从而提出下一步的节目改进方案。

(一)市场评价

一个节目策划的最终目标是取得预期的社会效益和经济效益,效益的取得来自节目的传播效果。因此评价一个节目策划时,首要的是看它有没有达到预期的传播效果。评价一个节目传播效果的方法途径较多,但主要是从以下两个方面入手:

1. 收视率调查

收视率调查是最为普遍、最有说服力的一种调查方法。许多电视媒体都可以根据需要对特定节目做跟踪调查,包括时期分析、插播点分析、媒介计划和曲线功能,可以对受众数量、收视家庭、收视率曲线对比等指标进行分析和综合。这种调查提高了对节目市场效益观测与计划的便易性,已经成为衡量节目总体质量的主要标志。但收视率调查的缺憾是只能从数据资料上获得对节目关注度的认知,而无法了解受众对节目内容形式等方面的评价和态度,无法为节目方案改进提供具体指导。

2. 满意度调查

满意度调查是为了弥补收视率调查不能反映节目思想性、艺术性、观赏性等方面的缺憾,主要为衡量节目质量的一个评价标准。它通常采取问卷调查或研讨会的形式。内容包括总体评价、特点认知、知名度、满意度、更换频率、改进意见等等。在节目策划的传播效果和市场评价上,收视率调查与满意度调查两者常常同时使用或交替使用。收视率调查为策划者提供收视比率与受众量的资料,满意度调查则提供更为详尽的说明和改进方法。

(二)分析总结

节目播出之后,经过收视调查和满意度调查,总结得出社会的反响和业内的评价,接下来就是分析比较、商讨节目策划和制作中存在的问题,提出改进意见和措施。总结的具体方法有很多,但一般的整体思路都是分三步走。下面我们来看一份中央电视台2005年新改版的栏目《篮球公园》的策划者写的收视效果评价和分析总结:

一、《篮球公园》的效果评估

《篮球公园》栏目是中央台5套在2004年11月份重开的一档体育类的专题栏目,我有幸从栏目制作的准备期开始就参与了这个栏目的策划和制作。这档栏目是以过去的《NBA赛场》为前身,由现在姚明带起的一股篮球热潮为起点,依照现在观众的收视特点而精心打造的中央台5套的又一品牌栏目。这个栏目从开始就抓住了现今电视节目娱乐化的大方向,一直以娱乐化的篮球宗旨带给了观众一个全新的篮球收视概念。

《篮球公园》这个栏目虽然在开始运行的这几个月中创造了不小的成绩,但是这样的一个新开的栏目还有许多不成熟的地方,当然也招致了不少的骂声。最为突出的矛盾就出现在对"娱乐篮球"版块的评论上。面队"娱乐篮球",有人说这是一种新的观众参与电视节目的方式,是从自我娱乐到娱乐自我从而娱乐大众的一种转变,是中央电视台更是5套的一个不小的亮点;也有人说"娱乐篮球"这个版块不伦不类,既不能让专业的篮球爱好者们好好地在比赛场上一争高下,也不能让那些对篮球运动知之甚少的观众好好地娱乐一把。

二、《篮球公园》的问题分析

其实可以很明确地说,"娱乐篮球"版块将成为《篮球公园》独有的心脏式的版块,但是为什么面对这么重要的一个部分却会引起观众反差这么强烈的评论呢? 原因有:第一,"娱乐篮球"活动在现在的这个阶段其实并不成熟,在比赛的规则和形式上还有很多值得推敲的地方,也就是说这个版块虽然娱乐但并不专业,所以很难为专业的观众所接受;第二,"娱乐篮球"虽然是以娱乐为宗旨,但是娱乐篮球部分并没有将娱乐化充分地表现出来,没有让娱乐成为这个版块的主旋律,而恰恰是把娱乐作为这个竞技项目的调味品,也就是导致许多不会篮球的观众很难参与其中的原因。

而具体到节目的制作中,虽然栏目的设置上我们是经过了仔细考虑的,但是作为节目本身的制作上却很难一直保持统一的制作水准。主要说包装,由于诸多原因,栏目的整体包装虽然遵循着特有的基本原则,就是体现青春活力表现活泼的娱乐化宗旨。但是片子每期的整体包装很难做到有一个统一的包装。也就是说片子的各个小的段落的包装都自成一派,虽然提高了个人片子的水平,但是却很难让观众对《篮球公园》这个整个的栏目留下一个完整的印象。所以我们应该对以上的问题提出具体的解决方案。

三、《篮球公园》的改进意见

如果要想对《篮球公园》的各个方面、版块进行调整,做到栏目"娱乐化",娱乐"专业化"。应当要调整的首先就是,要从整体上把握好《篮球公园》的娱乐化尺度,这一点是避免娱乐化演变成庸俗化的最有效的办法。而在《篮球公园》最容易因为这个问题而导致失误的就是"大话NBA"这一版块。因为在这个版块中,观众往往希望看到的是NBA球星们的一些花边新闻,但是作为专业的体育专题类栏目来说是一定要把好这个关口的。所以我们的编辑就要在对题材的选择上多下工夫,争取能够让一般的新闻也能表现出"大话"的感觉,而非通过在题材上寻找花边消息来达到这一效果。

其次,就是应当将栏目的整体包装统一化。在此之前的《篮球公园》节目中,包装一直就没能做到统一化,往往都是各个版块有自己特殊的风格,但版块与版块之间却没有在包装上有着什么联系。这样对于娱乐化品牌的推广是极为不利的。同时我还觉得,每一期的《篮球公园》节目包装也都应该有着必然的联系,当然并不是说期期都用完全一样的包装,但是可以依照《篮球公园》的节目内容来确定主题,做到包装的统一规划。

　　再次,我们应该在娱乐化的节目中体现出体育类专题栏目的专业素养。这句话怎么说呢,就是,我们要在对栏目的各个方面进行娱乐化的改革和创新的时候,永远要以体育的专业化为基石,也就是说,娱乐是在专业化的专题节目上建立的娱乐,只是不再由于专业而使节目显得格外的呆板。就比如说《篮球公园》中的攻防解析部分,这也是整个《篮球公园》中最专业的一个版块,很多年轻人都不喜欢看,但是如果继续秉持这样的专业素养,再加上形式上的小小的娱乐化改革,这样的知识性的专业性的版块就不会再处于鸡肋的位置了。

　　总的来说个人认为,体育类专题节目的娱乐化,最应该注意的问题就是以下三点:第一,把握体育类专题栏目的娱乐化尺度;第二,将栏目的整体包装统一化;第三,在娱乐化的节目中体现出体育类专题栏目的专业素养。

　　由此可见,电视节目策划的效果评价的基本思路是:

1. 策划预期与实际效果有何差异;

2. 预期与实效差异产生的原因是什么;

3. 对下期策划进行调整和完善有什么具体意见。

　　我们在成为一个职业策划人以前,应该在学习和实习中注重培养和锻炼自己的发现问题、分析问题、找出对策的能力,掌握科学的思路和方法。如果对一个电视节目策划方案实施以后的反馈信息不能够胸怀全局地进行分析思考,不善于发现效果背后的原因,也就不可能在拟定策划方案的时候做出正确的决策。

第四节　电视节目策划的新观念

一、纪实观

　　20世纪90年代以来,中国广播电视观念随着技术的发展和媒介力量的凸现走向成熟。对于中国广播电视的性质、任务、功能及其政治、文化和市场定位,都有了较为系统和完整的观念梳理。当今电视节目策划的重要任务就是提炼新观念。新闻纪实是电视节目最主要也是最重要的一种类别,电视的传播手段和过程特点,使之成为最接近生活真实的传播媒介。电视对于真实的呈现便是"纪实"。由于技术、社会和文化观念的差异,不同时期的纪实观念表现出不同的形态和特质。从节目创作的层面上来看,现代的纪实观念与传统的纪实观念相比较主要发生了以下变化:

1. 从主题先行到主题后行,节目叙事结构趋向自然、真实;

2. 由摆布拍摄到跟踪拍摄，拍摄内容和时空趋向完整、真实；

3. 从纪录结果到纪录过程，尊重事实发生发展的自然流程，而不以人的主观意志为转移；

4. 从抓取情节到抓取细节，尊重细节的真实，将其作为独特的叙事单元，而不只是注重大情节大脉络的纪录；

5. 从对"原生态"的恪守到虚构元素的渗透，"情景再现"、"真实再现"等虚构元素在非虚构类节目中的作用和价值逐渐被认同，纪实节目关于"真实"标准的理解日益开放和多元；

6. 从媒介行为到个人行为，DV、摄像头等设备的普及使得纪实创作离真实的生活更近、更具个性化特征。

例如 2003 年，中央电视台将形形色色的纪录片样式综合在一起，创办了大型日播纪录片栏目《见证》，并与 2001 年开播的纪录片栏目《发现之旅》合称为《见证·发现之旅》，其节目的主要模式"纪录片故事化"：即以一个自然或历史之谜为发现的目标，将探索发现的过程构成完整的故事，强调悬念推近、极为吸引人的情节和强有力的人物，营造探索未知世界的神秘感和恐怖感。这种故事化的纪实类节目一经推出便受到电视观众的广泛欢迎，到 2005 年 10 月，"发现之旅"已经迅速发展为一个以人文自然类、科学探索类节目为主的、全国覆盖的数字付费频道。该频道根据目标观众群及全天播出的特点，策划了四类节目：

1. 纪录片类

"探索类科学纪录片"，是频道节目的灵魂，也是吸引目标观众群的主打节目。选题将集中在对人类史和自然史的探索上。自然史将包括人类史的史前部分，人类史实际上是整个文明史。自制纪录片将集中在中国题材上。根据《发现之旅》三年来的收视表现，未来纪录片的主打题材可以划定为：

（1）考古

实际上是人类历史之谜的一个部分，这是最受观众欢迎的。文明史中被岁月尘封的、被机谋掩盖的、被历史记录忘却的失落世界对特定观众群永远充满着神秘的魅力。《发现之旅》的观众靠收视率将栏目的选题计划牢牢地钉在这个领域中，以至选题的 70％均为考古题材。

（2）自然之谜

属于自然史的选题范围，曾创造过仅次于考古类的高收视率，观众反应热烈。但创作和制片难度较大，投入也相对较高，作为《发现之旅》频道，应考虑在财政允许的前提下，尽量加强这方面的节目数量。

（3）军事类

从《发现之旅》栏目收视记录来看，这是一个从未失手的类别，而且涉及惊心动魄的故事，强大的人物和有趣的知识，在探索发现类的小生态收视群中拥有大批忠实的观众。

2. 科幻类

科幻类将是频道一个逐渐发展的类型。在频道开播的初始阶段，这个类别不会很大，但逐渐成熟后，将成为频道节目构成的重要部分。根据频道特征，科幻类节目也将秉承纪录片的风格，以再现的样式表现科幻题材。科幻所吸引的观众与探索类纪录片的观众是同一个人群。对纪录片是一个很好的补充和平衡。《发现之旅》频道的科幻片，将主要从本频道播出的纪录片中筛选题材进行改编。

科幻片在国内现有观众群可能不大，却很有潜力。我们将做出一个系列，系列名为《黑暗地带》，作为《发现之旅》频道科幻类节目的特征定位，以及尝试观众反应的试验版，将根据观众反应不断调整，直至节目成熟。《黑暗地带》第一系列将包括二十期节目。如《最后的戍卒》《影子战斗机》《月光青铜匣》《火墓贵妇》《偷时间的钟》《时光倒转》《驴头狼的传说》《湖怪》《来自深渊》等。

3. 真人秀

这是一档周末播出的节目，用以调剂和平衡大量故事性极强的纪录片。使频道以周为单元播出的节目有张弛变化，同时能够在周末与其他频道众多的娱乐节目竞争，形成频道每周的收视高点。

作为《发现之旅》频道的真人秀节目应有与频道风格相通的气质，节目策划要突出几个特征，但不必同时具备：探索、神秘、科学理性。要避免与一般娱乐节目雷同。频道开播初始阶段，真人秀每期60分钟，每周一期。同时进行栏目的观众调查以期改进。待节目成熟后改为每周四期。可供选择的节目方案有：

（1）《魔鬼车屋》

从观众中选择参加者，分组竞赛组装汽车。这是一种彰显技术理性的节目。

（2）《幸存者》

从观众中选择参加者，以一本植物学手册为生存指南，不带或仅带很少食物在不同的生态系统中生存，如：森林、热带雨林、湿地、草原和沙漠等，这实际上是对生物多样性的探索。

4. "身边的探索"类

这是针对白天居家观众设计的一档节目。节目将在白天播出，不进入晚间。由于我们的目标观众群在白天时段看电视人数大为下降（见观众分析），所以白天会有很多无效时段。借鉴国外经验，我们拟设计一档专供老人和家庭妇女看的探索类栏目,使无效时段产生价值。

这类节目的核心想法是"探索并改进家里的世界",将围绕身边的世界展开富于创造性,同时又具科学理性的探索。从家庭理财、科学对家庭成员关系和生物性的发现到家庭生活细节的研究,都可以成为节目内容,如《发现您的厨房》《探索家庭生态系统》《秀才不出门》等。

从上面的案例中不难发现,针对电视媒介的支柱性节目——新闻纪实类节目的策划,已经突破了传统的"说教"模式,在不违背纪录片真实原则的前提下,更为注重开发电视节目利用丰富的视听手段传递信息、寓教于乐的功能。一种力图将科学理性的创作手法与富于戏剧因素的故事情节相结合的纪实观念已经形成,并在不断的更新发展之中。

二、直播观

由于电视节目的传输是按照时间流程进行的线性传播,"第一时间"的事实与声画同步传送,真实的现场与发展过程的同步体验,特别是电视媒介对新闻事实形象、直观、全方位、立体化的透视,代表了电视媒介最突出的传播优势。随着电视技术的发展,现场直播的可操作性已经不再是问题,电视媒介对有效资讯的这种最逼真、最直接、最迅速也最广泛的传播变革了传播活动与视听文化结合的方式,为受众提供了一个更接近新闻事件原始信息的观测平台。它意味着受众与媒介的关系变得更开放、更平等、更富于交互性和参与性。

对于直播的观念我们首先必须理清三个含义:

1. "直播"是相对于"录播"而言的一种播出方式。通常我们看到的所谓"直播"的新闻栏目,如《焦点访谈》《新闻联播》《新闻30分》《360°》等等,实际上只有演播室部分是真正的直播,而由演播室串联起来的一条条新闻都是事先录好的。虽然整体上还叫"直播",但这种"直播"其实只是指节目的后期合成与播出同时进行了。

2. "直播"是现场的声音、图像与事件活动进程同时播出的形式。这种"直播"确切的说应该叫"实况转播",是对事件全过程一丝不苟的忠实记录,比如一场足球赛、一次记者招待会、一个文艺晚会等等,在这一过程中通常不能将镜头从事件本身转移到背景介绍或采访上去。

3. "直播"是将新闻现场发生的事件及人物的图像声音和记者的报道信号直接发射、即时播出的一种采制和播出同步进行的方式。例如"香港回归"的连续72小时现场直播报道、"攀登珠峰"的现场直播报道等等。电视节目策划主要针对的是这一种"直播",即在预知新闻事件即将发生,充分认识、预测所要报道的新闻事实的基础上，以同步报道播出新闻现场及背景资料的有机整合为内容的报道方式。

例如2005年8月，中央电视台推出了纪念新疆维吾尔自治区成立50周年的大型直播系列报道《直播新疆》，在海内外观众中引起强烈反响。该节目的策划充分利用了电视直播手段现场感和参与感强的特性，以获得"即时"、"真实"地向观众展现新疆经济发展，百姓生活变化的效果。它采用了两种直播方式：

1. 多点直播。动用大型卫星转播车，对新疆进行的长距离、多点连续移动直播节目，在中国电视史上还是第一次进行如此长距离的多点连续直播。与《直播中国》不同的是，这档节目较多地运用了多点直播的方式，一个报道多个现场，既较全面地展现了该地区的特点，也活跃了直播的气氛以吸引观众。比如在巴里坤湖一期中，徐俐和亚博士在静美的大草原上为大家展示草原上的美丽风景；于婷婷则在另一热闹非凡的哈萨克青年结婚现场带领大家亲身感受哈族浓郁的民族风情。从观看效果来说，多点直播是对人文地理类节目常态直播的有效探索。

2. 包裹式直播。将不同的报道类型和电视元素组合包装在一个直播新闻节目中。为了更好地解读新疆，记者前期采访并制作了110多个精美的短片。如在开篇一期中，接近15分钟的直播中，总共有5个短片，内容包括地貌、文化交汇，以及对于新疆经济变化的采访等。这些短片既为直播新疆增加了相应的背景资料，同时也降低了直播主持人的难度；避免了很多影响直播效果的意外问题。

由《直播新疆》的策划案例可以看出，这种电视节目的"直播"观念要求策划人在充分尊重新闻事实的基础上，以受众的心理需求为依据，对报道方式、人员组织、设备调度、摄制播出等诸多环节进行系统筹划，最大可能的发挥报道者的能动性，全方位、立体化的呈现新闻事实，从而获得最大的经济效益和社会效益。

三、资讯观

电视属于家庭，属于大众。从观众的立场来看，电视就是面对世界的一扇信息窗口和一种娱乐消遣的方式，电视的主要功能就是两种：传播资讯、提供娱乐，其中传播资讯又是首要的功能。在我国电视节目一直偏重于舆论监督方面的功能，大众传媒作为教化手段被一再强调。而随着社会经济的全球化、价值观念的多元化发展,观众对电视的需求也不再单一,除了以"事件性"、"重大性"和"时效性"为主要特征的"硬新闻"之外,观众越来越多的希望通过电视了解以"接近性"和"服务性"为主要特征的"软新闻",或曰"资讯"。一种被称为"新闻杂志"的电视节目应运而生,成为一种全新的电视资讯观念的标志。中央电视台 20 世纪 90 年代创办,现在已深入人心的早间栏目《东方时空》就是中国电视屏幕上第一个新闻杂志节目。这种节目样式的创建者是美国全国广播公司(NBC)1952 年开播的早间节目《今天》,它在美国电视界创造了 50 年长盛不衰的神话。直到 2000 年,NBC 还对《今天》进行了一次大改版,将原来每日播出两小时扩展为每日播出三小时。下面以《今天》2002 年 6 月的一期节目来具体看一下电视新闻杂志节目的编排:

表 3-2　节目编排表

时　间	播　出　内　容
第一小时	
7:00—7:25	新闻:1. 科罗拉多发生森林火灾,四名工人被指控; 　　　2. 四月份发生的重大绑架案(主持人连线联邦调查局); 　　　3. 巴勒斯坦局势; 　　　4. MM 牌巧克力变新颜色。 天气:西部天气,空气质量,一周天气走势。 访谈:1. 森林火灾的危害,连线当地受害人; 　　　2. 青少年读书问题,连线小布什夫人; 　　　3. 插播演播室外热情观众的画面。
7:25—7:35	穿插:地方新闻、天气和交通状况
7:35—7:50	专栏:《读书俱乐部》,介绍新书,邀请作者及相关人士探讨
7:50—7:55	专栏:《婚礼》,有四对夫妇参加节目举行婚庆
7:55—8:00	穿插:地方新闻、天气和交通状况
第二小时	
8:00—8:20	新闻:1. 科罗拉多火灾目前状况,灾情扩展到 6000 亩; 　　　2. 回顾绑架案几个月来的详细过程。 天气:中西部有大雨雪,一周天气走势变热。 访谈:深度报道绑架案,连线被绑架者父母。
8:20—8:25	专栏:《美容与时尚》,邀请一名消费记者谈论注射胶原质和油脂
8:30—8:35	互动:演播室外访问观众喜欢《美国偶像》里的哪一个选手。 天气:西南部比西北部冷,中西部较湿,有大暴雨。 穿插:地方节目
8:35—8:45	专栏:《生日快乐》,给六个百岁老人祝寿; 《娱乐》,连线美国偶像的三位选手,插播比赛画面。
8:45—8:55	专题:采访体育专家和金牌得主,回顾女性在体育中的角色变化。
8:55—9:00	穿插:地方新闻、天气和交通状况

续表

时 间		播 出 内 容
第三小时	9:00—9:05	新闻:简讯火灾、绑架案、阿拉法特府邸遭袭击
	9:05—9:15	访谈:女性的社会机会,连线专家
	9:15—9:25	访谈:关节炎疼痛的药物治疗。
	9:25—9:30	穿插:地方新闻
	9:30—9:45	专题:《书吧》,邀请《社会犯罪》作者谈论社会犯罪存在的原因
	9:45—9:55	访谈:1. 邀请专家讨论毒品对女性的伤害; 2. 时尚专家为观众提供最新美容服饰咨询。
	9:55—10:00	穿插:地方新闻和天气状况; 结束:大火新闻。

从上表可以看到,与传统的新闻节目不同,《今天》在内容上非常丰富,不仅有国内外重大新闻的报道,还包括地方新闻和天气交通状况,甚至书讯和美容时尚资讯也被安排成专栏;在形式上《今天》十分灵活多样,一期节目中长短消息、深度报道、连线访谈、演播室访谈、演播室外观众互动和地方节目插播等方式都用到了,充分体现了"电视新闻杂志"的特点。这种节目形态能够最大限度的容纳各种领域的信息,即使节目长达 3 小时,仍使观众感到不断有最新最实用的资讯出现。

四、娱乐观

根据中央电视台 2000 年的观众调查,"消遣娱乐"已成为中国电视观众收看电视节目的第二大原因,仅次于"了解新闻";而电视新闻越来越趋向资讯化,电视文艺越来越向娱乐化发展,从某个角度说这也是电视本性的回归。老百姓需要在看电视的时候感到放松而不是沉重,即使在看新闻资讯的时候也希望可以愉快的接收信息。"说新闻"、"脱口秀"、"益智秀"、"真人秀"等节目样式的大受欢迎,都得益于在不同程度地把娱乐因素掺进资讯,或在娱乐中携带着信息,传递着价值观念。

以上表那期《今天》节目为例,观察它的编排可以发现,《今天》通过整点划分的方式,把节目分为三个大板块,每个板块一小时,每个板块内部又分整点、半点时刻,用来播报新闻简讯和天气预报,中间的时段则播放各种专栏。这些专栏包括《读书俱乐部》《婚礼》《美容与时尚》《生日快乐》《美国偶像》等等。内容从时尚、名人、音乐、电影到健康、理财、饮食等都是以提供娱乐和服务为主的。从时间上来看,"硬新闻"在前一个小时占主要地位,而 8 点后的新闻就逐渐减少和"软化",只在整点或半点时刻以简讯形式插播,大块的时间都留给那些与时事无大关系，与个人生活却有密切联系的"软新闻"，以及演播室内外互动的娱乐性专栏。

电视节目的娱乐化趋势不仅体现在内容上，外在形式上也有大变化。如《今天》就革新了传统新闻节目庄重严肃毫无感情的两人播报样式，推行主持人明星制，亲切幽默的男女主持人和聪明可爱的动物明星（小黑猩猩马格斯）都为节目招来了大量稳定的观众。在报道中，出镜记者也不只是以局外人身份对事件进行客观陈述，还积极参与事件，充当事件的调停者，与观众直接交流。另外透明演播室的独特设计和每个专栏的整体包装都给人轻松愉悦的感觉，增强了节目的娱乐性。《今天》的所有成员都一致认同，为了保证节目的收视率，将其定位在不失新闻严肃性的同时，尽量保持轻松娱乐，形成"新闻＋资讯＋娱乐"的混合体。这一节目样式被美国传播学者称为"电视实况演播的最佳范例"。

随着媒体的发展和竞争，铺天盖地的信息接踵而至，人们对于信息的接受方式发生的巨大的变化，观众有了更多的选择。面对杂志、报纸、网络的竞争，电视媒介必须考虑如何发挥自己的优势。同时，受众的生活压力在加大，劳碌疲惫的人们不想在看电视的时候继续给自己找沉重，而更希望愉快地接受信息，尤其在清晨，一天的工作即将开始的时间，观众更倾向于选择感性的理解起来不费力的节目。针对错综复杂的新闻事件，电视节目该做的不是在荧屏上展现压抑无趣的画面和冗长乏味的访谈，而是，正如《今天》的主持人凯蒂库里克所说，"应该具备从复杂的事件中提炼信息的能力。应该找到和观众理解水平相当的平衡点，而不是提升到复杂、专业、只有专家才能理解的高度。"

第四章　电视新闻节目策划

本章要点

　　新闻策划是新闻业界的一个重要工作环节,至今尚是一个时尚的名词。

　　新闻策划必须遵循新闻的规律,它的本源依然是事实。

　　新闻策划不等于策划新闻,两者有着本制裁的区别。

　　电视新闻节目策划的基本步骤是:确定选题、收集信息、判断价值、组织实施、总结效果。

　　新闻策划已经跨越到栏目策划、频道策划的阶段。

第一节　电视新闻节目策划概说

一、电视新闻节目策划的含义

　　新闻策划是 20 世纪 90 年代初提出的一个概念,1992 年进入电视新闻界。新闻策划是指采编人员为了更好地配置新闻资源、获得最佳新闻效果而在新闻活动中进行创造性的精神劳动,在充分尊重新闻客观性的前提下,经过大胆的构思、独特的创意和周密的筹划,取得较好的传播效果。

　　广义的新闻策划我们理解为新闻媒体运作策划,是对新闻传媒发展的战略规划,包括对传媒的受众定位、经营方针、产品设计等等以及为传媒的其他各类经营活动所进行的规划和运筹。所以广义的新闻策划不仅仅局限于新闻报道本身,而是囊括了所有和信息活动有关的行为。

　　著名记者艾丰认为,狭义的新闻策划是指在新闻报道中通过对题材更好的组织、挖掘,合理、有效、充分地利用新闻资源,形成新闻资源的增值。

　　电视因为声画结合、视听兼备的特点,因此电视新闻策划的定义有其不同之处。

电视新闻策划,是策划人遵循新闻的基本规律和电视纪实特性,以事实为基础,以创意为核心,对已占有的信息进行充分地分析研究,确定可能实现的目标和效果,制定相关报道策略,规划、设计报道的方式、方法和技巧,以求得最佳采访报道效果的运筹与谋划。

新闻策划的客观基础是现实生活中有价值的新闻事实,新闻事实经过新闻工作者初步的价值判断形成新闻选题。再经过新闻价值和可操作性判断,留下具有较大新闻价值的选题进行策划。我们今天所进行的新闻策划更多是对一个单体新闻事实或一组系列新闻,符合新闻规律的一种谋划,它可以是已经发生,正在发生或预见性的新闻,目的是采用最合适的新闻手段,获得最好的新闻宣传效果。

二、电视新闻节目策划需要注意的问题

电视新闻节目策划是一项复杂的工作,是一个系统工程。为了求得最佳策划效果,应注意掌握新闻的本质问题和策划中需要注意的一些问题。电视新闻节目策划作为一种创造性的活动,具有很强的自主性和灵活性,但这些特性的发挥不可能是一种随意的发挥,它必须遵循某种客观规律。既要真实、客观地反映新闻事实,又要符合电视新闻的特殊规律,更好地体现直观性、现场性。掌握这些客观规律和原则是策划者达到策划目的,实现策划效益的保证。电视节目策划中最基本的问题就是如何有效的收集、消化和整合再生资源,让其发挥内在的潜力。在这个意义上,我们可以这样认为:任何成功的策划都源于策划者对相关信息充分而成功的运用。

为此,在电视新闻节目的策划中,要把握以下几个问题:

1. 新闻策划要注意客观性

新闻报道的客观性,是指新闻事实不能随策划人的意志而改变。策划人可以最大限度地拓展自己的思维活动空间和实践活动空间,但是绝对不能扭曲事实和虚构新闻。事实在前,报道在后,这是新闻最一般的常识。新闻策划是关于采访报道方式、方法和技巧的策划,而不是策划新闻事实,即无视新闻的客观规律去策划新闻、编造新闻。当然,有一种新闻现象应该区别开来。伴随着社会的进步和电视新闻业的改革发展,越来越多的电视新闻媒体不再满足于"守株待兔"式的报道,而是主动出击。2005 年 6 月 7 日,北京电视台精心策划了"为爱心喝彩、为文明加油"的栏目《现在行动》。节目制作者根据文明礼仪宣传的要点,设计一些街头测试诸如上下地铁的规矩,过马路是否规范等等题目,通过隐性拍摄的方式,发现身边文明、热心的榜样并予以奖励。寻找文明榜样、奖励助人为乐的热心人。通过节目放大文明、热心的行为,使他们具有更好的社

会示范效应。从表面上看,这些内容好像是策划出来的。然而,从本质上仔细分析一下就会知道,被采访者的反映和表现是不以记者意志为转移的客观存在,记者的策划只是对报道方式的谋划与选择,是通过这种报道方式和方法将客观事实凸现出来。

2. 新闻策划要注意导向性

我们知道,新闻是报道事实的。但毋庸讳言,新闻具有导向性。导向有正确的导向和错误的导向。

和网络安全、金融安全一样,新闻舆论的安全问题已迫在眉睫,摆在媒体从业人员的面前了。在舆论导向的处理上充分把握好电视新闻的本质特征,争取在第一时间、第一地点,通过我们的镜头将事件的现场和媒体的声音传达给受众,以争取报道和解释的主动权,形成并扩大本媒体的影响力。导向性要通过客观事实的报道来体现,观众对直白的、说教式的导向已经丧失了兴趣,因此电视媒体要想让观众接受你的观点,就必须充分发挥电视媒体的特点:通过快速而精心选择的客观事件来体现导向性。使媒体的信息成为手中的第一新闻来源。电视新闻节目的策划既要考虑到以正确的舆论引导观众,又要考虑观众的需求,把握两头,做到上情下达、下情上传,巧妙结合,才是节目策划的出发点。在许多情况下,观众的需求与导向并不矛盾。

3. 新闻策划要考虑效益性

随着中国经济体制的改革、计划经济向市场经济的变革,电视节目制作者在注重节目的传播社会效益的同时开始追求经济效益。电视新闻节目无论何时何地都不能把经济效益作为唯一的原则,要实现社会效益和经济效益的双优。所谓社会效益就是要使策划的节目起到宣传、教育、熏陶的作用。经济效益就是要使策划的节目获得经济上的回报,从而创造经济财富。要取得良好的效益就要策划低成本的节目,在进行市场调研的基础上,最大限度的降低节目制作成本是有效的竞争手段。电视是高投入的产业但并非低投入就不能产生优秀的作品。被誉为晨报加咖啡的《凤凰早班车》就是一个低投入高产出的节目。1998年4月开播,是一档具有报纸摘要性质的节目。节目信息密集、节奏明快,画面也非常简单,节目的背景就是报纸。它把电视、广播、报纸、互联网通过集约化的处理,经过鲁豫亲切的表述,成为一档深受观众好评的节目。这档节目不仅弥补凤凰卫视没有早间节目的缺憾,而且这个低成本运作给凤凰卫视带来了可观的收益。开播七个月后,广告已订满,改变了早期收入为零的状况。从《凤凰早班车》开始,"说新闻"成为早间电视新闻传播最简单也是最有效的传播手法。

4. 新闻策划要有利于操作性

在世界性新闻事件发生时,任何一家电视台都想到事件现场进行目击式报道,但是这样的策划必须建立在可操作的基础上。中央电视台在 20 世纪 90 年代末策划并派出水均益等八名记者远赴中东"直播巴格达"的方案,就是建立在中央电视台经过多年的发展,已经在人力、物力、财力方面具备了相当的实力和新闻理念上的日益成熟。对于策划者来说,闭门造车,纸上谈兵应该是警世通言。如果不想策划束之高阁,纸上谈兵,仅仅成为策划案,就必须把可行性作为首要标准来检验策划的内容和实施的成果。一个无法有效实施的策划是没有价值的策划。事实上确实有许多策划因为实施的环境或策划方自身的能力等因素,导致整个策划无法得到有效实施。一个无法有效实施的策划是没有任何价值的。在最初的策划阶段要有天马行空、自由驰骋的思想,才能产生令人叫绝的策划,而当策划成型阶段就要进行求证,看其是否有实施的可能。有些策划在实施中由于环境和自身能力的关系会导致策划无法实施。在实际操作中,也确实存在许多不具可行性的策划案被付诸执行,结果不仅未能达到预期效果,甚至还产生许多不良影响。这中间,主要存在两种情况,一种是策划过于超前,现阶段无法实施。另一种是策划超过了实施者的能力,结果弄巧成拙。

因此,可行性应该是任何一个策划需要考虑的一个方面。

5. 新闻策划要有前瞻性

前瞻性就是对事情的前后变化和未来发生的事情及其可能出现的情况的预测。要有预见能力,能判断准即将到来的形势或即将发生的事件,并进行相关的新闻策划。前瞻性从大的范围来说,是对一种社会形势(包括政策、社会思潮等)的预见能力;从小的角度来讲,是对某一行业发展的预见能力。新闻的前瞻性就是围绕正在萌芽的新闻热点,提前进行研究。这要求编采人员具有高度的新闻敏感,一线记者要及时反馈信息,策划人及时进行分析论证。策划者对某件事、某个项目应有前瞻性的把握,要把着眼点放在未来,而不是现在。策划是需要创意的,要有灵感。从这个角度上讲策划是一种艺术。前瞻性原则要求新闻要新,电视新闻节目更要不断出新,求变、求异,涉足别人未涉足的领域,报道别人未报道过的内容,选用别人未曾选用的主题,采取别人未曾采取的形式。只有在内容上、形式上、制作手法上、节目包装上不断出奇制胜、新意迭出,才能在媒体竞争中立于不败之地,独树一帜,取得最佳社会效益和经济效益。

6. 新闻策划要考虑权变性

新闻的权变性也可以理解为事实的伸缩和变化。事物是在不断发展变化的,一成不变的事实是没有的。策划方案制定后,在实施过程中,也要根据变化了的情况进行及时调整。策划是对正在发生的新闻事件的主动、积极的反映,主观随着客观的变化而变化,这是电视新闻策划者应该具备的素养。电视新闻节目策划要有一定的伸缩性,它表现在节目中就是维持总体原则前提下的灵活变通。策划与方案的实施都有一个过程,在这个过程中,策划的环境和实施的环境都会发生一定的变化,因此要随机应变,不能刻舟求剑。如果目标订得过死,不能修改和调整,就会导致整个策划无法进行。常见的情况是新闻事件发生过程中出现了突变因素,原来的设计方案不再适用,这种情况多发生在重大活动的直播过程中。直播中不可控的因素很多,因此在策划中,策划人要做好充足的预案,尽可能充分估计事件发生的几种走向,做到防患于未然。策划越充分,策划成功的可能性就越大。总之,只有遵循和灵活掌握这些权变因素,才能使新闻策划得以顺利实施。随机应变,既是新闻策划中发生变化后采取的应急措施,同时也是新闻策划中本身之要义。既然策划的对象是不断变化的事件,策划过程中必须有应变之策。及时应变可以减少损失,提高宣传效果。

三、新闻策划与策划新闻

新闻是对新近发生或正在发生的有新闻价值的事实的报道。新闻策划必须遵循用事实说话的原则,把握事实是新闻的本源。要认识事实是第一性的,新闻是第二性的,先有事实才有新闻。任何精彩的策划都必须建立在事实的基础上,在节目策划中我们可以设计内容的表达方式,可以设计新闻的拍摄角度,但是不能设计事实的本身。新闻策划与策划新闻是不同的两个概念,两者截然不同:

新闻策划是利用已经发生或将要发生的新闻事件,筹划、组织报道以期达到某种宣传效果。新闻策划可以使有限的新闻资源的价值得到最大限度地利用,使之发挥出可能发挥的文化功能和宣传功能。它是新闻宣传最有效的实施方式。新闻策划是对客观发生的新闻事件的有效和充分地利用。

所谓策划新闻,是为达到某种宣传效果或者是社会效果,而人为地策划一起可供媒体报道的事件。策划新闻则全部在主观的预想和操作之中,甚至连新闻事件本身都是人为策划的产物。

联合国教科文组织国际交流委员会在其报告《多种声音,一个世界》中指出:"新闻失实的一个重要内容是以各种方式歪曲事件的形势和全貌,用不准确和不真实的报道代替确凿的事实。比如,突出强调并不真正重要的事件,或把毫无关系的事混合在一起,或者将部分零散的事实拼凑成一个似是而非的完整事实,或者对假定公众不会感兴趣的事实和事件保持沉默,而只提供假定公众感兴趣的东西。"

这段文字实际上对新闻失实、造假新闻作了非常明确的定义。所以说:策划新闻就是无中生有，干预了事件的正常发展过程，人为制造新闻热点，小题大做。严重背离了新闻策划的基本出发点，也对新闻策划形象造成了恶劣影响。因此，一些违背新闻发展规律的、与事实不符的假新闻都是我们应该严格规避的。

新闻本身不能也不应该策划，这不单单是观念问题或是新闻原则问题，而是新闻事业的性质问题。在新闻策划中，新闻策划的对象是客观存在的新闻事件，离开了事实新闻就变成了虚构，变成了制造新闻。在西方电视新闻界中，一些电视媒介为了在竞争中取胜，竟然置新闻的原则于不顾，公然制造新闻以获取高的收视率，结果却是事与愿违，媒体因此丧失了在受众中的公信力。

电视新闻策划要受到两方面的制约，一是新闻的一般规律；二是电视新闻的特殊规律。策划人在进行新闻策划的过程中必须严格遵守这两方面的客观规律。避免新闻炒作和策划新闻。新闻炒作是严重背离新闻策划原则的，它或者将本不重要的新闻死命的炒作，当作惊天大事来报道；或者片面追求经济效益，迎合某种不健康的需求；或者在获取新闻过程中采取了不正当的手段，违背了新闻客观公正的原则。

所谓新闻炒作，就是媒体在报道过程中有意夸大或歪曲事实的某些细节或因素，使报道的角度、规模、结构、手法等与事实本身所具有的新闻价值属性不相称。其目的，则是为了获得新闻的轰动效应，追求市场销量。

除了新闻的一般规律外，电视新闻还有其特殊的规律，电视新闻是视听兼备的媒介，因此现场性和直观性是策划中要遵循的规律。切忌补拍、摆拍，否则就将新闻置于非常可疑的境地，影响新闻的传播效果。我们在拍摄新闻的时候，要以真实性为前提，拍摄的时间、地点要以新闻事件发生的时间、地点为准，不要摆拍，以免让人有一种做戏和不真实的感觉。另外一种失实的情况就是"补拍"。电视新闻是一门遗憾的艺术。新闻事件本身是一经发生过，就再也不会重演，报纸、广播的新闻报道只能记录下所发生事件的文字或声音的描述，而电视新闻却可以记录下事件的发展过程，使转眼即逝的事物有了重现的可能。但是由于时过境迁，一些精彩的画面在记者到达之前就消失了，因此就有人想出"补拍"这一招术，这种补拍违背了新闻真实性、客观性的原则，是新闻报道中严格禁止的。虽然突发性重大事件的发生是不能提前预知的，或者由于其他原因没能拍摄到事件发生的过程，失去了用形象报道新闻的机会，我们所能采取的补救措施或者改变我们的报道计划，将重大事件的形象报道改成口播新闻，或者在新闻事件的现场，以采访当事人或目击者的方式，让当事人或目击者向广大观众叙述事件发生时的情形。如果可能还可以拍一些新闻事件的后续情况进行报道，虽然不是重大事件的主要部分，但却是事件发展的延续，可以体现重大事件的结果或影响,同样可以较好地报道新闻。

一些媒体为了吸引观众的眼球,获得良好的收视率而不惜制造策划一些虚假新闻无疑是杀鸡取卵,得不偿失。

2003年3月21日,英国天空电视台记者詹姆斯·弗朗在伊拉克战争期间,对皇家海军潜艇的报道严重失实,他报道的核动力潜艇"辉煌"号在水下做导弹发射前最后的准备,给观众制造出核动力潜艇在大海中将要发射导弹的情景。而事实上"辉煌"号是停在船坞内。2003年11月,詹姆斯·弗朗就因为这篇假新闻报道丢了工作并上吊自杀。英国天空电视台也因这则报道失实而被英国独立委员会处以50万英镑的罚款。

2005年各大媒体转载了这样一条消息:"高露洁牙膏可能含致癌成分",消息被多家媒体转载,一时间造成高露洁牙膏严重滞销,而事实真相是:国内媒体的报道大多源自英国三流小报《旗帜晚报》2005年4月15日的一篇题为《牙膏致癌警告》的报道。这篇报道被证明只是对某科学论文的断章取义。事实上,该科学项目的负责人彼得表示:"我们并没有做任何关于含三氯生的牙膏方面的研究。我也不能肯定,我们所描述的自来水与抗菌肥皂间可能发生的反应一定会在含有三氯生的牙膏中发生。"这样的断章取义致使企业蒙受了巨大损失。一些商场、超市纷纷从柜台、货架上将这种"毒牙膏"撤了下来;一些曾用这种牙膏洁齿的百姓们更是惶恐不安。

近几年来,类似"高露洁事件"的虚假新闻层出不穷,数量连年递增。一些无中生有、荒诞离奇的假新闻令人瞠目结舌。比如,《比尔·盖茨遇刺身亡》《我国将设50个省区市》《铁道部酝酿火车票中加铁路建设费》……这些假新闻很多都发表在国内一些知名媒体上,都以新闻的面目出现,几乎遍及新闻报道所有领域,严重损害了新闻工作者的形象和新闻媒体的公信力。

这些例子并不意味着我们不能进行新闻报道活动或宣传活动的策划,相反,许多重大新闻事件报道的成功都得益于前期缜密而系统的策划。1997年被誉为中国电视的直播年,这一年香港回归、三峡截流、日全食和波普彗星同现的天文奇观、柯受良飞跃黄河、江泽民访美,不仅直播活动多而且规模大、规格高,每一次直播都取得了成功,其中最重要的原因就是前期都进行了周密的策划。否则,动则数百人,几十台摄像机,几十个机位的直播规模是难以做到有条不紊,更不可能顺利播出。

四、电视新闻节目策划的基本方法

电视新闻策划的目的在于利用已经发生或将要发生的新闻事件,筹划、组织报道,使有限的新闻资源的价值得到最大限度地利用,使之发挥出可能发挥的文化功能和宣传功能,以期达到某种宣传效果,也就是说,要实现新闻资源的增值。

(一)借"势"的方法

有一个流传于营销界的经典"借势"案例:一位书商手头积压了一批书卖不出去,眼看就要大亏本了。情急之下他想了一个点子:给总统送去一本书并频频联系征求意见。忙得不可开交的总统随便回了一句:"这书不错"。这位仁兄便如获至宝,大作宣传:现有总统喜爱的书出售。还把"这书不错"四个字印在封面上。于是手头的书很快被抢购一空。不久,这个书商又有一批书,便如法炮制,又给总统送去一本,总统有了上次的教训便在送来的书上写道:"这书遭透了"。谁知书商还是找到了卖点,他大肆宣传:"现有总统讨厌的书出售"。人们出于好奇争相抢购,书很快便全部卖掉。第三次出版商再次把书送给总统,总统有了前两次被利用的教训,干脆紧闭金口不予理睬。然而出版商还有话说。这次他的宣传词是"现有令总统难以下结论的书,欲购从速"。结果,书还是被抢购一空。在这个故事里,"势"就是总统,借着有巨大影响力的总统的"评价",书商成功地把书都卖出去了。

"借势"就是借助具有相当影响力的事件、人物、产品、故事、社会潮流等,策划出对自己有利的新闻事件的策划方式。这种方式在电视新闻节目策划中常常成为策划人运用的方式之一。在新闻策划中我们会围绕一些有影响力的知名人士、重大的事件来做一些相应的策划,往往会取得不俗的成效。2005年10月17号,神舟六号载人航天飞行任务取得圆满成功,围绕这一盛事,借助这一有影响力的事件,全国各大媒体都做了深入细致的报道,从国家的投入、飞行的成功、航天员的辛勤付出等方面都做了全方位的报道,取得了很好的效果。中央电视台《东方时空》策划了"两岸看神舟"节目,《面对面》栏目也对费俊龙、聂海胜等航天员进行了专访。《焦点访谈》则策划播出了"神六飞天 举世瞩目"的特别节目。这样一些影响力的人物、事件都是人们所关注的,围绕这些人物、事件所做的策划也就会吸引受众的关注。

(二)增值的方法

为了实现新闻资源增值的目的,就要在新闻策划中出谋划策,想办法,出点子。点子是一种灵感,如何激发出点子,创意学认为点子并不神秘,只要学习捕捉点子的方法,任何人都可能拥有优秀的创意。点子或者创意并不是艺术家和天才的专利。曾担任芝加哥大学校长、福特财团顾问的创意大师J.W.扬认为:点子是由加法产生的。他在1940年所著的《产生点子的技巧》一书中,整理出开发点子的基本原理。将原本就存在的要素重新加以组合产生出来的就是点子。从开发点子的原理中可以得出一个基本公式：

点子＝A＋B（A 为新闻事件；B 为相关的新闻事件或其他新闻元素）

在新闻策划中，A 和 B 的组合大致有以下三种情况：

1. 点子＝新闻事件＋相关的新闻事件

由一个新闻事件联想到与之相似、相关或相对的其他新闻事件并将其以某种适当的形式集纳起来，就有可能产生新的策划创意。这是目前新闻策划中最常用的一种方法。这种方法将有一定联系的新闻事件进行深加工，使相关信息集合在一起，从而在原有的新闻价值的基础上获得新的价值。

2007 年 4 月 19 日轰动全国的邯郸农业银行金库被盗 5100 万案告破。两名 A 级通缉犯马向景、任晓峰分别在北京、江苏两地被抓获。据邯郸警方介绍，任晓峰和马向景两人从 2006 年开始买彩票，几乎未中大奖。他们用盗窃的 5100 万中的 4300 万购买了彩票。中央电视台经济生活频道在《第一时间》栏目里报道了案件的进展。同时将近年来发生在我国一些涉及银行安全的大案进行了报道，诸如泉州擒获银行大盗追回数十万元现金等相关案件。认为金融系统应痛定思痛，加强制度的完善和监管的力度。这些罕见的特大盗窃案，犯罪嫌疑人的滔天恶行罪不可恕，但藏匿于盗窃案背后的制度失范和监督隐患，更是令人堪忧，从而给人们敲响了一记振聋发聩的警钟，值得相关部门的深刻反思！这组报道角度新颖，触及问题深刻，很好地发挥了舆论监督的作用。

2. 点子＝新闻事件＋深度分析

如果说以上点子公式中的新闻事件之间是并列关系的话，那么"新闻事件＋分析"的模式则属于层层递进的关系，它是指依托一个新闻事件策划一系列层层深入的解释性报道，每个分析侧重于一个层面或角度，最终挖掘出新闻事件的终极意义。中央电视台《新闻调查》栏目在这方面就有独到的策划和创意。

3. 点子＝新闻事件＋新的报道形式

以上两种创意方法都是内容与内容之间的组合，第三种方法则是内容与形式的组合。作为要素的新闻事件或报道形式也许并不新颖，但如果这类事件还未采用过这种报道形式，那么就会产生新的创意。北京卫视《现在行动》被誉为"国内形态最独特的电视栏目"。在北京迎奥运的大背景下，节目用精心设计的公益话题考量北京人的文明程度，用隐蔽拍摄的方式来保证节目的原生态和真实性，用善意而不乏幽默的测试在普通市民中寻找文明榜样。被专家誉为"北京本土话语风格与国际尖端节目样式的完美结合、公益理念与真人秀节目形态的完美结合"。一个新闻事件与一种新的报道形式相结合也能产生吸引人的策划创意。如今采取这类创意的策划也渐渐增多。比如：

● 现场直播＋演播室访谈

中央电视台在一些重大的新闻事件采用现场直播的方式进行报道,为的是吸引受众关注"正在发生的新闻",很好的体现了新闻事件本身的价值。同时结合在演播室访谈既补充了有关背景资料,又增强了新闻的知识性、权威性和信息含量,使新闻价值实现第二次增值。这种方式已广泛运用于新闻节目直播中。

● 新闻事实＋社会调查

它通过相关问题的采访调查,采取数据、图表、图形等说明问题,得出结论。其形式直观,说服力强,可信度高,因此颇受观众的欢迎。

综上所述,点子开发理论非常适用于新闻策划中。可以看出,无论是有关新闻事件的相互组合,新闻事件与深度分析的组合,还是新闻事件与新的报道方式的组合,也许各要素本身并没有很大价值,但将各要素适当的结合起来后,就产生了极大的边际效应,实现了价值的增值。正如创意学的奠基人奥斯本所说:创意的奥妙就在于,1＋1＝3。当然这并不说明任何两个要素组合起来都能产生好的创意,两个要素必须具备可能结合的信息品质,点子才有可能产生。

(三)逆向思维的方法

打破常规和习惯性思维观察分析事物,点子就隐藏在惯例之后。这种创意方法就是要解放人们的直觉和想象力,训练逆向思维的能力。这是策划人思考问题和完成策划方案的一种独有的方法。沿着人们通常思维习惯的反方向展开思路并最后形成方案。这种逆向思维如能成立,所形成的方案往往不仅充满灵气与智慧的火花,甚至能创造出一个新的电视节目的样本。

有两家鞋厂分别派了一位推销员到太平洋上的一个小岛推销鞋子,这个岛地处热带,岛上居民一年四季都光着脚,全岛上找不出一双鞋子。一家鞋厂的推销员很失望,给公司本部拍了一份电报:"岛上无人穿鞋,没有市场。"第二天,他就回国了。而另一家鞋厂的推销员看到这个岛上没人穿鞋,心中大喜,他住了下来,也立即给公司拍了一份电报:"岛上无人穿鞋,市场潜力很大,请速寄100 双鞋来。"等适合岛上居民穿的软塑料凉鞋寄到岛上,这个推销员已与岛上的居民混熟了,他把 99 双凉鞋送给了岛上有名望的人和一些年轻人,自己留下了一双穿。因为这种鞋不怕进水,又可保护脚不受蚊虫叮咬和石块戳伤,岛上居民穿上之后都觉得很舒服,不愿再脱下来。时机已到,推销员马上从公司运来大批鞋子,很快销售一空。一年后,岛上居民就全部穿上了鞋子。

在我们的电视节目里这样的思维策划方式也被策划人频频使用。以前我们的电视上明星占据了舞台的耀眼位置,而现在编导逆向思维,把平民请到了舞台的中央,这才有了 2004 年中央台规模最大的造星计划。《梦想中国》2004年推出之后在全国产生了巨大影响,该活动被多家媒体评为当年"年度十大文化事件之一","追逐梦想,收获快乐!"成为响亮的口号。接下来的 2005 年和 2006 年,提出的口号就是"打造中国的平民偶像"、"明星,中国造"。全力打造平民偶像也成就了一批平民偶像。

在我们的电视新闻策划中,这种方式的运用会使新闻带给人们不同的视角。逆向思维是相对于人们长期形成的一种思维形式而言的,采用逆向思维的方式思考问题,会发现与众不同的新闻视角。比如获得广播电视新闻奖的作品《掌声,献给第 23 名》。这篇报道选取了一个独特的视角。当人们都把注意力和掌声都放在夺冠选手身上时,记者发现了带伤坚持参加万米比赛的选手落到跑道的末尾。虽然他没有取得比赛的优异成绩,但他身上体现的体育精神去赢得了人们更多的掌声和更高的赞誉。

逆向思维是指人们与通常习惯思维方向相反的观察和思考。在新闻策划过程中,运用习惯思维和逆向思维的双向性,从两个不同的方向梳理事件的过程,能够使我们更加全面地分析问题,避免以偏概全,从而真正把握新闻的真实性。应该说,逆向思维是记者自身综合素质的一种体现,因为他必须超越常规看问题.以独特的视角来发现新闻事件本身的真实内涵。从而强化报道的深度和力度。

(四)联动的方法

单个媒体的目标受众有一定范围,对受众的影响力也有一定的局限范围。报道力量相对也比较单一。多个媒体联动整合,其影响力会得到迅速扩大,影响的深度与广度也会大大加强。它包括与相同性质媒体的联动;电视媒体与报纸、广播、新媒体的联动等等。其结果能够使电视影响更广泛,宣传效果也更加明显。媒体联动是新闻媒体激烈竞争的产物。今天,想得到真正的独家而又重大的报道已很难,在各个媒体共同追求信息量和时效时,媒体联动为越来越多的电视媒体所采用。

《新闻联播》与新华社、《人民日报》和中央人民广播电台节目的联动;电视媒体创办新闻网站或与门户网站联合传播新闻,一方面扩大电视新闻的传播渠道,另一方面又扩大媒体的影响,起到弘扬主旋律,引导正确舆论导向的作用。异地联合采访、接力采访等形式的联动有利于整合舆论合力,提升媒介的品牌形象。

第二节　电视新闻节目策划的基本步骤

电视新闻节目策划是一个完整的过程,从获得灵感到策划目标的确立再到策划意图的实现,整个过程是连贯而协调的。策划过程是一个比较辛苦的智力劳动过程,它大量耗费人们的心智,整个策划过程中,策划人要充分调动自己的潜能、积累和智力储备去认识、分析、构思、规划直至整个项目完成。在此过程中,不断进行修正、完善策划思路。每一个成功的策划都要经历多次反复的修改,以使策划效果达到最佳。作为一个完整的思维过程,一般我们把电视新闻策划的基本程序分为以下几个部分。

一、选题的确定

一个好的新闻策划和一个操作成功的新闻策划,最重要的两个环节就是选题和执行,而选题就是新闻策划的命脉。作为一个执行策划的采编人员来说,若对新闻策划的选题不清,将会导致策划的无主题、无目的化,最终将导致策划的失败。

新闻选题是新闻采访选择的"题目",是新闻报道的起点,新闻选题的质量直接影响到新闻报道的深度与传播效果,可以说,好的新闻选题是新闻报道成功的一半。具体到新闻策划而言,新闻策划的前期策划是以选题的策划为核心的。失去了有新闻价值与可执行性的选题,新闻策划也就不存在。随着新闻体制改革的不断深入和媒体之间竞争的日趋激烈,新闻选题日益成为竞争的焦点。确定选题是策划的第一步,选题是新闻策划的起点,前期新闻策划是以选题为中心的。

选题的确立要立足于以下几点:

1. 立足于满足观众的需求

观众的需求成为决定报道重要的砝码。满足了观众的不同需求就能抓住固定的观众源,让你的媒体、你的节目为观众所认可。为什么我们经常可以看到一档栏目每隔一段时间都要进行改版,在包装上、节目的环节设置上、内容的选择上进行不同程度的改良,就是满足观众日趋变换的需求。人在每一时段对节目的要求是不相同的。早期看新闻仅仅是满足信息的需求,到后来则需要了解一些新闻后面的东西。他们不仅希望知道是什么还希望知道为什么和对自己有什么影响。为了满足观众的需求,《焦点访谈》等一批以背景分析见长的节目应运而生。也就是说,观众对电视节目的需求在不同时期、不同时段是不同的,当然不同文化层次的需求也是不同的。

2. 符合于舆论引导的要求

江泽民曾经指出:"舆论导向正确是党和国家之福,舆论导向错误是党和国家之祸。"新闻不仅要满足受众的需求,也要体现自己的"议程设置",起到引导舆论的作用,通过有组织、有特色、有意识的报道,形成一定的信息传播的强势,吸引受众,有效实现自己的传播意图。传播学中有一个观念叫"议程设置",就是说传播者通过安排与设置传播内容来达到吸引观众、引起注意、树立理念的目的。这种议程设置实际上就是对所要传播的内容进行筛选和强调。虽然在新闻节目的整个报道过程中,传播主体可能只字未提其个人的思想观点及意识倾向,但是这种观点已经通过对新闻内容的展示或隐瞒而予以体现。这种传播方法一方面利用媒体的传播权利划分了传播重点,潜意识地强迫受众对某一类信息予以接受和关注,另一方面也使受众在接受信息的过程中潜移默化的认同了传播主体的意识核心,这就是传播主体对受众客体的一种潜在的意识引导。

3. 考虑其他媒体的影响

新闻的竞争表现在选题上,同一新闻选题,往往是多家媒体共同选择,这就要研究其他媒体的报道方式和选题特点,在角度选择、题材选择、报道的规模、评述、电视化的表述等方面做到与之不同,避免人云亦云。在选题上要把握热点、把握三贴近的原则,站在时代的前沿,捕捉新闻事实。借鉴《焦点访谈》选题三原则:即政府重视、群众关心、普遍存在。尤其在今天,"独家新闻"的概念已发生了深刻变化,它已经不仅仅意味着抢到了第一落点和第一时间,它还意味着独家观念、独家视角、独家方法。要力争对同一新闻事件,挖掘比别人更深入的新闻事实;阐发出新的观点,通过对已知事实的重新安排,表达出新的观点和思想。尤其是要让观众知道事实背后的事件成因。"横看成岭侧成峰,远近高低各不同"。同一个新闻事实,由于选择的报道角度不同,所表现出的效果就大不一样。新闻报道要出精品就应该精心选择最能反映事物本质、老百姓关注的角度去挖掘和制作。实践证明,有些报道由于角度选择得好,贴近了受众的生活,因此受到受众的欢迎。

二、选题的分类

新闻选题有多种选择与分类法,可以按性质分类,按时机分类等等。如果根据新闻报道时机分类可以把新闻选题分为配合式新闻选题、可预见性新闻选题和不可预见性新闻选题。

(一) 配合式新闻选题

这类选题主要是配合党和政府的中心工作而确立的新闻选题。由于媒体的性质与功能,这类选题不仅大量存在,更是媒体报道的重点。这类选题的特点是有重大社会影响的、新闻价值显著、事件发生有持续性但时效性相对较弱。选题范围包括党和政府强调的重要工作、社会生活中发生的重大事件、具有强烈时代精神的典型人物、典型经验以及上下普遍关注的热点、难点、焦点等重大题材。这类选题成为深度报道的绝好选题,是新闻策划的重中之重。对这一类选题必须进行策划,也只有进行策划,这类选题的价值才能得到充分挖掘。

2007年是我国全面贯彻落实科学发展观、加快构建社会主义和谐社会的一年。从2月份起,《新闻联播》栏目推出主题报道《科学发展 共建和谐》的节目板块,集中报道各地落实科学发展观、构建和谐社会的新进展、新成效,报道各级党和政府着力解决人民群众最关心、最直接、最现实利益问题的新举措、新经验,报道分别从和谐社区、和谐家庭、和谐单位、和谐学校四个方面展现了构建社会主义和谐社会的新成果、新亮点。从百姓身边小事入手,将"构建和谐社会"这一宏观主题体现在每一个典型故事中。整组报道站在全局的角度,对新闻事实进行梳理、提炼,做到点面结合,感性与理性结合。由于先期的策划到位,使这组配合式主题报道有组织、有步骤,主题鲜明,形成了较大规模,取得了很好的宣传效果。

2008年奥运会将在我国举办,中央文明委、北京奥组委和首都文明委组织开展的"迎奥运、讲文明、树新风"活动在2006年正式启动。为此,《新闻联播》开辟专栏连续播出"迎奥运,讲文明,树新风"系列报道。重点报道北京市开展交通文明建设、改善社会公共秩序和开展窗口行业培训年、提高社会服务水平的主要做法和成效等相关消息,以全面提高公民文明素质和社会文明程度。报道的内容丰富多彩,既有《迎奥运 天津营造文明出色环境》等一些先进的经验和做法,又有《英语标识错误百出 小细节大形象》等值得关注的文明细节。

(二)可预见性新闻选题

这类选题指尚未发生、可能发生或根据已发生的现象、问题或事件等所引出的选题。根据已有的经验或知识,推知即将发生的事件是这类选题与其他类选题的根本区别。选题的特点是:事实的可预见性、新闻价值的不确定性、选题时效具有未知性、较强的可操作性(因为有时间上的提前)。这类新闻选题在生活中大量存在,具有一定的普遍性。预见性新闻顾名思义是指采访之前即已预知事件的发生地点、时间以及其他一些重要要素,记者可以事先经过策划和准备而拍摄的新闻事件。选题的范围包括:历年定期召开的党、政府、人大、政协等党政部门较为重要的会议;定期举行的一些重大活动等;节假日、纪念日举办的活动等;对已经或正在发生的事实(事件)所带来的结果与影响所做的新闻价值判断,并在进行价值判断后予以报道。这类新闻策划的重点在于首先判断其新闻价值,在肯定新闻价值的前提下对新闻的报道形式、时段的安排进行策划。

(三)不可预见性(即时性、突发性)新闻选题

这类选题指带有一定的突发性、偶然性或灾难性的不可预测事件,事件发生过程无法预先得知或控制,策划更不可能提前进行。重大突发性事件也称非常事件,通常指战争、瘟疫、地震、火灾、洪灾、劫机、海难、车祸、矿难、恶性犯罪等突如其来的重大事件。这类事件具有广泛关注度和强烈震撼力,媒体的反应是直接关系到公众的知情权实现与否,关系到检验一个媒体在受众中的公信力高低的直接标准。选题的特点是:极强的时效性、较高的新闻价值、报道时间的紧迫性和较高的群众关注度。这类选题的成功报道既是各个媒介的共同目标,又是媒介实力与能力的体现。选题范围包括:时效性很强的突发性灾难新闻事件。2003 年 3 月 20 日,伊拉克战争爆发,各国参与战争报道的媒体数量和记者数量、全程直播战争的媒体数量、对战争现场的传播速度等均为历史空前。在战争打响后,中央电视台四套收视率猛增 28 倍。3 月 20 日 10 点 35 分,美国发动了伊拉克战争,早在一个多月就着手部署策划的中央电视台,立即投入直播战争进程和各方反应。直播结束后,又在每小时一次的整点新闻中继续报道美国打击伊拉克的最新进展,前所未有地采用直播形式来报道由美国发动的这场战争,折射了中央电视台对突发性重大事件新闻价值的敏锐捕捉和重视,反映出广大人民群众对这场战争的关注度。这些报道不仅传达了中国政府的原则立场,而且反映了中国专家的观点和中国老百姓的看法,既让中国人了解了重大国际事件的全方位动态,也让外国人看到了中国政府和民众的立场和观点。央视的这次报道把为受众服务作为出发点和立足点,将宣传寓于新闻报道中,既体现了媒体的导向,又满足了受众的信息需求,可以说是贴近实际、贴近生活、贴近群众的一次切实生动有益的尝试。

节目的选题是做好任何报道的前提,具有时效、符合当前的形势又是电视观众普遍关注的话题,节目自然会受到观众的认可。如果题材陈旧,制作又没有新意,那观众就会选择换台。具备重大意义或极具典型色彩的选题应该是规避这一现象的有效方式。在具体选题时要围绕热点、力求创新。新闻策划是创造性的劳动,一味照搬别人的做法或延续传统的做法是不会取得好结果的,甚至是行不通的。只有在通过精心的策划,以独特的视角报道出来的新闻,才能出奇制胜。我们不能否认借鉴别人的成果,借鉴别人的成功经验能使策划少走一些弯路,这也是策划的捷径之一,但是不能一味照搬照套,而应该有自己的特点和个性。

三、信息资料的收集

一个好的项目策划,是以信息的收集、加工、整理、利用开始的,而好的开始就意味着成功的一半。因此,信息资料的收集是项目策划的基础性工作,也是关键性的原则。信息是一种无形的财富,是指导人们行为的基础性条件。要搞好一个好的策划,也要进行信息的收集、加工、串联、传递、整合。没有一个系统的信息占有过程,项目策划更是无从谈起。占有信息要注意日常资料的储备,及时了解党的方针政策,在节目的创办、播出或者改版的时候要根据不同情况进行特别的调研。策划主体必须时刻了解最新的信息。作为节目策划还应该对媒体自身的信息包括一些从业人员的相关信息、本媒体的资料信息、同行业的相关信息进行收集整理,做到知己知彼,百战不殆。

四、新闻价值的判定

新闻价值具有显性和隐性两个层面,显性层面是指新闻事件作为客体表露的显而易见的价值。隐性层面是指新闻事件与整个社会环境发生联系时所具有的价值。对于隐性价值的挖掘和报道能使新闻的深度和广度得以进一步拓展。

如当某地泥石流造成严重滑坡,使大量的村民和财产遭受巨大损失,人员的伤亡、财产的损失是显而易见的,是一种显性的价值,谁都能够看见。但是在事件后面所隐藏的乱砍乱伐、毁林开荒,忽视环境保护的意识就是隐性价值。新闻策划的目的就是在于发现并促成隐性价值向显性转化。作为一个策划人就是要透过现象看本质,才能做出有前瞻性、有深度的报道。

美国心理学家马斯洛指出:人的需求包括五个层次,即生理需求、安全需求、爱和归宿的社会需求、尊重的需求、自我实现的需求。从人类不同层次的需求出发,我们对新闻价值的关注点可以放在:

● 新闻的实用价值——报道与受众的衣、食、住、用、行有关的实用信息。

● 新闻事实的信息价值——提供给受众更多具有新鲜性、重要性、接近性、显著性、冲突性、趣味性、人情味的新闻信息。

● 新闻事实的宣传价值——宣传党的方针、政策。作为党和政府的喉舌,宣传是新闻媒体的重要职能。

总之,记者判断事实是否具有报道价值,就得从新闻的实用价值、信息价值、宣传价值等方面入手。对于复杂的新闻事实,策划者要保持清醒的头脑和对相关政策的把握,准确锁定有助于挖掘新闻事实本质的现象,对其进行深度开掘。只有这样才能把握新闻事实的本质,实现新闻价值的最大化。深度的实质是新闻事件与社会、与特定的人群的关系,是各种社会关系交织而成的"复合体"。深度的破解也就是分解事实,分析事实形成的环境,事实形成、变化发展的原因及其给周围带来的重大影响。记者应通过了解事实本质、性质、特点等要素来逐步挖掘事实内核。

五、策划方案的形成与实施

在获得有效的信息并进行价值判断后,策划人员所要做的就是对节目策划方案的拟定。节目策划者要根据节目的内容、特点找出相应的受众群体,再制作出符合他们口味的节目。电视是一个综合性很强的行业,特别讲究协调性和配合性。人员的调配格外重要。参与制作的人员要选择经验丰富、有思想、有创意的从业者,最大限度地发挥他们的潜能,这也是提高效率、减少人员,防止资源浪费的一种有效形式。策划者根据受众的需求、栏目的要求来确定节目的形式、规模、表达方式、角度等,从而确定节目的具体实施方案。

方案制定下来以后,就要安排好实施中的各个环节。节目实施的过程是一个以策划者为核心的行为操作过程,因此在节目实施过程中要有全局意识,不能仅仅满足于做好自己某一环节而忽视对整体的配合和把握。每个环节都要协同配合,各个环节要建立一种和谐、合作和认同的关系,在节目中更好地沟通、理解,很难想象一个大型的直播节目动用大量的设备和人力,如果没有协同作战的态度,很难想象会给观众呈现一种什么样的节目形态。

1997年香港回归的电视直播报道,中央电视台投入一线的工作人员就达一千五百多人,配置的设备可以装备一个省级电视台,五十人组成了十九个海外报道组,这么多的设备和人员如果没有各部门精心的统一调度安排协调,就不可能拥有这次大型策划的成功。

六、策划效果的总结

策划的最后一关就是策划实施后效果的评估和总结。效果评估是通过多种渠道对节目策划进行全面审核,它包含制作质量、社会效益、市场价值等方面的审核。策划部门根据节目的评估标准了解节目播出以后的效果,提出节目的改进措施和修改方案,以便于在以后的节目中不断完善和进步。节目的评估方法多种多样,目前我们使用的评估方法有收视率调查法、欣赏指数调查法和专家调查法等。

收视率调查是目前电视台常用来评价电视节目播出效果的一种有效方法。基本上各大电视台从20世纪80年代初期就开始运用,成为常规的使用方法。到了90年代,随着电视台及电视频道数量的迅猛扩张和电视媒介市场化的快速发展,电视收视市场的竞争加剧,收视率作为反映电视观众收视行为和偏好的主要指标在节目编排、广告投放决策以及电视节目评估中的作用,越来越被业内人士认可。在这种背景下,中国收视率调查得以快速发展。收视调查更加精确、专业。央视—索福瑞媒介研究(CSM)、AC 尼尔森公司分别对全国各级电视台进行收视率调查。很多电视台将收视率作为衡量节目成效的一个重要方面,同时收视率与节目的评比、人员的配置及电视台对该节目的人力、物力投入密切相关。

欣赏指数调查法也就是调查观众的满意度。我国的欣赏指数调查开始于1998 年,1999 年中央电视台将这种调查方式作为衡量栏目品质的一个评价标准。具体调查内容包括对频道或栏目的满意度、知名度、收视率、总体评价、艺术观赏性等方面。这种调查方法的优势在于它弥补了其他调查法在节目艺术性、思想性、观赏性评价方面的一些缺憾,使调查的内容更加细分和全面客观。

专家调查法就是媒体聘请一些相关领域的学者、专家对节目进行评价,这部分评价相对比较专业。专家的把脉往往会将一些建设性的意见提供给节目策划者,为未来节目的走向提供可供借鉴的新思路。

在经过反馈、总结后就要对节目的类型、节目的内容进行分析,找出节目存在的不足和必须改进的地方。对于观众喜爱的板块或内容可以在下期节目中加大其在节目的比重。最大限度的将节目的构成与观众的喜好联系在一起,策划出既有市场份额又有品味的电视节目,这也是策划人要追寻的目标。

总之,电视新闻策划是以事实为基础、以价值为前提、以创意为核心的感性认识和理性思维活动。重点就是对报道选题、报道内容、报道手法进行谋划。要针对不同的报道性质区别对待。如对突发性事件报道,要关注受众需要了解事件真相的心理,注重时效性,力争先声夺人;配合性宣传报道,重在把握事关全局的社会、经济的发展状况,从人们极度关注的视野中选题,在深度上做文章;社会活动报道,关键是要有明确的活动主题和报道思想,重在活动本身的创意;新闻评论,重在选题和评论技巧。坚持用事实说话,选题必须是社会关注的热点,导向价值是它的主要目标。

第三节　新闻频道和品牌栏目的策划

现在的媒体竞争已经发展到了以频道为竞争单元的时代。频道的个性特色成为频道品牌的标志,也成为频道竞争的支撑点。如何树立频道的个性特色,在频道竞争中赢得主动,是电视媒体策划者、经营者必须认真思考的问题。

频道策划不同于一般的节目、栏目策划,它是为建立频道特色、树立频道形象进行的综合系统的策划。在中国电视完成集团化改造之后,电视运营将由栏目化阶段进入频道化阶段。频道化将以栏目化为龙头,整合一系列符合专业频道要求的类型化栏目。各类栏目纳入专业频道之后就应该服从于频道的要求,在选题、立意、风格等方面尽可能统一于频道的设计理念。在定位上也要服务于频道专业化的经营方向。一个频道有了一些知名的栏目作为支撑,整个频道的知名度就会随之提升。

一、频道的定位

20 世纪 90 年代,中国电视由栏目化阶段跨入频道化阶段之后,频道策划提到了议事日程。在频道策划中,目前各电视台都在实施名牌战略,打造名牌栏目,树立品牌频道。要做好频道策划就要做好定位策划。

频道定位包括频道的节目定位、观众定位、市场定位等,媒体依据自身的情况、媒体竞争的情况和受众的需求情况进行节目的定位。

1. 对节目的目标观众进行定位,以确定节目为哪一类观众服务。

由于如今观众的成分和需求爱好越来越复杂,要在保留原有观众的基础上,关注新的观众群的需求和爱好。中央台的《对话》栏目,最初"本来更希望做成娱乐性较强的脱口秀式样的以奇人奇事为主线"的大众化节目,但后来根据栏目有做经济报道的积累和能够调动别的电视媒体无法调动的"高层"资源的优势及节目播出较晚的具体情况,选择了针对白领与社会精英的观众定位。事实证明,这一策划是成功的。"实现了中央二套在晚 11 点以后收视率和广告收入的两个零的突破"。所以,无论是大众化节目还是小众化节目都有它的市场,关键在于是否对准了目标观众群,是否发挥了本媒体的资源优势。

2. 对节目进行定位,包括对节目本身的内容、功能、风格等方面的要素进行定位,以确定满足观众的需求。一般来讲,节目定位主要包括节目内容定位、功能定位和风格定位三大方面。

◎ 内容定位

内容是节目定位的核心,内容包括的范围十分广泛。观众对信息、娱乐类内容的需求量较大。对环保、公益、反腐败、廉政建设等领域特别关注。喜爱富有人情味、具有平民意识和公益观念的内容。对科技、财经、管理、通讯、网络、地理、人文、自然、历史等知识含量比较高的领域开始关注。栏目可以根据对受众调查结果进行具体的节目内容定位。

◎ 节目功能定位

功能定位是对节目创作目的和作用的明确表达。主要包括实用性功能(满足观众实用性需要)、情感功能(满足观众情感需要和深层需要)和社会识别功能。这三个方面三位一体,相辅相成。

◎ 风格定位

节目风格是节目内容和节目功能的外在表现。节目风格是由节目内容和节目功能决定的,并与观众的要求也有一定关系。因此,节目风格定位必须建立在节目内容定位、功能定位和观众定位的基础上。

3. 对节目的市场进行定位,以确定寻找怎样的广告商或节目销售公司。

市场定位是电视节目实现其市场价值的重要方面。电视节目有了很明确和细致的观众定位与节目定位之后,节目的目标观众和边缘观众就十分明晰,因而,节目可针对什么样的广告商和消费者也就十分明确。

以这样的顺序,电视品牌节目的创建才有可能做到有的放矢,实现社会效益、经济效益双丰收。

频道的定位并不存在一个固定不变的模式,而是一个逐渐摸索与调整的过程。"改版"成了频道运营的关键词,求新、求变成为策划的重点。

频道专业化在我国省级电视台和市级电视台的发展非常迅速。频道专业化指电视媒体经营单位根据电视市场的内在规律和电视观众的特定需求,以一个频道为单位进行内容定位划分,使其节目内容和频道风格能较集中地满足某些特定领域手中的需求。从全部是综合频道发展到现在出现的大量专业频道是中国电视业向市场跨越的一大步。

中央电视台综合频道定位是以新闻为主的综合频道,它的主要受众是文化程度较高的成年人群,信息的时效性、权威性、广泛性是它最大的特色,它的权威性、严肃性就是它区别于其他频道的最大特色。

美国三大电视网 CBS、ABC、NBC 都是以权威新闻为主的综合频道,对目标观众群进行了更为细致的划分。

二、新闻频道的打造

2003 年 5 月 1 日,中国中央电视台新闻频道开播。这一天对于中国电视事业的发展具有非同寻常的作用,这一天也是中央电视台开播 45 周年的纪念日。新闻频道的开播以其全新的面貌和大信息量吸引着观众。观众可以随时随地打开电视收看新闻,这也极大地满足了观众对信息的极大需求。

在新闻频道开播的开篇词我们看到了这样的文字表述:

"各位观众,从 2003 年 5 月 1 日起,中央电视台为您打开一扇崭新的窗口,通过这扇窗口,您可以随时浏览世界风云,及时了解国内外发生的重要新闻。这是一扇永不关闭的窗口,无论凌晨还是午夜,每天 24 小时,只要您打开电视机,选择中央电视台新闻频道,您就可以看到最新发生的事件,听到最权威的评论,触摸到这个世界跳动不息的脉搏。"

随着我国改革开放和社会主义现代化建设事业的不断发展,随着人民物质生活和精神生活质量的不断提高,广大观众对电视新闻的需要越来越多,要求也越来越高。人们不仅要知道发生了什么新闻,还要知道新闻怎样发生,为什么会发生;不仅关注事态的现状,还要关注事态的进展;不仅要看到事件的一个侧面,还想看到事件的全貌。中央电视台开设 24 小时全天候的新闻频道,就是要为广大电视观众更快、更多、更全面地报道新闻。与世界同步,是新闻频道的宗旨。

新闻频道的开播使电视新闻在理念和节目的运作方式上发生了根本性的变化:新闻频道实现了对新闻事件特别是突发事件实现实时和准实时传播,使观众能充分及时地获知任何时间内发生的新闻。重大的、突发性的新闻能够在第一时间与观众见面,新闻的时效性大大提高。大量的直播报道实现了新闻事件零时间、零距离的传播。直播成为新闻频道重要的报道形式和报道手段,可以说是新闻频道开播以来的一个亮点。新闻频道开播一个月直播量就超过 40 小时,和以前直播多是仪式和会议不同,现在的直播更多关注新闻的事件性。全天候报道新闻,使观众通过全天候不间断的播出了解新闻的发生、发展过程。观众对节目的关注度明显提高。信息量明显增大,文化新闻、财经新闻等分类新闻播出量也明显增多,大大满足观众的需求。

新闻和专题是我国电视新闻频道的节目主体。专题类节目包括新闻背景、新闻评论、新闻调查、舆论监督、民意调查、法制节目等各种节目形态,是对整点新闻和分类新闻的补充和深化。电视新闻频道的开播,包括 LIVE、SNG 车的运用,不仅在制播机制等方面给电视台带来变化,更重要的是对社会产生了积极的影响。

新闻频道创办后,如何经营好新闻频道是摆在新闻策划面前的课题。经过近五年的开办,业界人士探索出一些思路:

1. 新闻频道策划的途径

◎ 强化直播

在新闻频道策划中,加大对重大事件直播的力度,是一个重要的举措。在中央电视台,直播成了新闻频道最频繁使用的武器,也是至今为止这个频道与央视其他频道(除体育频道)区别最鲜明的标志。尤其是对突发性事件的直播将是新闻频道的方向,大量的现场直播成为新闻频道的重要特色。2006 年 6 月 5 日,中央电视台新闻频道全面改版,以创新的节目形态和频道形象推出早、晚黄金时段和周末全新节目。改版后,新闻的直播报道得到进一步重视。新闻频道每天 24 小时不间断播出,为新闻事件的现场直播提供了广阔的平台。2005年新闻频道全年直播共计 234 场次,直播总时长达到 18180 分钟,日均 50 分钟,比 2004 年增长近一倍。2006 年第一季度直播共计 61 场次,日均 0.7 场,直播总时长 6856 分钟,日均 76 分钟,比 2005 年的水平又增长了 20％以上。改版后,新闻频道加大了直播量,节目时间表随时因直播需要做出调整,各类节目为直播让路,不但对各种重要活动进行直播,重大突发事件也争取第一时间直播。同时,新闻频道还将加强直播的自主策划能力和意识,提高打造媒体事件的能力,拓展直播领域。比如"五一"前进行的为期一周的直播特别节目"高峰体验",引来人们对城市交通的关注。各省、市电视台的新闻频道也在条件允许的前提下,加大了直播的力度。使直播成为一种常态化的播出手段。

◎ 有效整合新闻资源,实现资源共享

新闻报道不再各自为政而是在频道定位的基础上进行资源的整合与补充。只有对资料进行整合,形成某个独特的角度,才能提高频道的核心竞争力。可以通过演播室＋公用信号,公用信号＋本台信号,借用协作媒体的力量为本台报道等多种形式来实现这一目标。在准确定位的基础上做好新闻信息的传播。要保证观众无论什么时候打开电视,都能够在最短的时间内得到信息,看到有关专家学者、权威对新闻事件的评论。

◎ 实现品牌化经营,树立自己的风格和频道形象

品牌是无形资产,几乎每个群体大到一个国家小到一个班级,都会有自己的形象和理念识别系统。台标、话筒标志、频道形象宣传片、固定节目中播放的音乐,都是频道形象的组成部分。在此基础上,频道还应该形成一段时间内固定的频道精神、频道风格等。加大宣传力度,策划大型活动,提高知名度和影响力,推出主持人形象和其所主持节目的宣传片,这都是频道品牌形象的组成部分。央视新闻频道的改版启用新的频道形象标识,在主持人表达、节目包装和演播室设计等方面更为时尚。在频道包装上,吸纳了时尚的颜色、造型,富于动感,风格趋于年轻化。主持人播中带说,两个人的交替播报中注意前后的串接,在一些重点新闻中,还会通过两个人的交流来赋予新闻更多的视角,气氛显得更加轻松。

◎ 增加信息含量、提高新闻质量

中央电视台新闻频道通过创办《朝闻天下》《360°》等新闻栏目,一方面增加了时长,另一方面发挥频道新闻栏目滚动播出的优势,大大增加实时更新比重,使新闻真正"滚动"起来。通过创新表达方式、改变新闻文风,实施有效传播战略,提升现有栏目质量,增加有效信息。在选题上注重以小见大,以观众喜闻乐见的报道方式使新闻与观众的距离更为接近,与社会信息同步行进。

◎ 重视节目编排、频道编排和栏目设计

以节目的舆论引导能力、社会影响力和收视表现为主要依据,通过推出长时段的主打栏目,加强早、晚间黄金时段竞争力。强化新闻频道的新闻特色,使新闻报道增强时效,开掘深度,提高可视性,从而提高传播的有效性,扩大频道影响力,提升频道品牌价值,达到进一步发挥主流媒体的舆论导向作用。好的频道要有好的节目支撑,更要有好的节目组织编排来体现。只有好的节目和合理的编排,才会有较好的收视率。具体说来,把重要的、固定的、最具吸引力的节目放在适合最多观众收看的时间段播放,安排较有深度的新闻节目在固定时段播出。

中央电视台和中国电视事业同龄,始于 1958 年 5 月 1 日,2003 年开播 24 小时新闻频道,其间经历了 45 年。如今,许多观众已经养成了"有重大事件看新闻频道"的收视习惯。

2. 频道品牌策划的要点

全国各卫星频道之间激烈的市场竞争是媒体过剩、供求失衡的必然结果。在市场化背景下,中国电视进入了频道品牌化的时代。从过去完全不谈品牌,到逐渐有了品牌意识,再到把品牌的地位上升为自己的核心战略,频道的品牌建设重要性已被各媒体认知。开始倾力打造并大力推广自身的良好品牌形象。从频道的定位到栏目和主持人的包装,再到与品牌建设相关的大型调查研究,各大电视媒体对频道的品牌建设进行了有益的探索和实践,并取得了一些可喜的成绩。详见下表:

表 4-1　2005 年全国市场收视份额排名前 15 位的频道

排　名	频道	市场份额(%)	
		2005	2004
1	中央电视台综合频道	22.9	24.8
2	中央电视台八套	8.4	7.4
3	中央电视台三套	6.8	5.2
4	湖南电视台卫星频道	6.4	5.7
5	中央电视台六套	6.2	7.1
6	中央电视台五套	5.3	7.6
7	中央电视台二套	4.3	3.3
8	中央电视台新闻频道	3.0	3.1
9	中央电视台四套	2.9	2.8
10	中央电视台少儿频道	2.5	—

续表

排　名	频道	市场份额（%）	
		2005	2004
11	安徽一套	2.4	3
12	浙江卫视	1.8	1.5
13	山东卫视	1.7	2.2
14	江苏卫视	1.7	1.6
15	中央电视台十套	1.5	—

数据来源：CSM 媒介研究

从以上表格我们可以看出：

位居前十五位的频道均有品牌的栏目、品牌的主持人和节目的创新力以及举办大型活动所形成的影响力。

◎ 名牌栏目

创建并经营好品牌栏目，是提升频道品牌形象的强大推动力，对频道的品牌建设有着很强的促进作用。

名牌栏目是指那些具有较大的社会影响、相对稳定的节目类型、风格、特色、观众群、播出时间和一定连续性的栏目。人们选择收看电视台的节目，优先选择的是其所钟情的该台的名牌栏目。一家媒体拥有的名牌栏目、品牌栏目越多，就越能吸引观众的关注，媒体就有公信力、竞争力和号召力，所以抓品牌栏目建设是媒体的立根之本。一个媒体、一个频道，有没有名牌栏目将直接影响它的生存和发展。作为品牌栏目要具有独特性：A. 个性的与众不同；B. 内容相似但角度不同，要分析观众、分析对手、分析自己。C. 栏目要在风格、样式、理念、主持人等诸多方面保持其独特性。这是在窄播化、分众化条件下的必然要求。因此电视栏目是电视频道的内核，电视频道的竞争直接体现为各电视栏目之间的比拼。频道品牌化重要的支撑点就是栏目品牌。中央电视台 90% 以上的广告收入来自只占栏目总数 10% 左右的名牌栏目；《快乐大本营》《玫瑰之约》《晚间新闻》等名牌电视栏目成就了电视湘军……一个电视频道如果没有名牌栏目的支撑，这个电视频道就无法堪负品牌化的重任。

◎ 品牌主持人

品牌主持人是一个频道的重要人才资源。尤其是观众所熟知并喜爱的品牌主持人，更是宣传频道的流动窗口。

要打造一个名牌栏目，主持人是关键。正是有了名牌主持人，才有了栏目兴盛的理由。对电视栏目来说，它一定是个性化的节目，它有让观众一看到主持人就想起节目，一看到节目就想起主持人，主持人要有鲜明个性。正如《面对面》的王志，《中国周刊》的白岩松。正如我们说看频道其实是看栏目，看栏目其实也就是看主持人。主持人兴，栏目则兴，反之亦然。正是这种互生关系形成一种良性的互动关系。在西方国家，电视台注重主持人的包装，靠主持人的影响来打造栏目，如美国的那些脱口秀，很多都是以主持人的名字来命名的。在美国电视界，奥普拉·温弗莉的谈话节目，《杰雷诺今夜秀》（NBC）、《大卫莱特曼夜间秀》（CBS）、《杰瑞·斯普林格谈话节目》（FOX）和《拉里·现场》（CNN），都是影响巨大的节目。在凤凰卫视的节目以主持人命名的有《鲁豫有约》《小莉看世界》等。明星效益具有很强的感召力。有了品牌主持人，频道在宣传节目时能够很快打开市场。他们主持节目的不同风格就是对频道和栏目极好的包装。它可增强观众对频道栏目的认识、关注以及喜爱程度。在名牌主持人所主持的节目时段里，商业广告的资金投放量和广告的投放数量是其他任何时段都无法比拟的。名牌主持人带来了收视率和影响力。利用主持人品牌提升栏目品牌，利用主持人形象强化频道形象，是当今的电视品牌运营战略之一。

◎ 节目的创新力

节目的创新力表现在节目能够推陈出新，引领电视发展的潮流，创新的成效为人们所认可。当代中国的电视节目创新仍旧呈多元化的发展状态。各家电视台十分重视自身的品牌栏目，对其不断完善更新。同时，针对受众的需求，结合自身的战略规划，适时推出原创型栏目，给观众带来了新的视觉享受。这种以受众为中心的方式打破了电视界以我为中心，只注重电视节目的制作与播出，不重视观众的需求的局面。电视节目要吸引观众就要不断创新来满足受众的需求。也只有满足观众对于电视节目的需求，才能使电视媒体获取较高的社会收益与经济收益。

在《新周刊》推出的 2006 年中国电视节目榜单上，我们看到无论是上榜的节目还是上榜的电视人物无不具有创新意识。创新者生存成为电视人的共识。湖南卫视在 2005 年成立了创新小组，聚集了湖南广电集团旗下最有创意的人为湖南卫视量身打造栏目。推出的《变形记》《越策越开心》等一系列栏目，被业界和观众认可。因此专家认为这样的创新是明天中国电视更好看的保证之一。

◎ 举办大型活动的影响力

策划并搞好大型电视活动，是提升频道品牌影响力的另一有效活动。通过重大事件，能够吸引受众的广泛关注，产生良好的聚焦效果。这对频道整体形象的提升会有很大的帮助。中央电视台每年利用自身的品牌举行一系列活动，中央电视台的系列电视行动包括：CCTV 全国电视相声大赛、"神舟六号"发射特别节目、CCTV 中国经济年度人物评选、国家最高科技奖论坛、跟着圣火看中国、中国电视体育奖颁奖典礼、中国骄傲特别节目、感动中国特别节目等等。这些活动建立在央视既有的品牌基础上,同时又大大彰显了雄厚的实力,反过来又促进了中央电视台品牌的延伸。湖南电视台作为省级电视台,在这方面也有作为且收获颇丰,《超级女声》、《美丽中学生》等评选活动同样是品牌延伸的成功选择,也为电视台带来了巨大的收益。而"活动"无疑体现着品牌延伸的价值。

这是一个"内容为王"的时代,创建品牌栏目当然就成了频道品牌建设的核心。频道品牌策划的关键是新、奇、特。新包括理念的新、内容的新、形式的新,过去没有的才能称之为新,新是超越过去、超越自我、超越竞争对手。奇是奇妙,频道包装奇巧,节目设置巧妙,节目编排精巧,节目表现手法悬念突起,令人欲罢不能。特是独特。频道品牌要用节目品牌作支撑,没有品牌节目,频道品牌就是一个空壳。频道品牌的创造是在频道品牌策划的基础上,通过精益求精的创作,提高节目质量,突现品牌频道和品牌节目的独特个性,以新奇特的频道形象和节目形象面对观众,赢得观众青睐,提高节目收视率,从而实现社会效益和经济效益的双丰收。频道品牌化是中国电视传媒发展的方向。因此在频道品牌的策划中要树立自己的栏目形象、提升主持人的影响力、提高节目的创新力等方面要有建树,才能增强媒体的竞争力和影响力。

第四节 电视新闻栏目的策划

一、节目与栏目的界定

打开电视我们每天都可以看到异彩纷呈的电视节目。这些归属于各个栏目的电视节目为广大观众所熟知。也使电视栏目与电视节目之间成为具有联系又有区别的两个概念。

"节目"是伴随广播的诞生与发展逐步确立含义的名词。它是"以节目为基本单位组织传播的","节目具有特定的名称、内容、主题、形式和一定的时间长度",是电台"播出的内容及其安排形式和播出方式"的统称①。1986年以后,我国广播发生了一些变革,出现了一些板块化的节目。一些传统的节目样式也在发生一些根本性的改变,节目栏目化趋势初见端倪。这时栏目化标志就是把反

① 参见《广播电视简明词典》,中国广播电视出版社 1989 年版,第 30 页。

映同一内容或同一类型的节目归为一栏,有固定的名称、标志、开始曲和固定的时间长度。通过栏目化的运作使节目的内容、类型系统化。节目编排合理化,有利于阻止节目制作和播出安排,便于观众定时、定期收听收看。节目栏目化有利于培养相对稳定的观众群[①]。

栏目以往常常在报刊杂志上看到,我们可以根据自己的爱好选择一些喜好的栏目。栏目在报刊杂志中成为专栏,它是以一个相对集中的主题为中心集结一组或多组稿件,把类似的题材、主题、风格的稿件放在某一个版面或版面的某个局部,冠以一个统一的标题。这些栏目相对独立,稿件有一定的共同性。将这一做法运用到广播中来,于是在日常编排中出现了栏目。随后这一形式也被电视媒体所采用。

1993 年,中央电视台加快了改革的步伐,尤其在电视新闻栏目化方面做了大胆的尝试,相继推出《东方时空》《焦点访谈》《实话实说》《新闻调查》等一批有影响的新闻栏目。这些栏目不仅扩大了电视的影响力而且为观众所认可,成为观众心目中的名牌栏目。尤其是 1993 年 4 月《东方时空》的播出,中国电视"栏目化"的观念在较短时间里得以形成。开始从以节目为核心转向以栏目为核心。发展到今天已进入到以频道建设为核心的阶段。但是频道竞争的关键和落脚点依然是栏目。有了品牌栏目的支撑才有频道的影响力。

一般而言,节目是依托栏目存在,节目根据栏目的定位、风格进行制作,相比之下,栏目的规模效应会更加明显。目前的栏目分为集纳型(如新闻联播)杂志型(如《东方时空》《走遍中国》)和单一型(《焦点访谈》)。节目的播出出现的是栏目—子栏目—节目的一个逻辑线条。

由此可看出,电视栏目是按照一定的宗旨和目的,把一些题材内容、风格、形态相似的节目纳入一个定期、定时、定量,有固定名称的时段中进行播出的节目形式。

电视栏目的基本特征是:在频道定位确立的基础上,栏目有固定的主持人;定时定量定期播出;相对稳定的节目定位;固定的目标收视群体;统一的风格和样式。

二、电视新闻栏目策划的要点

1. 栏目的定位:电视新闻栏目的策划要在频道定位的基础上进行。创办新栏目或者改版旧栏目都要在频道定位的基础上进行。中央电视台经济生活频

---

① 《广播电视简明词典》,中国广播电视出版社 1989 年版,第 31 页。

道在经济生活服务的定位前提下，打造了三大类别共 25 个栏目，构成层次丰富的频道内容。因此在栏目策划中首先是定位准确。不管是大众化栏目还是小众化栏目，关键就是是否面对了特定的目标观众群，是否发挥本媒体在人力、物力、财力的优势。即使是综合频道的新闻栏目也有自己不同的受众群。中央电视台一套节目定位是以新闻为主的综合频道，它的主要受众是文化程度较高的成年人群，信息的时效性、权威性、广泛性是它最大的特点。美国三大电视网 CBS、ABC、NBC 都是以权威新闻为主的综合频道，但其目标观众的年龄层次也不尽相同。定位实际上就是栏目给观众的一份承诺。

2. 选题设计。对板块设置、选题内容要进行明确的划分。栏目可以根据受众关注的信息进行相关的策划，以满足观众的需求。

3. 栏目的风格。属于清新、活泼型还是庄重、严肃型。风格的定位可以根据受众群体和选题内容确定。

4. 栏目设计。包括栏目的长度、播出的频率。栏目性质是属于那种类型？杂志类新闻栏目还是综合性新闻栏目？制播方式是属于直播还是录播？节目具体板块构成、流程以及栏目的卖点。

5. 播出时段。栏目将在哪个频道的哪个时段进行播出。

6. 栏目的运作方式、宣传推广及后期开发。

下面所列的是 2005 年观众心目中的品牌新闻栏目前十位名单：

排名	品牌新闻栏目	栏目所属频道	人气指数（%）
1	《新闻联播》	中央电视台一套	40.5
2	《新闻 30 分》	中央电视台一套	2.5
3	《晚间新闻》	中央电视台一套	2.3
4	《焦点访谈》	中央电视台一套	2.2
5	《天天 630》	重庆卫视	1.9
6	《体育新闻》	中央电视台一套	1.9
7	《第一时间》	中央电视台二套	1.8
8	《广州新闻 630》	广东卫视	1.8
9	《新闻日日看》	广东卫视	1.3
10	《新闻报导》	上海东方卫视	1.2

从这些优秀的电视新闻栏目可以看出这些栏目的定位、选题、风格等方面的不同特点。这些栏目都在第一时间报道热点问题，针对社会不良现象进行批评监督。所报道的事件都与百姓生活息息相关。这些都是一个品牌新闻栏目

应具备的基本要素。栏目独特的包装和主持人的表现也得到了观众的认可。

案例 1

某新闻中心《直播××》栏目策划方案

一、栏目名称:《直播××》

1. 节目长度:55分钟

2. 节目板块设置分四个部分:《现场零距离》《××工作室》《非常关注》《时事要闻》。

二、创办宗旨:

1. 坚持正确的舆论导向,更加准确全面生动地宣传贯彻党的方针、政策,唱响主旋律。为全面建设小康社会鼓与呼。

2. 发挥省会城市地域优势和特色,更加贴近市民、贴近生活、贴近时代,把节目办成市民自己的栏目、老百姓自己的新闻。

3. 做到"两个满意",即市委、市政府满意,老百姓满意。

4. 加强节目内容和形式的创新,加强节目的编排和包装,力争在激烈的电视新闻竞争中取得社会效益和收视率的双丰收。

三、栏目理念:

1. 保证新闻报道的权威性,公正性,着力打造每天55分钟的大型新闻栏目《直播××》。

2. 增加节目内容的贴近性,追求大信息以及对市民的全方位服务,与本省所有的新闻栏目比快、比新、比优。

3. 探索节目样式的多样性,集中人力、物力,调动一切技术手段在形式上给人以耳目一新的感觉。同时在增加节目互动方面寻求突破。

四、栏目设计:

1. 现场零距离

节目长度:25分钟

播出形式:直播

定位:24小时内社会生活所发生的重大或重要社会新闻事件,生活资讯,人民群众关注的热点问题、社会问题,突出现场感和时效性。做到当天的新闻当天报,现在的新闻现在报,把最近发生的新闻变成正在发生的新闻。受众群为全市市民。

形态:以"新、短、快、活"的事件性或突发性新闻社会新闻为主。每条新闻必须有记者出镜,现场主持、现场采访。前期采访和现场录音应占新闻的 70％以上。

这一板块中的《××谈天气》要求主持人在外景画面中完成当天的播报并在后期制作中配上音乐。在当天新闻中找出值得关注的话题并进行公布,观众通过拨打热线电话和短信发表自己的意见。在后面的板块中公布短信,反馈民意,体现栏目在时间和空间上与观众的零距离。

2.《××工作室》

节目长度:10 分钟

播出形式:录播

定位:评论型新闻

不仅报道新闻重在述评新闻,主持人走出演播室来到市民中间,就市民身边的事、关注的事进行面对面的交流。充分发挥主持人的个人效应和语言优势。

形态:主持人播报新闻、点评新闻,表明自己的观点。语言要活泼、睿智并不乏辛辣之词。

3.《非常关注》……

4.《时事要闻》……

案例 2

《新闻会客厅》策划方案:

(一) 栏目介绍

《新闻会客厅》是一档晚八点半播出的新闻谈话类节目。它关注的是国内外重大新闻事件中的人,有较强时效性和公众关注度。强调开掘新闻事件中的人物内心切身感受,事件中人性的展示及其经历。

内容定位:重在展示新闻中的人性、知识性、故事性。每期视内容多少可分为一个主题或多个主题的组合。

构成元素:以演播室为主阵地,以话语因素为主、图像因素为辅来诠释新闻事件。时长为 25 分钟到 30 分钟。由"2＋1"或"2＋N"的方式构成节目中谈话人物。即两位主持人加一个新闻当事人,或者是目击者、事件关联人。表现手段多种多样,短信、语音留言、网络、电话连线等均可应用。

(二)理念

1.关注新闻中的人性。所有新闻当中"人"是最重要也是最根本的因素,任何新闻归根到底都和人有关,"新闻会客厅"将以关注新闻中的人物内心、经历和感受为内在追求。

2. 多角度。通过对新闻中的知识性、故事性的展示,让观众得到更多的、更进一步的信息,不提供结论。

3. 平民气质。"新闻会客厅"将通过谈话场营造一种家庭气氛,拉近硬新闻与普通人的距离,增强可视性和传播的有效性。它的风格是亲切、平和、随和的。

(三)《新闻会客厅》的特色

1. 新闻的关注点不同。

《新闻解读》《时空连线》等节目是"带着问号前行",关注新闻的背景、前景与解决之道,探讨制度与机制问题。而"新闻会客厅"是"带着兴趣出发",关注新闻中的人,包括人的感受、人的命运,具有知识性与故事性。

2. 嘉宾功能不同。

所有新闻谈话节目中出现的嘉宾不外乎是专家、官员或当事人。"新闻会客厅"不追求专家路线,不是说它排斥专家,而是说它不强调专家式的权威解释,着眼点在于新闻性与人性的结合,其提问注重"大众感受、朴素情感"。

3. 叙事逻辑不一样。

其他新闻谈话类节目是线性叙事逻辑,讲究叙事的起承转合,注重清晰的结论,相对比较完整。而"新闻会客厅"是发散式的叙事逻辑,它可以是一个主题也可以是多个主题,它不要求有周详的论证,其逻辑随着主持人谈话的兴趣和气氛游走,谈论的点和结论是开放式的,不是唯一的,追求与观众的共鸣,是"形散而神不散"。

4. 呈现的形态不一样。

其他新闻谈话节目是你问我答的"采访式",较为严肃,而"新闻会客厅"则是有感而发的"谈话式",较为轻松活泼,具备家庭氛围。同样是谈论一个新闻,"时空连线"等节目是在评论,而"新闻会客厅"是在"议论",如果说其他新闻谈话类节目主持人要穿西装的话,进入"新闻会客厅"的人则不用穿西装。

(四)开办"新闻会客厅"的必要性

1. 创立"新闻会客厅",是新闻频道追求传播现代化的必然要求;

纵观中央电视台历来的新闻节目,主要是以告知事实和评论为主,而现代传播学认为,公众对新闻还有交流、议论的愿望,还想知道别人(除专家)对此事的感想与看法,新闻会客厅就提供了这样的平台。因此它的出现填补了新闻品种的空白。

2. 从国外新闻频道成熟的经验来看,"新闻会客厅"类型的节目,是不可或缺的。

我们对日本、法国、英国、美国、德国等国新闻频道进行了全面的了解，它们都有类似的谈话节目，都有很强的生命力。

3. 开创"新闻会客厅"有利于中央电视台整合频道资源。

从"新闻会客厅"横向比较看，在晚间 20 点到 21 点时段，观看电视剧的观众，占 60%。"新闻会客厅"的家庭氛围对这部分人有较强吸引力。

从新闻频道纵向比较看，19 点到 21 点的前后，都是公众关注度高的主流新闻节目，整体感觉"偏硬"，"新闻会客厅"则有非刚性的特点，因此它的出现增加了新闻频道节目种类的多样性。

（五）"新闻会客厅"节目的优越性

1. 可操作性强；"新闻会客厅"的嘉宾组合形式多种多样，既可以有关联人也可以有当事人，不受实际情况限制，极具可操作性。

2. 时效快；"新闻会客厅"的节目内容，是对当日发生或者当日报道的新闻进行议论和交流，因此，它具有非常快捷的时效。

3. 性能价格比高；"新闻会客厅"每天半小时播出，资金投入相对而言比较便宜，节目的产出却相当高。

（六）"新闻会客厅"节目前景分析

首先，"新闻会客厅"会很快形成品牌效应。

"新闻会客厅"的主持人是面对整个中央电视台充分开放的，像白岩松、水均益、崔永元、敬一丹、张泉灵、张羽、王志、董倩等，这些知名主持人已经各自形成了相对稳定的收视群体。这样的主持人组成，将会使"新闻会客厅"在极短的时间内形成公众知晓度，并尽快形成自己的品牌。

其次，经过一定时间的运作，"新闻会客厅"有可能诞生中央电视台第一批时事评论员。

时事评论员是国际新闻大台的一个显著标志，CNN、BBC、ABC 等著名的电视台，都拥有一批出色的时事评论员。中央电视台目前还没有时事评论员，"新闻会客厅"栏目恰恰为他们提供了这样一个机会。

最后，"新闻会客厅"是中央电视台最有潜力成为直播形态的新闻专题节目。

在节目的开办初期，"新闻会客厅"准备采取准直播形态，一旦条件成熟，将逐步向直播形态过渡。由于"新闻会客厅"节目的内容定位，使得其节目在安全运作方面具有可控性。正因为如此，它在新闻专题节目中，最具有率先实现直播的可能。

总之，"新闻会客厅"节目独有的形式和定位，将使新闻频道在实现新闻价值方面更加丰富,节目类型更加均衡,整个频道也将体现出更为人性的时代特点。

第五节 电视新闻特别节目的策划

一、特别节目的含义

特别节目和常规节目不一样,有明确的主题性。电视台策划一个特别节目总是有原因的,这个原因就是以主题为基础。比如最大的特别节目——春节联欢晚会,制作这样特别节目的原因就是在传统的大年三十,观众能够阖家团聚坐在电视机前欣赏一台喜气洋洋的晚会。而期盼团圆这个主题就是办晚会的基础。有了特别主题就有了特别的收视人群和特别的播出时间。这三个特别就决定了特别节目也需要特别的包装。特别节目的特别之处在于它在节目形式、节目内容上与常规节目有不同之处。

一些特别重大或者新闻性强、影响深远、过程比较集中的新闻事件,常常会采取特别节目报道的方式。特别节目的选题一般是特别的节日、假日、纪念日;重大事件发生时进行现场直播;配合党和政府中心工作和重大宣传任务而策划的特别节目。比如重大宣传活动、大型电视系列片、专题片等电视节目,都是提升频道形象、扩大频道影响的重要手段。它必须:

1. 吻合主题。特别节目的主题是节目的灵魂,脱离了主题,就没有了生命力。

2. 吻合特别收视人群。要有很强的针对性。

3. 吻合特定播出时间。播出时间是一个大时间概念,比如春节、十一、暑假、教师节、国庆节、情人节等等。

不同的时间段观众会有不同的收视心理。比如 2006 年《魅力城市》展播安排在十一黄金周播出,就是为了适应和满足黄金周期间观众对出游的兴趣。随着假日经济的快速发展,节假日期间节目收视率也出现不同程度的上扬,特别节目独到的视角、精心的编排,必定能吸引更多观众的视线。

2005 年到 2006 年间,各级电视台都加强了直播节目的策划、制作、播出力度,新闻频道正逐渐实现直播节目的常态化。神舟六号的太空飞行、中国珠峰测量队登顶测高的直播、2006 年足球世界杯的首次实现全程现场解说,解说信号和比赛信号同步传回,东方卫视《看东方》、《东方新闻》等三档主打直播节目的时间长度每天都在六小时左右。大型特别节目的策划是以电视台或频道为单位进行的,因而更要紧扣频道定位,体现频道特色。如每年的 3 月 15 日前后,中央电视台都要配合 3·15"消费者权益日"举办大型宣传采访活动,这对经济生活频道定位的强化、频道品位的提升、频道品牌的创建和观众收视率的提高,起到了很好的作用。

新闻要吸引观众的"眼球",首先是内容要"新"、"快",所以新闻策划的着眼点应该放在选题策划上,尤其是特别节目的策划更要遵循这一原则。

二、特别节目的策划技巧

1. 特别节目选题策划要善于抓住"热点"

"热点"是一定社会阶段和一定社会环境下为受众所关注的问题或事件。发掘"热点"的一个重要理由是新闻发生的多变性,一个新闻事件越"显著"越"重要",其新闻价值越大,受众对此也就越关注。所以,一个时期,新闻"热点"发生了,媒体要抓住时机进行选题策划,机不可失,时不再来。比如 2005 年 5 月,国家七部委联合下文,发布了《关于做好稳定住房价格工作的意见》,对稳定全国房价做出了八点指示,将抑制房价过快增长,打击炒房卖地作为阶段工作的重点。围绕这一阶段的工作重点,各媒体都作了相应的安排与策划,尤其是房价居高不下的北京、上海、杭州反应强烈,纷纷在一些重要的新闻栏目里做了系列报道和连续报道,反映了政府、市民、房开商、投资者、银行等方方面面对这一决策的观点和看法。这些与百姓生活息息相关的政策的发布、实施,无疑是观众关注的焦点,也是这一段时间报道的热点。

2. 特别节目选题策划要与重大的"节"或"日"互动

中国传统重大的"节",春节、正月十五、中秋节等;重大的"日",有新千年日、香港回归日等都是可以大做文章的策划。因为这些"节"或"日",受众要么重视它的传统因素,要么重视它的重大意义或象征性,因此在选题策划时,可以纵向或横向进行分析。媒体与受众通过与重大"节"或"日"的互动,可以凸现新闻内核,吸引观众的目光,从而在竞争中处于有利地位。

例如在迎接新千年的报道中,中央电视台的《相逢 2000》是由英国广播公司BBC 牵头组织的国际大联播,中央电视台要向全球 50 多个国家、78 家电视台提供 40 多分钟的节目,把中华世纪坛的庆典、长春的舞龙、三亚和泰山等地迎千年日出的活动,现场直播给世界 30 多亿观众。同时,中央电视台换取了 23 个小时 10 分钟的节目源。24 小时直播的《相逢 2000》开创了中国电视直播史上全球联播的先例。这次直播是以我为主,与西方主流媒体合作,扩大我国国际影响的具有突破性的重大举措;大型电视直播节目还与美国和英国并网向全球直播,节目覆盖近 100 个国家,全球有 40 亿人观看。这样大手笔的策划当然要有一定的经济实力和制作实力才能胜任。同样在新千年的报道中,各家媒体也使出了浑身解数来吸引观众,一家纸质媒体就做出了一千版的策划,还有一些电视栏目根据自己的定位进行了相关活动的报道策划。贵阳电视台《新闻空间》栏目也根据自己栏目的特点策划了《喜迎新千年》的特别报道。

作为一档社会新闻栏目,在大型活动的参与中,信息量不如时政新闻,深度展现不如新闻专题,怎样做出栏目的新意、体现栏目的特点是策划中关键的问题。经过策划人员群策群力的思索和讨论,最后决定以"新"来贯穿当天节目的始终,从线索的选取、选题的确定、采访的安排、稿件的结构、编排都做了精心的策划和安排。最后呈现在观众面前的是一组凸现新意、令人振奋而其中又有着有机联系的报道,让人们有一种新春气息扑面而来的独特感受。这组报道以时间为序,从新千年的第一记钟声响起开始——乘坐首航班机到达林城贵阳旅游的大连客人——第一面在长城上空升起的国旗——新千年第一批戴上红领巾的小学生——新千年第一批实现再就业的下岗职工——新千年上岗的第一批联防队员参加授旗仪式……如此多的第一次就像一个个完美的音符交织成一幅新千年的壮美图画。这一个个新的起点也契合了新千年新变化这样一个主题,它奏响了时代的主旋律也很好地体现了栏目的特色。

所以说,节庆活动也是一个策划的富矿,如果开采得好也会挖出有价值的宝藏。

3. 特别节目要有特别的时间、特别的形态和特别的组织

特别节目一般不在某一栏目中播出,而是临时开辟的某一时间、时段播出。比如香港回归中央电视台进行了连续 72 小时的直播,这也是中国电视新闻史上时间最长的特别节目,所有栏目、节目为直播节目让路。在报道的组织、形式、内容、包装等方面都和常规节目不同。特别节目对策划要求有良好的策划机制以保证策划的顺利完成。

总的来说,特别节目由于内容和形式的独特性,能产生有一定影响的社会效应,成为电视节目策划的重点,是电视市场竞争中最常见、最有效的手段。从某种意义上讲,特别节目能够凸显自身价值,提高收视率和市场占有率,树立媒体形象。因此,有针对性的进行特别节目的策划能够形成强大的社会影响力,制造新的收视高峰,同时向社会传递了新时期的社会思想和主流意识。因此,用大型特别节目来提升栏目价值和频道价值的方式,已经为众多电视栏目所认同和采用。

第五章　电视综艺娱乐节目策划

本章要点

电视综艺娱乐节目是一个外延十分宽泛的节目体系。

策划综艺娱乐节目,涉及主题、仪式(式样)、兴趣点、参与性、主持人、情感因素、益智、趣味、播出形式等诸多要素,它是一项较为复杂的系统工程。又须综合考虑,合理发挥各要素的作用,也要考虑各要素间的配合,使其形成一种表现的合力。

对于引进的综艺节目,要在模仿、借鉴的基础上,结合我国观众的民族文化心理,审美需求和道德观念,注入本土化的元素,在改造中创新。

在我国,由于电视在较长一段时间内都是传播者对受传者的单向传播,在形式上过分严肃,说教有余,活泼不足。因此,轻松活泼、能让观众自由参与的娱乐节目令广大观众耳目一新。从 20 世纪八九十年代开始,随着电视娱乐节目的迅猛发展,娱乐节目的类型纷至沓来,相继呈现在荧屏上,从而引发了一轮又一轮的收视高潮。

2005 年的夏天,当高温伴着热浪向我们滚滚袭来的时候,另一股热浪也让无数的观众卷入其中,不能自拔。这股热浪波及范围之广、数量之众的确出乎人们的意料之外。这就是红遍了大江南北的《超级女声》。难怪《超级女声》的鼻祖也派人前来打探虚实,看看风靡美国的《美国偶像》为什么到了中国并没有水土不服反而更加水灵,就好像原产于北美洲墨西哥的向日葵到了中国依然怒放一样。到了 2006 年,《超级女声》依然走红。《加油!好男儿》《莱卡我型我秀》《梦想中国》也成为荧屏的亮点,似乎娱乐节目的热潮依然没有退却。

在 2005 年的全国收视市场上,电视剧、新闻、综艺、专题、体育、电影这六大类节目是收视份额较高的节目类型,合计超过了 71% 的市场份额;其中电视剧、新闻、综艺是收视份额最高的三类节目,合计份额超过了 54%。

2006 年 8 月 25 日,中央电视台国际网站公布的数据表明,2005 年观众心目中的品牌栏目如下：

表 5-1　2005 年观众心目中的品牌栏目

排名	品牌栏目	栏目所属频道	竞争力指数(%)
1	《同一首歌》	中央电视台三套	7.2
2	《新闻联播》	中央电视台一套	6.2
3	《超级女声》	湖南卫视	2.1
4	《焦点访谈》	中央电视台一套	2.1
5	《快乐大本营》	湖南卫视	2.1
6	《今日说法》	中央电视台一套	2.0
7	《天下足球》	中央电视台五套	1.6
8	《非常6＋1》	中央电视台二套	1.6
9	《幸运52》	中央电视台二套	1.6
10	《星光大道》	中央电视台三套	1.3

　　从前十名的排行情况可以看出：娱乐节目占据了半壁河山。由此可见，娱乐节目其娱乐的功能，使观众可以享受到轻松和愉悦，因此为受众所青睐。娱乐节目是目前电视上最常见的一种节目形态，它通过一定的中介形式和大众参与，在相互交流中形成一种娱乐的氛围。

　　享受快乐是人们收看电视仅次于了解信息的第二大原因，也是电视本性的回归。当人们开始变被动收看为主动参与的时候，电视娱乐节目满足了人们的这种需求，因此受到大众的欢迎。《超级女声》等一系列娱乐节目的火爆登场无疑证明了这一点。在电视界，出现湖南卫视这样靠一个娱乐节目最终改变一个电视台的形象，并且创造良好经济效益和社会效益的现象也就不足为奇了。娱乐节目的优势和影响由此也可见一斑。

第一节　电视综艺娱乐节目概述

一、电视综艺娱乐节目的界定

　　"娱乐"一词，在《现代汉语词典》里的解释是使人快乐；快乐有趣的活动。游戏娱乐是人的天性。人们需要一种轻松和娱乐，以形成对工作劳动的调剂和补偿。早有艺术产生于游戏（娱乐活动）一说，而电视的出现，为娱乐的发展提供了一个最好的载体。

　　究竟什么是电视娱乐节目呢？

　　电视娱乐节目就是指通过电视媒体传播的，大众广泛参与的，以审美性、娱乐性、观赏性和趣味性为突出特点的电视节目。在这一大的节目形态概念界定下,电视娱乐节目可以体现为以观众观赏为主的综艺晚会型节目;在与观众相互交流中形成娱乐氛围的益智型节目;有特定规则的,以竞技竞赛项目为核心的游戏型节目;也可以是有一定情境设计的、以纪实手段完成的真人秀节目;还可以是满足观众的表演欲望并为其提供舞台的表演秀型节目。

由于综艺娱乐节目的类型多种多样,因此,关于电视综艺娱乐节目定义的表述也是多种多样。

◎ 电视综艺节目是"集音乐、歌舞、小品、戏曲、杂技等多种文艺形式于一体,在一定的时间长度内按照特定的主题或线索,采用主持人现场串联、字幕串联、现场采访等方式,运用视听语言,将现场演出用电视化手段、传播的时效性、新闻的纪实性、文学艺术的表现性融为一体,具有娱乐、趣味、知识、宣传、审美相结合的特点。"[1]

◎ "电视综艺娱乐节目是以娱乐大众为目的,运用各种电视化手段,对各种文艺样式以及相关可提供娱乐的内容进行二度加工与创作,并以晚会、栏目或活动的方式予以屏幕化表现的节目形态。"[2]

二、电视综艺娱乐节目的发展轨迹

梳理中国综艺节目的发展脉络和历史轨迹,业内人士将其发展大致分为四个阶段,即"表演"、"游戏"、"益智"、"真人秀"四个发展阶段,但这四个阶段是相互交融在一起,并未有十分明晰的界限,只不过一段时间有一定的代表性栏目而使某种特征更加明显一些而已。

从其发展源流来看可分为以下几个阶段:

1. 电视文艺节目阶段

我国最早的电视娱乐节目是存在于文艺节目中的,当时由于电视节目市场还不完善,节目品种也比较单一,文艺节目就成为娱乐大众的主要节目品种,文艺节目并没有细分也没有实行专栏化和栏目化,娱乐节目出现在晚会中或成为某些文艺节目中的点缀品。这些不定期播出的内容,形成了早期电视节目的主要娱乐成分,如相声、小品、哑剧、评书等。

2. 综合性文艺节目阶段

随着电视节目的不断发展,电视文艺节目开始向栏目化发展,综合性文艺

---

① 赵玉明、王福顺主编:《广播电视词典》,北京广播学院出版社 1999 年版,第 133 页。

② 胡智锋主编:《电视节目策划学》,复旦大学出版社 2006 年版,第 93 页。

节目逐渐取代了单一性的文艺节目,开始在各个媒体以专栏形式按期播出,这个时期的代表作是中央电视台的《旋转舞台》《综艺大观》《正大综艺》。1990 年 3 月开播的《综艺大观》以"真情温馨、娱乐百姓"为主题风格,运用现代电视手段,综合了各艺术门类的娱乐特征。一度拥有自己的受众群体,掀起了一股综艺热潮。1990 年 4 月 21 日中央电视台开播了《正大综艺》,当中国刚刚开始了解外界的时候,是《正大综艺》将国人的眼光引向了世界。18 年来这个栏目看世界的脚步从没停止过,始终给观众带来外面世界的新奇和独特。它的创意模式为以后若干年的综艺节目树立了一个相当成功的电视模本。可谓是电视娱乐节目的先行者。20 世纪 90 年代到 90 年代初期是综艺节目形成、发展和成熟的主要历史阶段。

3. 综合性游艺节目阶段

20 世纪 90 年代中期,综艺节目在发展中又衍生出新的节目形式——综合性游艺节目。为了增加节目的趣味性、娱乐性,策划人在节目中添加了很多有关智力、游戏和竞猜的内容,而减少了其中的文艺表演的分量。这个阶段出现了综合性文艺节目和综合性游艺节目并存的状况,这个时期最有影响的代表栏目当数湖南经济电视台的《三七二十一》、江苏卫视的《非常周末》、北京电视台的《欢乐总动员》和湖南卫视的《快乐大本营》,这些节目掀起了一股快乐旋风。诞生于 1997 年 7 月 11 日的《快乐大本营》,在 1998 年 10 月即荣获第十六届电视金鹰奖。《快乐大本营》以其全新的样式,轻松、自然的风格和极强的娱乐性、参与性而迅速走红。其迅猛的发展势头使湖南卫视拥有了电视湘军的称谓。几年来《快乐大本营》以明星、博彩、游戏、竞技制造了一个大众狂欢的氛围。约翰. 费斯克在《电视文化》中谈到,电视游戏节目使人愉悦的三个原因就是:社会凝聚力、认同感和安慰与鼓舞的作用。因此,综艺游戏类节目一经推出就家喻户晓,受到广大电视观众的喜爱,获得了良好的社会效益与可观的经济效益。

4. 益智类综艺节目阶段

由于节目模仿的痕迹比较明显,节目的个性特征逐渐淡化。在学习港台的娱乐节目时是全盘照搬,包括游戏规则、进行方式,甚至连说话的腔调都照搬照套。个性特点的消失使策划者不断反思并且寻找新的创意,于是一个新型的节目形式——益智类综艺栏目就产生了。1998 年 11 月,央视二套推出了由李咏担当主持人的《幸运 52》。这是一档在借鉴国外同类节目形态(由英国 BBC 制作的《GOBINGO》)的基础上,根据中国观众的欣赏口味加以本土化改造的新型节目样式。开播后不久,《幸运 52》以其新型别致的节目形态、别具一格的主持风格、知识性与娱乐性融为一体等特点,赢得了社会与观众的喜爱。2000 年 7 月,央视二套又在周末晚间黄金时间推出了由王小丫主持的另一档益智类综艺节目《开心辞典》。开播不到半年,栏目收视率呈不断上升态势。此外,还有上海的《财富大考察》也深受观众喜爱。这个时期的特点:一是增加了节目竞技的知识性,更多注重节目内容的智力竞争,主持人的形象也更知性,同时淡化了名人效应。二是后期的综艺节目博弈色彩渐浓,智力抢答赢大奖、现场抽奖、幸运观众的抽取等环节的设置,使节目极具诱惑力,观众的参与感明显加强。

5. 真人秀节目阶段

进入 21 世纪,真人秀节目在各卫视频道频频出现。

"真人秀",泛指由制作者制订规则、由普通人参与并全程录制播出的电视竞赛或游戏节目。这种始于荷兰的新型电视节目形态,如今仍火爆风行于欧美各大电视台,收视率屡创奇迹,成为各家电视台屡试不爽的"杀手锏"。曾引起较大轰动的"真人秀"电视节目有:《老大哥》(BIG BROTHER,荷兰、德国、澳大利亚、丹麦、美国等)《生存者》(美国 CBS)《诱惑岛》(TEMPTATION ISLAND,美国 FOX)《阁楼故事》(LOFT STORY,法国)《硬汉》(TOUGH GUY,德国)《美国偶像》(AMERICA IDOL)等。

《生存者》是前期中国电视"野外生存挑战"类"真人秀"节目的主要蓝本。

2000 年,广东卫视推出了我国第一个电视"真人秀"节目《生存大挑战》,吸引了众多观众的眼球。尽管"真人秀"登上中国娱乐舞台的时间不长,仅有七年左右的历史,但中国电视的"真人秀"节目形态已从单纯模仿进入到引进模式和自主设计相结合的阶段。从 2000 年《生存大挑战》后又陆续出现了许许多多的真人秀节目,比如《超级女声》《我型我秀》《加油!好男儿》《舞林大会》《创智赢家》等等,都在荧屏上占据了一定的收视份额。

如果说《超级女声》是造就一个明星,《创智赢家》则是选拔一个 CEO,100万的创业资金无疑是一个极大的诱惑。由上海东方卫视、第一财经以及瑞安房地产联合主办的《创智赢家》——全国青年创业精英大赛,在 2005 年取得不俗的收视效果后,2006 年的参与者依然为数不少。这是中国第一个以创业为主题的才智真人秀。《创智赢家》被新闻界业内评价为"中国电视史上第一个财经真人秀"。真人秀节目的风行成为 2005—2006 年电视综艺节目的一个特点和电视节目发展进程中的一个亮点,也是各大电视媒体争夺市场的一大利器。

真人秀节目发展到现在,已不仅仅是秀才艺,而拓展到秀表演、秀美容、秀新娘、秀装修。北京卫视的《红楼选秀》、中央电视台的《我的长征》,都开启了真人秀节目的新篇章。竞争的加剧带来了创意的繁荣。湖南卫视、东方卫视在《超级女声》《舞林大会》取得不俗的收视成绩后,也在 2006 年岁末和 2007 年初又推出了《名声大震》《非常有戏》栏目。节目的卖点就是让明星不再以明星的身份出现,而是更多展示自己在非常态下的真实一面。

三、电视综艺娱乐节目的分类

在中国电视综艺节目走过的十多年岁月中,我们可以看到综艺节目已经由单一的晚会型发展到现在的多元化的发展格局。节目的样式、风格也在不断的更新和发展中。从受观众欢迎的栏目中,我们也清楚地看到:中国的电视综艺娱乐节目在借鉴一些外来的优秀电视节目形式的基础上,结合了一些本土化的元素,使节目的前沿娱乐理念和百姓的欣赏习惯有机的结合起来,取得了不俗的收视效果。据央视·索福瑞调查,2005 年中国综艺娱乐节目制作总量为6.08 万小时。而且由于《超级女声》《梦想中国》等综艺娱乐节目的兴盛,这类节目已经成为电视台赚钱的利器。据悉,全国综艺娱乐节目当年的广告总额达到了 230 亿元。

电视综艺节目是指电视的综合娱乐节目,它涉及的内容广泛,凡娱乐艺术的内容无所不包。综艺节目是所有节目中娱乐价值最高的节目,由于它形式多样,内容丰富,时代感强,而深受观众的青睐。娱乐节目的样式多种多样,按照播出样式,我们大致可以把电视综艺节目分为两类:电视综艺娱乐栏目;电视综艺文艺晚会。

1. 电视综艺娱乐栏目

由于观众对文化艺术的理解和需求不同,也就使得综艺节目表现形式呈现多元化并存的特点。无论是益智类、娱乐类还是游艺类栏目,除了能让观众得到轻松地享受以外,其中信息的传递既是电视的基本功能又是满足观众求知欲的重要手段。栏目是电视综艺节目存在的主要形式。按照栏目的界定,它有固定的播出时间、固定的长短、固定的节目主持人和固有的模式。在栏目的范畴下,娱乐节目的策划就要有其固有的特点。以栏目方式出现的综艺娱乐节目又可以细分为:娱乐资讯类、综艺游戏类、益智类、真人秀类娱乐节目。

娱乐资讯类节目,如《中国娱乐报道》《娱乐无极限》栏目采用娱乐化新闻、全球化视角,创新的风格及市场化运作这几大元素来经营,已逐渐成熟。每天都会为观众报道大量的娱乐圈新近发生的新闻事件和人物专访,用轻松的手段报道娱乐界的新闻节目。

益智类综艺栏目让人们在娱乐的同时获取知识,如《幸运 52》《开心辞典》就实现了让观众在轻松愉快的氛围中获得了大量的知识和信息的目的。

综艺游戏类栏目,湖南卫视 1997 年 7 月 11 日开播的《快乐大本营》是游戏类娱乐节目的代表,随后各地省级卫视和城市台在短时间内纷纷上马以"游戏"为内容的综艺节目,其中较为有影响的有:《欢乐总动员》(北京台)《非常周末》(江苏卫视)《开心 100》(福建东南台)《超级大赢家》(安徽卫视)等等。综艺游戏类栏目内容全面游戏化,主持人的明星化,以及观众的的参与,都成为吸引受众的看点,也实现了娱乐从功能到本体跨越的重要一步。

2. 电视综艺晚会

这类节目按其性质来分,可分为节庆文艺晚会、专题文艺晚会、行业性文艺晚会。表现方式多以舞台表演为主。比如大型歌会、青年歌手大赛、主题晚会、颁奖晚会等等。最具代表性的当属中央电视台创办于1983年的《春节联欢晚会》。这类节目晚会气氛浓郁,有很强的表演性和主题性。这类节目是20世纪80年代到90年代最为普遍的一种节目样式。几乎所有的电视媒体都在节日、纪念日举办相关的主题晚会,对于营造节日气氛、扩大媒体影响起到了不小的作用。

四、电视综艺娱乐节目存在的问题

近年来,电视娱乐节目越做越多,越做越火,丰富了荧屏,给老百姓也带来了许多欢乐。但与此同时,由于过分追求收视率,想尽办法吸引观众眼球,一些节目也因"品味不高、内容低俗"受到越来越多的批评。无庸讳言,发展中的电视综艺娱乐节目在经历了它的起步阶段后,也存在一些问题:

1. 形式雷同,克隆明显

一档节目出现猜词秀、明星脸、传话这样的环节时,在紧接其后的一两周内就会看到相同的内容形式在其他卫视频道出现。在这类节目的策划中,没有找到节目的创新点。没有创新就没有发展,电视娱乐节目的内容贫乏、形式单一,互相模仿和克隆的现象也愈演愈烈。这也是导致娱乐节目陷入困境的原因之一。综艺节目出现结构雷同,手法单调,缺乏个性的现象,给人以大同小异、千人一面、千篇一律的感觉。往往是一档栏目成功,就模仿者如云,"克隆"成风。这里借用一篇批评文章的说法:"目前的综艺节目多奉行'拿来主义',有的直接引进,有的移植过来。"从目前电视综艺节目的总体情况而言,根本上是因为一些编导人员缺乏生活,闭门造车,脱离群众与现实以及创造力贫乏。群起而上的结果,不但使得原先较为优秀的节目之个性消失在众多的模仿者中,而且各个电视台也在互相的竞争、观众的争夺战中两败俱伤,既降低了节目的档次,也造成了资金上的浪费。

2. 缺少文化,形象不佳

一些节目没有精品意识,节目制作粗糙,格调不高。节目中低级、流俗的语言时有所闻,格调不高的游戏也时有上演。节目中人物的造型、语言有盲目跟风的感觉,不规范的遣词造句比比皆是。随着综艺娱乐节目数量的增多,为了争夺观众手中的遥控器,一些节目便挖空心思,制造一些刺激性的话题和危险出奇的游戏来吸引观众。搞笑、贫嘴、起哄的节目时有所见。娱乐低俗之风也引发了人们对媒体社会责任的思索。的确,娱乐节目作为一种面向大众的通俗文化,应该提倡健康发展,担负起引导和提升大众审美情趣的责任,而不应该一味追求收视率。观众需要的是有创意、有个性,能体现一定文化内涵的节目。缺少文化、缺乏品位的娱乐节目是没有生命力的。

2005年,中国广播电视协会播音主持委员会在北京举行的"珍惜受众信任,树立健康形象"主题座谈会上,发出了倡议书,号召抵制广播电视文艺娱乐节目低俗之风。娱乐节目的低俗之风主要表现在三个方面:首先是文艺娱乐节目主持人的素质良莠不齐;其次是文艺娱乐节目的策划定位出现偏差;此外各地广播电视台对于怎样处理媒体社会责任和收视率、收听率等经济效益的问题把握不一。因此,代表们认为,文艺娱乐节目主持人时有发生的媚俗、低俗行为是当前电视节目调整发展中出现的大问题之一,而一些媒体忽视社会责任,片面追求收视率、收听率等短期经济效益则是目前文艺娱乐节目媚俗、低俗之风的根源。对于节目庸俗化问题要做到通俗而不庸俗,风流而不下流。首先娱乐节目绝对不能庸俗化,因为大众传媒一定有自己的责任感;其次,每一位编导在追求最高收视率的同时也应该有责任感;再者,编导和媒体都应该有品位,我们是引导者,媒体的导向和媒体工作者的导向作用巨大。传播学有一个著名的说法:大众是什么?大众就是一群绵羊,你让它从哪儿走,它就从哪儿走。从这点上说,导向的责任巨大。

2006年11月,国家广电总局召开"全国广播电视抵制低俗之风工作会议",明确表示要对全国电视荧屏的低俗之风进行"清理",要对一些格调不高的综艺娱乐节目、谈话节目、地方栏目剧动手术,要求媒体不能只要收视率,放弃正确引导;不能赢了利润,输了责任,要在导向把握上、节目品位上和主持人外在表现形式上下功夫,抵制屡禁不止的低俗之风。

3. 低俗成风,缺乏审美

节目为娱乐而娱乐,为搞笑而搞笑。娱乐、搞笑与文化不能有效地融合,让人没有回味的余地,缺乏智慧和想象空间。电视的功能的确具有通俗性的一面,这是由它作为大众传媒的性质决定的,但是,必须强调,通俗化与庸俗化或低俗化有别,娱乐性也显然不等同于一味媚俗。就节目特性而言,娱乐节目首先应具有娱乐的性质,理应包含观众乐于接受的轻松与愉快。娱乐是有底线的,这条底线应该是在中国传统文化许可的范围之内,观众又能够形成共识的道德水准之上,才是可行的。这条底线要求我们的娱乐方式不能违背国家、社会、民族的利益,不能低俗下流。综艺娱乐节目在理论上最大的贡献,是开启了娱乐"从功能到本体"跨越的重要一步,节目理念开始向电视本体美学转变。在此之后,"娱乐"成为除新闻类节目之外各种类型化节目生产的自觉追求,为中国电视文化深深打上了"娱乐"的印迹。但娱乐性并不等于文化的缺失,更不是趣味的低俗。娱乐节目必然要蕴含着一定的价值导向和审美取向,蕴含着一定的社会责任和教育功能,即使是纯粹的娱乐,也一定会触及到精神层面和价值取向,没有精神支撑的娱乐,单纯的为娱乐而娱乐,是不会有长久生命力的。没有核心价值观作为支撑,任何节目都会后继乏力的。

4. 强调刺激,追求收视

凡事都是过犹不及,过分强调娱乐,追求收视会使电视娱乐节目中文化的认知功能、教育功能甚至审美功能都受到一定程度的抑制。

2005年,中央电视台首次提出了"绿色收视率的概念",这是在一些电视媒体为追求收视率盲目跟风、节目泛娱乐化甚至低俗化的大环境下提出的。这表明了中央电视台作为一个国家级大台杜绝媚俗和迎合,坚守品位,抵制低俗,有效体现节目的思想性和导向性的立场。

"绿色收视率"就是努力提高收视率和收视份额,确保国家主流媒体对观众的影响力和对舆论的引导力,有效体现节目的思想性和导向性,同时,又要杜绝媚俗和迎合,坚守品位,抵制低俗,实现收视率的科学、健康、协调、可持续增长,增强中央电视台的权威性、公信力和品牌价值。

中国人民大学舆论研究所所长喻国明教授指出:"随着娱乐节目爆炸,使人们的收视选择日益平均化的趋势下,收视率的大小这类'量化'指标会变得意义不大,而节目的'质化'指标就日益显得重要起来。谁在今后的发展中更加重视节目的'质化'指标,谁就有可能在充分自觉的基础上实现节目的更生、创新与突破,并进而实现其可持续发展。"过分追求收视,强调刺激会大大降低节目的品位。

5. 博彩成分过重

大奖的诱惑使很多人对娱乐的本性有所忽视,而将注意力集中到大奖的赢取上。高额的奖品和奖金,从表面看来似乎只是为了增加娱乐节目的刺激性,而实际上是把一些娱乐节目的侧重点调了个位置,加大竞猜得奖成分的比重,缩小了娱乐成分的比重,并且由于创意、制作的技术的局限,使娱乐节目内容浅显、直白,没有内涵和幽默意识。从而导致节目缺乏感染力和影响力。

在梳理了当前综艺娱乐节目出现的问题和不足后,我们在策划综艺娱乐节目时,要明确提升娱乐节目的文化品位是媒体的社会责任。电视是一个文化平台,是精神产品的生产者。它的责任就是满足观众精神需要和提升情感要求,这也是电视人应有的职业道德。那种打着满足受众的需求旗号去创造庸俗的娱乐,甚至制造低俗的娱乐节目是应该严格规避的。

作为策划人，要明白媒体引领社会风尚的责任不能改变也不能削弱。首先，任何电视节目都不能庸俗化，其次，娱乐节目应该通俗化。不能为了搞笑而搞笑，更不能在娱乐类节目中以整人，甚至是恶意的整人为目的。当电视台将收视率作为衡量节目优劣的惟一标尺，将盈利收入作为评价电视台整体实力的主要指标时，观众的注意力就成为各家媒体、各个电视节目所追逐、利用和开发的资源，而对付观众最廉价、最轻松的手段必然就是娱乐化。因此，对一个节目的评价体系应该不仅仅是收视率，而应该包括欣赏指数调查法、专家调查法、节目的影响力等多种方式。

美国社会学家尼尔波兹曼面对电视过度娱乐化的现实，发出了振聋发聩的批判："娱乐至死"。希望"娱乐至死"也能够成为中国电视娱乐节目长鸣不绝的警钟。

第二节　电视综艺娱乐节目策划要点

1990年3月，央视推出了内地第一台真正意义上的综艺节目——《综艺大观》，这台节目改变了观众只能在春节晚会上看到许多明星的状况，成为中国综艺节目史上的一个标志性栏目。随后在《综艺大观》的基础上，又推出了《同一首歌》《欢乐中国行》等节目形态。然而，随着电视节目竞争越来越激烈，观众已经不能满足于仅仅坐在台下，而是希望走上过去只有明星才能登上的舞台，于是诞生出《快乐大本营》等一系列强调明星和观众互动的节目。近年来，观众渴望在媒体上表现自己、表达自己的欲望进一步增强，打造平民偶像的各类真人秀节目也纷纷出现在屏幕上。中央电视台编导王烨把内地综艺节目的发展归结为三大阶段，并以三档节目为代表："《综艺大观》为什么会火？就是因为有明星在上面唱；《快乐大本营》为什么会火？因为明星可以带着观众在上面表演；《非常6+1》为什么会火？因为观众也可以上台演。"比较形象地反映了娱乐节目的几个发展阶段。

湖南卫视的《快乐大本营》最早带动了全国电视的"娱乐"风。北京有线电视台开播的《欢乐总动员》，也先后被全国近40个城市的电视台引进播出。北京电视台和北京光线电视策划研究中心联办的《中国娱乐报道》，也在全国100多个电视台播放。央视推出的《非常6+1》《幸运52》《开心辞典》《挑战主持人》等节目，台湾吴宗宪主持的《我猜我猜，我猜猜猜》、蔡康永和徐熙娣主持的《康熙来了》、湖南卫视的《玫瑰之约》、浙江电视台的《超级大赢家》等等，都成为周末电视节目的主打内容。面对众多的娱乐节目，观众是褒贬不一。有人认为传统文艺节目已经不能满足观众多层次的需要,而娱乐节目特有的新鲜、轻松、参与带给了观众愉悦的心情和不一样的感觉。也有人认为节目游戏有余,文化不足,缺乏知识含量,有些甚至庸俗不堪。要么是拿主持人调侃,要么是拿明星开涮,故意制造尴尬场面等极尽俗套之事。但有一点观众的看法和观点是一致的,那就是人们从中获得了快乐。这也是娱乐节目成为观众收看电视的主要原因之一。因此节目策划人在节目的策划中就要穷其智慧,进行策划制作。

一、栏目类综艺娱乐节目策划要点

(一)增加观众的参与性

观众的参与是娱乐节目成败的关键,娱乐节目缺少观众的参与就不能称之为娱乐节目,充其量只能算是节目制作者的自娱自乐。随着时代的进步和发展,人们的参与意识越来越强,表现自我,挑战自我的意识日趋增加,他们希望更多的人关注他们,接受他们,理解他们,娱乐节目就给了他们一个展现自己的舞台和机会。现在的娱乐节目参与者由原来的明星参与转变为大众参与,人们意识到电视上娱乐游戏不仅仅是明星的专利,作为普通人也能参与其中并有上佳的表现。因此,在娱乐节目的策划中要增加节目的平民色彩,加大大众的参与机会。尽可能开发电视的娱乐功能,实现电视节目本位的回归。这类节目收视率的提升无疑是对这种策划方式的认可与肯定。

在综艺节目中,电视观众的参与分为两个层面:现场观众的参与和电视机前观众的参与。观众不仅仅只是观赏者,而且还是参与者,传播者和观众之间采取的是“面对面”式的交流方式。综艺节目中常见的邀请现场观众与嘉宾同台演出、游戏和竞猜,采取现场采访、电话连线观众、当众抽奖等等做法都大大增强了节目的现场感和参与感。这种由参与所带来的媒体与观众直接对话形成了电视综艺节目开放性的特点。

(二)发挥主持人的作用

主持人的形象不仅仅是外貌、长相和与装扮等外在的形式,而应当是外观形象、气质形象、声音形象、人格形象的综合统一。主持人要具有鲜明的个性,而且这种个性要与节目的风格、定位协调一致。观众对主持人的认可是节目成功的重要因素。就像在《开心辞典》中人们认可王小丫,在《幸运52》中人们认可李咏一样,节目主持人的变换可使一档不错的娱乐节目寿终正寝,也会使一档名不见经传的节目起死回生,这样的例子也屡见不鲜。所谓成也萧何败也萧何。主持人的素质在很大程度上决定了节目的质量,每个主持人都应该知道自己对受众对社会是有影响的,在一定程度上是有楷模作用的。主持人需要深厚广博的文化素养来支撑自己，提升节目的品位。主持人要始终保持愉悦的临场状态，随机应变的兴奋情绪，通过机敏活泼的对话，挥洒自如的才情展示在节目中，起到红线串珠的作用。当然在节目中主持人的真诚与质朴能缩短与观众的心理距离。有些主持人仅仅只注重形式，形式很花哨，一说主持综艺类，就打扮前卫，音乐也很嘈杂，听众觉得闹，没有收到好的效果。主持的节目格调偏低，语言有时候也比较粗俗，所以社会影响也不好。主持人应该是多才多艺的，语言幽默活泼，应该尽量的能够把嘉宾名人的平常事、奇事、欢乐的和痛苦的回忆挖掘出来。主持人要会煽情，不仅会引出眼泪，更应该引出笑声，能引出笑声的主持人可能是综艺节目主持人的更高的要求。另外，娱乐节目的节奏比较快，要求主持人的语速相应也较快。启承转合之间要干净利落，一语中的。在几个主持人同时主持时要掌握快中有慢，慢中有快的节奏，合理安排各自的角色。主持人要依据现场动态，做出生动得体的即兴发挥，其作用是强化主题、烘托气氛、沟通交流、引发共鸣。主持人是否善于即兴语言创作，对于综艺娱乐节目的成败优劣，显得十分重要。

(三)强调电视语言的综合运用

电视艺术是一种视觉艺术，娱乐节目更是如此。因此在节目的包装和形式的设计上，要考虑受众的感受和欣赏习惯，因为一切技术手段和外在包装都是为了最后的屏幕效果。为了将电视娱乐节目以更好的方式体现出来，就要调动灯光、音响、特技等手段，最大限度地在屏幕画面中提供多种信息，帮助观众了解节目的内涵，获取更多的信息。比如在节目进行中增加人物的画面背景介绍，现场中人物的特写画面，营造气氛的灯光、音响、场景的布置等都会为节目增光添彩。在场景的设置上要实现观众与主持人、嘉宾的沟通交流没有障碍。距离感会伤害观众的参与意识。所以演播室的布置、节目形式的包装、节目制作上的特技运用，数字技术等等都会为节目增光添彩。

(四)增添节目中的情感因素

不论是谈话节目、新闻节目或者是纪录片、专题片，都要探究人们心理状况，达到以情动人的效果。在娱乐节目中也不例外，只不过这种情感是通过人们在收看节目和参与节目时获得的一种精神愉悦表现出来的。包括人们对两性关系的关注，对幽默的偏爱，对违背常规现象的好奇等等。一些奇异功能的展示都会引起人们的关注，因为它打破了常人的思维定势，给人一种全新的感受，使人们感受一种莫名的兴奋。因此也成为娱乐节目策划中策划人需要考虑的一个重要因素。在2006年国庆期间，湖南卫视围绕"青春、时尚、靓丽"的特点，推出了《快乐成双》特别节目，特别策划的《快乐成双》是一次双胞胎的聚会，通过双胞胎们外貌的相似、心灵的感应、共同生活的点滴故事,让观众享受新鲜与快乐。每场都有不同的主题,通过双胞胎的才艺展示,从心灵、智慧、形象和表演方面选出最受人喜爱的双胞胎明星。而评委也清一色的是双胞胎。加上恰逢国庆、中秋期间,所以在红红火火的热闹气氛中,营造了"快乐加倍、好事成双"的节日氛围,这个策划的确有新意、有突破。

(五)把益智性和趣味性结合起来

随着社会的发展、电视的进步,人们对娱乐节目的需求从单纯的娱乐转为在娱乐中受益,观众可以在娱乐节目中获得愉悦,这种愉悦包含精神上的愉悦,如获得知识的愉悦,参与的愉悦、得到物质奖励的愉悦。中央电视台的《开心辞典》等栏目将知识与娱乐很好的结合起来,通过设置"家庭梦想"等形式,将知识就是财富、亲情与爱心的理念贯注到节目中。《幸运 52》——剥离博彩性质,打破娱乐类、知识竞赛类节目界限,将游戏与知识普及有机融为一体,打造央视第一个场内外互动的益智性娱乐节目。开播以来,该节目始终坚持益智节目的基本定位,通过知识问答等寓教于乐的形式,普及经济知识,唤起群众对自己身边的经济现象的关注,节目因此获得了广大电视观众的喜爱和充分肯定。新颖的创意功不可没。

(六)突破传统节目的形态

节目形态往往要涉及很多的因素,而策划就是要将这些因素进行反复的比较和量化分析,最后使形态能够达到一个节目设定的目标。电视娱乐节目的多元格局已经形成,各种类型的节目都享有一定的收视份额,不可否认,在某一时期,总有一些强劲的节目形态占据着统治地位,极大程度上影响人们的收视取向和趣味,成为一种时尚。一些打破常态的节目创意可以给节目带来新的生机和活力。主持人艺人化,节目环节设置的科学化,人性化,新媒体和新技术结合到节目改变节目形态等都突破了原有的形态,呈现出新的创意。创意是对艺术的独到追求,是新的探索,是标新立异,是新的发现,新的视角,也可以是一种新方法的使用,还可能是传统方法的新组合。作为一档栏目而言,不可能每次都有全新的创意,采用大框架不变,具体内容、形态常变的方法是明智的选择。栏目里的小板块可以根据策划人的创意和观众的反馈进行不断的调整。这些小变化体现了时尚的潮流,每一次的变化都会给观众耳目一新的感受,成为吸引观众的一大亮点。随着人们观念的更新,口味的变换,娱乐节目总是在各种形式中变换。这些新的变换和改变都会让人耳目一新。所以只有大胆创新,超越自我,突破旧有的形式,开创新的审美风格,才能引起观众注意,取得真正成功。

二、晚会型综艺娱乐节目的策划

(一)要有鲜明的主题

主题是晚会的基调和灵魂,主题确定下来后,接下来的操作就能做到有的放矢。比如春节联欢晚会,每年都有一个主题。主题确定下来以后,围绕主题选择的节目就会紧扣时代的脉搏,有时代性、贴近性。2007年春节联欢晚会的主题是"传世盛典,活力中国"。今天的中国充满活力,各项事业蒸蒸日上,而春节联欢晚会的目的之一就是要展现这一特点。从火热的时代生活中提炼出反映中国活力的节目,向世界展现中国的活力。一般说来,特定节目的晚会主题范围比较明确。如十一、五一、教师节、记者节等等都有相对应的主题。而优秀电视晚会则无不负有传递时代音符、宣泄社会情感、营造节日气氛、满足群众娱乐、传播文化信息、进行文化熏陶的目的和使命。

(二)视听结合,增强节目的可视性

充分调动现代电视的技术手段和艺术手段,将各类节目有机的组织串联起来,利用多元化的电视艺术语言、声音、画面、造型、镜头、绘画、特技、文字等因素为电视综艺文艺晚会带来全新的视觉享受和想象空间。2006年杭州的"休博会"开幕式文艺晚会围绕"休闲"主题,通过艺术化手段展现了"山水浙江、诗画江南"的"东方休闲之都"的魅力,突出做好"水"的文章。在湖面上构建一个立体可变式的景观表演区,通过灯光、布景的巧妙结合,利用水面的反光作用,使表演区更加五彩缤纷,同时采用大色块变化的手法,凸显现场的画面感。声、光、电等现代化技术手段的综合运用使整台晚会呈现上佳的艺术效果和视觉效果。很好地体现了"人间天堂"的独特意境。文化部的春节晚会则赋予音乐形象于视觉形象,视觉形象不仅仅靠舞伴歌来创作,而是通过有意味的创意,比如说,布景、道具、服装等形式来赋予音乐于视觉形象。

(三)庆典晚会要有仪式感、兴趣点

庆典要讲究隆重热烈,就是说让所有的每个人在观赏参与晚会当中,都有进入盛典的庄严感。春节晚会已经成为一个新民俗,在这个仪式感很强的节日里,节目的策划上就要有一定的仪式感,使这一独特的文化景观不断融入时代文化的信息,不断提高节目的审美趣味。让人身在其中能够产生发自内心的融入感、归属感,从而增强民族的凝聚力和自豪感。一般情况下,常态的"综艺"以栏目呈现,定期播出;而晚会是综艺的非常规形式,在特定的时令与时机才制作播出,相比常态,晚会更具"仪式性"特征。在美学理论中有"仪式性效应"一说。春节联欢晚会能否触摸到集体深层心理,是获得广泛社会感应的重要标尺。它

所散发出来的强大的现场感应力,宛如加入一个除旧迎春的集体仪式。这台具有象征意义的晚会正是迎合了人们的这种审美心理。维也纳新年音乐会,和我们的春节联欢晚会一样,也有一个"仪式感"。喜庆的金色大厅摆满了鲜花,盛装出席的观众面对的是耳熟能详的维也纳爱乐乐团的演奏,唯一不同的是年年翻新的曲目和来自世界著名乐团的指挥。但有两首曲子是必定要演奏的,那就是《拉德斯基圆舞曲》和《蓝色多瑙河》。维也纳的新年音乐会的历史远远要比我们悠久,没有人产生审美疲劳,大家都把聆听这台有象征意义的新年音乐会,当作除旧迎新的一个仪式。现在,看春节联欢晚会已经成了人们的"精神年夜饭",它不仅给忙碌一年的人们带来欢乐,更重要的是全球的华人也通过这一晚会在歌声、笑声、祝福声中走进新年。

在节目的策划中要充分调动现场观众和电视观众的情绪,使观众不但能置身其间,而且得到一定的情感满足。也就是要设置兴趣点,要有足以引起观众心理刺激的因素,策划中要充分利用电视的表现手段,有意识的制造兴趣点,使观众集中注意力,做到晚会有重点、有新鲜点、有节奏点。拖沓、乏味的晚会是不会取得好的传播效果的。在节目的表现方式上,营造视听冲击点来吸引观众,保持一个良好的收视兴趣不失为好的创意方式。

(四)加强直播

加强直播以增强现场感与参与性。现场直播性是电视独特的传播优势。它使观众零时间、零距离感受了晚会现场的气氛,观众的现场感和参与感明显加强,节目的感染力也会大大增强。首先自然是电视的直播技术和手段的使用,这使综艺节目(尤其是综艺晚会)给每一个观众以身临其境的同步性与现场感。其次是电视的多时空自由表现。电视可以通过镜头的自由摇移,画面的分切组合等特技手段,在电视屏幕上进行自由的时空交错和重组,完全突破时空的限制,把最大的逼真感和最强烈的幻觉效果结合在一起,达到"抚四海于一瞬,观古今于须臾"(刘勰语)的亦真亦幻境界;再次是独特的电子切换剪辑技术的充分利用,使直播性带来现场感与参与性。

在综艺节目中,电视观众的参与分为两个层面:心理参与和亲身参与;或者说现场观众的参与和电视机前观众的参与。因为电视综艺节目的欣赏,不同于其他古典型、高雅型的纯艺术的欣赏,观众并不仅仅只是观赏者,而且还是参与者,传播者和观众之间采取的是"面对面"式的交流方式。这就要求综艺节目的表演与游戏等等内容要富有感染力,不仅感染现场观众,而且要让电视机前的观众产生现场参与感,虽然自己并不是现场的观众或嘉宾,但多少能通过现场的气氛、主持人互动交流的环节设置,使观众仿佛参与其中。在综艺节目直播中，常见的有邀请现场观众与嘉宾同台演出，游戏与竞猜，现场采访，外拍小组对正在收看节目的观众采访的同期直播等形式。

第三节　引进节目的策划创新

当我们劳累一天回到家里，打开电视，在通常情况下就不愿再看到一个所谓板着面孔的说教式的娱乐节目，更多的是愿意看到一档轻松活泼、让人一笑解千愁的节目。希望通过轻松愉快的节目能消除一天的疲惫。节目中幽默的元素会让人们回味无穷。我国的电视节目从 20 世纪 90 年代开始，对电视的娱乐功能进行了有效的开发。在处理教育和娱乐关系上也做了积极的探索。比如说将娱乐和益智结合起来的益智性娱乐节目，使人们在游戏娱乐中忘记自我，抛弃杂念，获得精神上的愉悦。

一、借鉴引进节目

在当今信息共享时代，依靠一个点子、一个技巧就可以制作出优秀的电视节目，并获得竞争优势的可能已经微乎其微。于是很多的电视媒体把研究国外电视节目制作规律，借鉴欧美等国的电视节目模式，并由借鉴发展到创新作为电视节目制作的选择。

过去，中国娱乐电视节目的 90％以上克隆海外电视节目。传统的模仿路径是：北欧——→美国——→日本、韩国——→中国台湾、香港——→内地。其中的一些节目模仿港台娱乐节目，但没有学到节目的精髓，诸如节目的编排技巧，制作理念等等，只学到了一些皮毛，显得不伦不类。娱乐节目对于我国电视媒体来说还处在一个探索发展阶段。台湾很多的娱乐节目是从日本学来的，但学来的时候本土化了，有了自己的个性。而我们的一些娱乐节目在学习港台的娱乐节目时是全盘照搬，包括游戏规则、进行方式、主持人的着装，甚至连说话的腔调都照搬照套。因此注定节目的存活期不会太长。很多的节目在模仿中丧失了自我，节目缺乏个性和特点，因此很多节目很快就沦为明日黄花了。在节目中如何体现自己的个性、特色，是娱乐节目要探索解决的问题。

提到娱乐节目不能不提到湖南卫视的《超级女声》。2004 年，"超级女声"被《新周刊》杂志的"2004 生活方式创意榜"评为"创意 TV 秀大奖"，这也是国内众多海选选秀节目中唯一获得此殊荣的节目。节目中那种长时间的"原生态"，苛刻的评委，以及心态微妙的观众构成了一个收视铁三角。这种大众自娱自乐的节目在国外早已盛极一时。美国的《美国偶像》、英国的《流行偶像》就是两档和

《超级女声》类似的节目。《美国偶像》在美国红火了好几年,居高不下的收视率让它成为福克斯电视台的福星。2003年,"跑调却自信、率真"的华裔选手孔庆翔就是在这档节目中一夜成名,连美国主流媒体《洛杉矶时报》也为他做专访;而在2002年节目中胜出的凯丽·克拉克森,如今已成为娱乐圈的新贵。《美国偶像》2002年在美国开播,在这个节目播出期间,没有一个节目的收视率能超过它。"美国偶像(American Idol)"是一个美国的平民选秀节目,是福克斯公司在英国系列电视节目"流行偶像(Pop Idol)"的基础上经过改编推出的真人秀电视节目,它要求参赛者必须是美国公民,年龄必须在16~24岁这个范围。到了2005年,参赛年龄限制才被放宽到28岁。冠军获得者的奖品就是一纸演唱合约。节目播出4年来,虽然舆论也是褒贬不一,但无疑受到了很高的关注。《超级女声》的灵感正是源于这个节目。它们的相似之处是,在中国的这个节目也是一个面向普通人的流行歌唱比赛,由三到四个专业评审给出评语,观众用短消息或电话投票;不同之处在于,"美国偶像"里,男女均可参加,而且获胜者自动获得一份演唱合约作为奖赏。另外美国的节目中没有给垫底的两人投票、淘汰掉其中一人的31位"大众评审",即没有引起广泛争议的PK环节。美国的节目也没有在决赛当中那样的两人合唱,而始终都是独唱的。就是这些环节的改变,刺激了观众的收视欲望,引发了大众的收视热情。

欧美真人秀节目近年来方兴未艾。《幸存者》把竞争者放入原始丛林,来考验他们与自然相处共生的能力。《老大哥》则把参与者放在封闭的室内空间,考察他们与人相处的生存技巧。《学徒》更是将选手们放入商业王国,考验他们在同样残酷的商业竞争中作为经济动物的生存能力。

我国的真人秀更多的是秀才艺、秀表演。2006年热播的《舞林大会》的最早版本要数2004年英国BBC(英国广播公司)电视台推出的《来跳舞》。该节目当时就邀请了英国一些著名的主持人和演员参加,跟职业的舞蹈演员配对,然后由现场的评委评分,加上观众电话投票,每周淘汰一对选手,最终决出胜负。最初选手们表演的舞蹈分两种:国标和拉丁舞,后来也加入了探戈等新的舞蹈样式。节目推出之后广受欢迎,欧美其他国家也不甘落后,在获得BBC授权之后,纷纷在各自国家推出"本地版"。澳大利亚、比利时、丹麦、德国、美国、西班牙等国都出现类似节目,而且节目名称多数都是《与星共舞》(Dancing with the Stars),这是一档明星竞技节目,由专业舞蹈家搭配一位明星(电视、体育、社会等领域的名人),通过6周培训,在连续8周的8场直播节目中现场对决,共同表演国际标准舞中各个类型的舞蹈,最后由观众投票选出冠军。美国ABC电视台2005年首播的第一季《与星共舞》平均每期吸引1700万人口,成为美国五年来收视率最高的夏季电视节目。东方卫视推出的《舞林大会》也取得了不错的业绩。

综艺娱乐节目有不同类别,有益智类的,有娱乐表演类的,还有一些是综合类的。办得成功与否,有时候不一定取决于栏目本身,它与当时的社会环境有关,比如说益智类栏目基本上借鉴于国外,这种栏目刚被引进的时候,它具有一种互动性,比没有交流的栏目或者纯表演的栏目、缺少观众互动的栏目更具有吸引力,因为观众本身也有一种参与意识,也很想加入到这种娱乐中来。所以,这一类栏目的兴起很快就吸引大家的眼球,但是这一类栏目随着时间的流逝,栏目本身的新鲜感丧失以后,就会逐步的失去部分观众。因此对于引进的节目如何创新,并在创新中如何发展,是媒体研究探讨的课题。

二、吸纳引进创新的模本

国外的娱乐节目推出的时间较早,节目的商业运作模式和对电视规律的把握也比较成熟。这些节目模式在其他国家已经有成功的经验积累。之所以有很多国家愿意购买成熟的节目模式,一个很大的原因是为了减少失败的风险。国外的电视娱乐业已经成型,每一个成熟的娱乐节目都是经过千锤百炼、市场检验的,直接搬过来,收视率就会有保证。从节目制作角度来谈,引进类的节目首先已经解决了技术上的问题,包括演播室、拍摄方法、灯光、道具、音乐、音响等等技术层面的问题。这就给引进者提供了很好的方案,这种经过播出考验过的方案显然是具有优势的。娱乐类节目都是有游戏规则的。引进的节目作为成功节目的样板,在规则上已经过了市场的考验。这就给节目购买者提供了很好的示范和借鉴。这种节目和原创的节目相比起来,显然也是有优势的。一档新型综艺娱乐节目的诞生与"克隆"有关;"克隆"还是综艺节目走向"火爆"的主要原因。但是节目之间抄袭成风,导致创意贫乏,节目创新举步维艰,这是众多综艺节目遭遇"滑铁卢"的根本原因。

"克隆"固然是消极的,但也要看到其积极的一面。中国电视综艺并非完全照抄照搬国外、港台的节目样式与运作模式,是在"克隆"中进行了符合中国国情的"本土化"改造,力争在"克隆"中有所改进,使节目符合中国本土观众的口味。在这个意义上,"克隆"国外模式并进行本土化改造成为节目创新的一个前提。在目前中国电视娱乐节目刚刚起步的阶段,学习借鉴港台和外国的一些节目样式无可厚非,但是一味模仿,不思创新却只能走入死胡同。中央电视台有很多火爆的节目都是对国外节目的引进和再创作。在借鉴和学习的过程中,有成功的案例,也有失败的教训。借鉴和学习不等于抄袭和克隆,只有结合国情进行"国情化"和"本土化",才能真正制作出符合我国传统文化要求和中国观众收视要求的电视娱乐节目。在节目引进和借鉴的过程中,一些成功的栏目不是对境外节目进行简单的抄袭和克隆,而是根据中外不同的民族文化心理、审美需求和道德观念等因素,借鉴境外节目中的某一种或几种元素,对节目进行开掘和提升,保留卖点,结合我国国情,加入情感、节目样式等新的节目元素,实现对境外节目的本土化改造。

　　● 2000 年《开心辞典》推出前,进行过广泛深入的市场调查,把握了观众收视的脉动:中国人希望看到的是健康、积极、向上的电视节目,将亲情、友情看得很重,传统的亲情观念比较厚重,不愿看到人性中卑劣的一面,不喜欢单纯的物质刺激,结合国人重视家庭观念和亲情关系的观赏习惯与心理,《开心辞典》创办了独特的中国电视益智节目形态。首创"家庭梦想"的概念,对国外同类节目的博彩成分进行了成功解构,在为普通人提供参与知识博弈的同时,也给更多的普通家庭提供了互相表达爱心与真情的机会。事实证明,"家庭梦想"作为节目形态的主要因素,吸引了更多家庭的参与和支持,促进了家庭成员之间的交流,营造出了积极向上的和谐氛围。随着节目进一步发展,"家庭梦想"的外延进一步拓展到了捐助希望工程、保护环境、支持申奥等公益性活动等方面,将观众的热情和爱心倾注到整个社会的大家庭里。《开心辞典》在题目的设计上是具有独创风格的,把 FLASH 动画、影视视听、实景外拍、情景模拟、社会调查等几种类型结合起来使用,采用视听题的统一包装的方式,使形式更加活泼和生动。栏目内容需要根据时代的发展、政策的变化,以及周围竞争的环境不断地进行调整,准确把握观众的心理使题目更加具有时代感。比如说对当前的流行文化、文化现象、网络文化的一些问题也进入了它的选题范围。现在我们用的很多网络语言,这就和日常生活当中的语言不大一样。通过这种问答,可能使一些中老年观众也会得到新知识的启发。这些与时代和受众需求同步的创新思维,给节目注入了新鲜的血液。

　　●《绝对挑战》——对原有节目中的"职场"题材进行开掘和提升,节目创办于 2003 年 10 月 25 日,该节目借鉴了国内外同类节目的经验,如阿根廷电视台的《人力资源》栏目等,却具有独特的创意。国外的职场节目大多是立足于为弱势群体提供就业机会。节目往往把残酷的求职竞争当作"卖点",通过参与求职者的竞争和淘汰模式吸引观众的注意力。《绝对挑战》则别出心裁,关键点不在于提供媒体帮扶弱者的个案,而在于通过职场实战的案例呈现具有普遍指导意义的就业观点、态度和方法。这种创意无疑是与我国的就业形势、与央视的地位相适合的。节目一经推出便迅速走红,新颖的创意功不可没。正如国家发改委社会发展研究所的张本波先生所言:《绝对挑战》节目的价值,不是体现在具体就业服务上,而在于其倡导的就业理念。"可谓一语中的。①

• 《幸运 52》的原版是在英国,有 30 年历史。它是每天奖金高达 2 万英镑的一个纯版博彩节目《GO BINGO》。中央电视台在引进节目时,考虑到国情及本土的需求,剥离了节目的博彩性质,有机地将游戏与知识普及融为一体,知识性、游戏性和竞赛性并重,充分调动观众参与热情,是央视首次以场内外互动方式开设的益智性娱乐节目。央视最初与英方谈判的结果是:版权买断归央视,央视可以对节目模式进行本土化改造。事实上,《GO BINGO》在英国是一档博彩节目——在电视上抽大奖。而我国是不允许设大奖的,为了适应中国国情,央视做了相当大的创新。将其改为益智类的综艺节目,比如请观众猜商标,猜价格等等,这些都是原栏目没有的环节。开播以来,该节目始终坚持益智节目的基本定位,通过知识问答等寓教于乐的形式,普及经济知识,唤起群众对自己身边的经济现象的关注,因此,节目获得了广大电视观众的喜爱和充分肯定。

从这些具体的个案分析我们可以看到,这些栏目的成功都有一个共同的原因,就是在引进节目的同时,引进了一些新的意识和观念,并将这种观念放到中国的历史和现实当中进行检验,产生了媒介节目本身的原创性。节目的革新与发展与我国的国情和观众的审美取向十分吻合。因此,不但赢得了市场,也赢得了观众。

三、创新传播方式

外来节目形式新颖、内容刺激,颇能抓住观众的眼球。但是对于外来节目切记不可全盘接收,要吸收适应我国观众口味的节目,变通与我国传统文化不相吻合的因素,大胆利用我国的本土资源,对外来节目进行有选择的吸收,进行改良创新。但凡成功引进并形成一定影响力的节目都是在借鉴的基础上进行了一些本土化的改造。本土化一直是国内电视人研究的重要课题,因为国内原创的节目与海外相比有不小的差距。国内电视娱乐节目由于起步较晚,节目的理念和制作思路并不成熟,节目缺乏创新,内容贫乏,形式也比较单一。无论是哪一类的综艺节目,刚推出时全新形式、夺目的视觉效果的确让观众大开眼界,但随着大批雷同节目纷纷出笼,观众也由"审美惊喜"变为"审美疲劳"。向电视业发达的国家或地区学习借鉴这本也无可厚非,但问题在于在学习基础上要结合自己的文化背景、地域特征、道德规范进行再创作。说到底,就是在不同文化之间寻求契合点。每个国家由于自然环境、人文氛围的差异,长久以来形成了

---

① 宋祖华:《"绝对挑战"的品牌打造方略解析》。

属于自己的文化背景,所以作为一种外来新事物的引入,要想在异地他乡存活下去,必然要与本土文化很好的融合。一些节目的生存状态正好应了齐白石先生"学我者生,似我者亡"的这句名言。

目前,我国大部分电视娱乐节目制作以购买国外娱乐节目的版权及创意为主,比较有影响的栏目如下:

表 5-2　比较有影响的栏目

《开心辞典》	英国的《百万富翁》
《鉴宝》	东京的《好运·宝物大鉴定》
《想挑战吗》	德国同名栏目
《幸运 52》	英国《GO BINGO》
《城市之间》	法国同名栏目
《绝对挑战》	阿根廷《人力资源》
《超级女声》	美国《美国偶像》

这些引进栏目在发展中不断创新,走出了自己的特色之路。也为引进节目在未来发展中积累了宝贵的经验。央视火爆的节目 90% 都是对国外节目引进的基础上进行再创作。故外来娱乐节目的本土化转变的必要性可见一斑。从以上栏目的发展我们可以看出,引进节目要实现模仿中创新就要考虑以下几个因素:

1. 致力于实现"本土化"传播

我国的娱乐节目是从模仿境外节目开始的,很多节目现在还存在着明显的模仿痕迹。如果不顾中国国情和老百姓的接受心理,生搬硬套、机械模仿的做法只会将娱乐节目带入死胡同。中国电视娱乐面对激烈的竞争,就要更多挖掘中国的传统文化资源和民间资源,加快娱乐节目的本土化进程。"中国电视节目生产的本土化简单说来,就是依据中国的国情,立足中国的社会现实,按照中国电视媒体自身的运行规律,遵循中国观众的接受习惯与实际需要,组织、制作与传播具有中国民族特色、气派、风格、风味、口味的电视节目。"[①]

在《开心辞典》《今晚》《幸运 52》等众多栏目中,我们不难看到欧美和港台著名电视节目的影子,甚至连舞美设计、场面调度、摄像机走位、主持人风格等细节之处都有效仿。然而从节目的整体效果来看,这些借鉴和效仿不再是简简单单的克隆,而是带有明显的本土风格。

① 杨金月、胡智锋:《中国电视策划与设计》,中国广播电视出版社 2004 年版,第 12 页。

《开心辞典》来自英国的《百万富翁》,是国外的一种游戏版本,节目在本土化的改造方面做了可喜的尝试。比如说,选手亲友团的到场,饱含爱心奖品的赢取、主持人的人性化表现,这都是进行本土化改造的一些成功的地方。在中国传统文化中,非常强调家庭观念、崇尚亲情、友情,强调团队合作,这一点和西方文化有不同的地方,节目不会过多地宣传孤胆英雄。而会对家庭亲情予以渲染,这是和中国文化相吻合的。王小丫是一个很有亲和力的主持人,她最大的魅力在于她的气质和风格比较符合中国传统文化对女性的审美要求。栏目始终把中国传统文化理念贯穿于一档娱乐节目中。

2. 以人为本,走平民主义路线,加强娱乐节目的互动传播

和任何大众传播一样,电视娱乐传播要赢得观众,必须建立"受众本位"的传播观。"受众本位与传播者本位不同,传播者在参与传播过程中主要根据受众的需要来确定传播的目的、步骤以及传播的内容和方式,并以受众受传的实际状况作为评价传播得失的标准。在以受众为本位的传播关系中,受众是传播者服务的对象。"①电视娱乐传播亟须建立对受众的"服务意识",在娱乐节目中"以人为本",真正尊重受众,为受众着想,致力于满足受众的心理和审美需求。纵观一些成功的娱乐节目,"平民化"与"生活化"已成为其重要的传播策略。中央电视台推出的《非常6+1》《星光大道》等节目走的就是平民主义路线,节目为平民百姓提供了展示自我的舞台,打造了众多的平民偶像。在娱乐节目中应当加强人际传播,真正与观众交流,把电视媒介的单向传播变为双向传播、多向传播。娱乐节目要在制作水平上下工夫,真正体现以人为本的特点,让选手成为节目的核心,通过他们的表现去感染观众,打动观众。

央视《开心辞典》推出的互动板块,就是将题目打在电视屏幕上,让场外的观众通过发送短信的方式参与现场答题,公布答案后,在答对的观众中进行抽奖,电话连线获奖观众。这一节目传播形式打破了现场内外的界线,所有电视机前的观众都被纳入了节目现场,任何人坐在电视机前就可以参与节目,最大限度地实现了电视与受众的互动传播,收到了良好的效果。

3. 立体化传播

所谓"立体化传播"即"跨媒体传播"。如今大众传媒的形式和手段正在朝多样化方向发展,其中任何一种传播形式都不能覆盖全民、垄断舆论。电视娱乐节目要达到最佳的传播效果,除了电视媒介本身外,还应该联合纸质媒介和网络媒介,并积极利用手机等现代传播工具,整合相关媒体资源。实际上,现在

---

① 郑兴东:《受众心理与传媒引导》,新华出版社1999年版,第221页。

已很少有不借助其他媒介进行传播的电视娱乐节目了。

由北京维汉文化传播公司发起,四川电视台、湖南经视等全国 20 多家广播电视单位参与制作的电视真人秀节目《走入香格里拉》,推出之时就联合了全国 150 家强势纸质媒体和 120 家知名网站。借助于电视、报纸和网络形成了多媒体、大规模的立体传播,观众可以通过文字、声音和图像等多种渠道获得信息,并通过人际传播、群体传播和大众传播等多种传播方式分享信息。

上海文广新闻传媒集团是中国的第二大传媒集团,与新媒体之间的合作也已经成为整个集团战略发展的重要组成部分。东方卫视和新浪网在 2006 年建立了战略合作伙伴关系。东方卫视推出的《创智赢家》《舞林大会》《我型我秀》等大型的真人秀节目,新浪网作为门户网站,全程跟踪了节目的进展,综合新闻、图片、视频、博客、论坛、投票等形式,为观众提供了详细了解节目情况的平台。让观众即时参与、互动,这是电视节目自身的需要,也恰好是网络媒体的优势所在。这样的合作,能够让大众更多地参与到电视节目当中来,增强电视节目的影响力、互动性和参与性。新浪网将获得源源不断的优质的内容资源,东方卫视也多了一个展示自身品牌形象的优良渠道,并且为建立跨地域品牌提供了巨大的机遇。上海文广新闻传媒集团也希望借此次合作的契机,开拓电视媒体和网络媒体合作的新局面。

"超级女声"的立体化的传播则是充分运用了电视、报纸、网络、杂志、路牌等各种形式的新老媒体,采用了消息、评论、连续报道、现场直播、商品捆绑广告等多样化的新闻手段,吸引受众参与。

4. 分众化传播

如今,"在大众传播媒介由政府化单一行为向企业经营形态的市场转变后,传播理论中对受众的认识也深刻地受到了来自市场营销理论中'消费者观'理论的影响,并且意识到受众之间也存在着差异,不同社会阶层、不同文化背景、不同职业的受众在接触和选择媒介时,具有不同的心理需求。因而传播的内容就应该做到有针对性地满足受众体不同的需要,并不断地提高传播专门化的程度。在此条件下,对受众群体进行细分。实行'分众化传播'正逐步成为媒介走向成熟的标志。"[1]"分众化传播"这个概念,最早是由《第三次浪潮》的作者、未来学家阿尔文·托夫勒提出的,而从目前传媒的现状看,也正如托夫勒所预言的,"分众化传播"正逐步地成为现代传媒发展的趋势。电视娱乐节目也开始进行"分众化"的传播,对娱乐节目重新定位。针对不同社会阶层、年龄阶层的观众

---

① 牛明汉:《传媒新概念解读》,《新闻与成才》,2003 年第 5 期。

的人群,实行娱乐节目"专业化"、"小众化"的"窄播",在细分市场中赢得市场。《绝对挑战》做了一次成功的尝试。栏目将自己明确定位于知识白领阶层,受众定位准确、清晰,忠诚度高,收视率节节攀升,开了电视娱乐传播"小众化"、"高端化"和"专业化"的先河。

四、运用创新思维

在我国强调"自主创新"的大背景下,电视综艺娱乐节目如何结合本土文化,发展原创性节目成了媒体思考的一个课题。创新是一个相对的概念,它要放在一个具体的环境之中去考核。对于中国的电视节目来说,和以前的节目有所不同就是创新,能带给人新奇独特感受的就是创新。我与你不同,我与过去不同就是创新。在电视节目形态交叉和融合的特征越来越突出的背景下,娱乐节目与其他类型的节目之间的界限越来越模糊。一些节目既有娱乐节目的特点,又有社教节目的特征,因此对节目的策划者来说,更具有挑战性。事实上,中国电视综艺节目形态的演变是全球化语境下一个重要的跨文化传播现象。在这个过程中,中国只是一个文化接受者,而不是文化传播者,这种传播也只是一个单向的传播,而不是一个互动的传播。要实现中国在跨文化传播中的相应的地位,只有加大节目自主创新的力度,而不是一味地从国外、中国港台"克隆"。现在存在的栏目形式趋同,节目创新乏力的现象具体表现就是千人一面,而且大多数电视栏目只停留在克隆、模仿和感性操作、各自为阵的低水平重复层次上。在竞争日趋激烈的媒体生态环境中,差异化是电视栏目生存与发展的必然之路。引进类节目一开始都给人以很强烈的新鲜感,但是新鲜感消失的时候,就是一个新的瓶颈。所以,出路就是在引进节目并进行本土化改造的同时,不断地进行创新。这种创新,首先是思维创新,主要表现在:

1. 创意为先

独特的创意是主导娱乐节目命运的主要因素。好的创意才能保证良好的节目质量。节目质量重新掌握了娱乐节目发展的命脉,这既是市场优胜劣汰的结果,也是行业内部深化改革的结果。

著名未来学家阿尔文·托夫勒也在他的书中说:"主宰21世纪商业命脉的将是创意,因为资本的时代已经过去,创意的时代正在来临。"创意就是你要有与众不同的想法和创意力。

美国当代影响力最深远的广告创意大师之一的詹姆斯·韦伯·扬在他的《创意》一书中说到:"有创意的人有一个共性:对阳光下的一切都感兴趣;广泛涉猎各个领域的信息;吸取营养;旧的元素新的组合;先做对再做好。"

比尔·盖茨说过"创意犹如原子裂变一样,只需一盎司就会带来无以计数的商业效益"。

创意是电视节目的起点和构思体系的综合产物。它是一刹那灵感的闪现，有了好的内容和形式，成功就有了保障。

浙江卫视在 2005 年 12 月与中国传媒大学传媒发展研究中心联手，在全国卫视中第一个联手组建"节目试验中心"，将节目资助创新的主动权把握在自己手中。希望通过引入优秀制作团队的做法，借助外脑和外力，打破电视闭门造车的传统做法。这种以开放的姿态办电视的思路开创了电视行业节目创新的新机制，在一定程度上改变电视行业的生态，是电视创意产业专业化、社会化、市场化的开端；也不失为思维创新的一例。通过"节目实验中心"在频道定位、节目创新、品牌评估、活动策划以及与新媒体的开发等方面进行合作，共同探索、研究和开发具有前瞻、前沿特色的电视节目，推进传统电视与新媒体的融合创新，探索传媒产业化的新型竞争模式，增强浙江卫视的核心竞争力。

2. 重视研发

一些有前瞻意识的媒体在自主创新上作了有益的探索。近几年，重视研发、不断创新已经成为越来越多媒体的共识。据不完全统计，2005 年，全国各地约 60％的电视台成立了专门的研发机构。新节目研发将成为增强媒体核心竞争能力的有效手段，在走向电视产业化的进程中，各级电视媒体纷纷开始创新求变，力求打造强势媒体、拓展市场空间。

湖南卫视成立了专门的研发中心，研发的节目在节目策划案形成之后，开始进行招标，通过招标确立栏目的制片人。他们推出的《娜可不一样》《一家老小向前冲》等节目进入市场后，取得了较好的社会反响。湖南卫视的研发首先是以原创为主，其次是在整合各种模式以及各种元素的基础上进行创新。比如《超级女声》的节目性质与《美国偶像》有共通之处。湖南台在"平民选秀"的大理念下，再创造出诸如：海选、PK、玉米、凉粉之类的新鲜环节和词汇。《超级女声》等节目的内容和模式，已被日本和中国港台地区的一些电视台看中，很多电视机构和商业公司已经在洽谈购买。

3. 丰富节目样式

中国电视娱乐节目的发展越来越多样化，新的娱乐节目不断涌现，节目只有具备了独特样式和表现手段，才能拓展娱乐节目的发展空间，节目类型国际化就是其中的一个发展走势。

从浙江卫视、湖南卫视、东方卫视的创新实践中，我们可以看到这样一些初步的变化：

● 从克隆国内外现有成功节目模式到进行本土化改造的方向发展。原创节目的难度和高市场风险会令电视台转向直接购买国内外现有成功节目模式版权,然后进行本土化改造。在改造中有了一些新的突破。

• 一些社会力量参与到节目创意制作中。社会节目制作公司将逐步向电视台定制、加工节目专业型公司转型。目前,这一趋势已经显现,如央视的《幸运52》栏目由其欣然公司制作,央视六套大量栏目都由社会制作公司承制,东方卫视的《东方夜谭》由派格太合环球传媒定制,湖南卫视《天下女人》则由杨澜在京的公司制作等等。

• 节目创新由个体策划向集体研发转变。以前栏目的制作过分依赖某个制片人、策划和编导的个人才智,其结果必然由于个人创意和认知的差异导致节目质量、收视效果不稳定。栏目生命周期较短。今后节目创新关键在于栏目的研发体系和流程控制以及栏目跟踪机制的建立和完善。新节目研发将成为媒体核心竞争能力,很多有实力、有影响的电视台、频道正在成立新节目研发中心,以维护和提升品牌的创新能力,扩大媒体的影响力。

• 假日编排凸现特色。综艺娱乐节目收视明显受到节假日效应影响,目前国内很多频道正在形成所谓的播出季,各频道采用资源配置的方式打造黄金周的节目,造成一个非常明显的收视效果。有调查显示,在"黄金周"期间,专业频道、休闲娱乐频道收视率上升;观众对电影、连续剧、体育和娱乐类节目有明显的收视需求,因此要有针对性地对假日量身定做、合理配置合适的栏目,打造长假品牌栏目。

创新是一个民族的灵魂,是一个国家兴旺发达的不竭动力。在党的十六大报告中提到"创新"一词就达到 33 次之多。对于一个策划者来说,是其从事策划活动必须的能力和必须把握的准则。作为策划者必须以创新的眼光审视自己的作品,以创新的思维创造自己的作品,时刻保持作品的新颖性和新鲜感。因此,在创作上要有求异性,操作上要有差异性。所谓创新就是要不满足现状,不断进取,求新求变的一种理念。创新性原则要求我们在思考问题时不能墨守成规,要打破传统思维的定势。创新才能持续发展,创新是生存的常态,创新的根本点在于借鉴和改造并重,尤其要特别关注本土化的特色。我们正在从原来的单纯的克隆、模仿,到借鉴、改造的过程中寻求本土综艺娱乐节目的生存空间,所以走出"克隆时代",创新的路任重而道远。相信在未来的日子里,经过媒体的努力,一定能够创造出融大国风度、民族特色与时代精神于一体的新的娱乐节目。

五、创新的方式方法

策划人特别是职业策划人必须具有高度的敬业精神,这是做好策划工作的不竭动力。策划人要有对策划工作的热爱,"热爱是最好的老师"。当你把一个职业或一份工作当作一项事业、一种追求、一种实现自我价值的方式来做的时候,其主动性和创造性才能得到更大的发挥。说到底就是要有敬业精神和职业自豪感。另外,策划人要善于沟通交流。"交往是金",这是策划界的金科玉律。要做一个策划人,必须具备多种素质,要做好一个电视策划人亦然,他必须拥有发现力、创意力、创新力、协调力、沟通力。当然,创意力在常变常新的电视节目策划中更有着不同寻常的意义。

创新的方式多种多样,有形式的创新、内容的创新、包装的创新、角度的创新。不管哪一种,只要你有独特的创意和新奇的构思,并且让这些创意能给观众带来不一样的感觉,让观众在娱乐中放松,在放松中有所感悟,在感悟中有所收获,就是有价值的。

1. 组合法

《电视诗歌散文》、相声 TV 等等都是采用组合的方法来实现新的创意。央视的《快乐驿站》以小品加 Flash 的方式进行制作。以"讽刺背后的关怀、辛辣背后的温情"为宗旨,探索全新的电视文体和表现形式,在形式上打破传统报纸漫画的平面局限,有效结合现代快捷的电脑绘图技术,加强电视化的技术和艺术表现手段,用电视漫画的手法对传统的艺术形式,如相声、小品、歌曲、故事、评书等进行重新创作和演绎,给传统漫画艺术注入新的活力,演绎成符合观众收视习惯的一种新的电视娱乐节目形式。《舞林大会》也是集合了"国外模式本土化+主持人资源+娱乐运动"的优势,而湖南卫视的《越策越开心》则融入了"脱口秀+方言节目+抽屉式编排"。而《变形记》以"纪录片+真人秀"的模式推出,号称"新生态纪录片"。其独创性就在于从节目的形式和选题上反映出了一种关注当下平民生活状态的创新意识,意图将电视的娱乐性和社会性巧妙结合,这些另类故事最吸引人的恰恰是那些变更生存环境后普通人的日常生活。

2. 新用途法

意即旧瓶装新酒。在 2005 到 2006 年间,真人秀已成为众多电视媒体在电视娱乐节目创新的突破口。大多是以秀表演、才艺为主。央视《我的长征》则以中国工农红军两万五千里长征这样一次具有世界影响力的伟大远征作为节目的出发点。以每个普通的"我"重走长征路为主线,由"我"亲自采访长征人,亲眼发现长征沿途的新变化,亲身体验和感受长征的艰辛与豪迈。《我的长征》活动类似国外的真人秀节目,主持人崔永元表示:"我们这次节目也可以叫真人秀,毕竟全程都是跟踪拍摄,真实展现选手的生存过程。不同的是参与我们节目的观众不是为了得奖那么简单的目的。革命先辈们用自己的智慧与生命为我们后人留下了胜利的一页。这种情结至今让我及众多朋友们难以忘怀,我们就是为了实现心中的长征情结、重温艰苦岁月的革命精神,带着单纯而诚恳的愿望来完成此次活动。"在新的历史时期,重走长征路,除了是向个人的极限进行挑战,更是用真实体验的方式回顾重温了这段特殊的历史,真切地感受到先辈们的艰苦而伟大的革命历程。原有的节目手段加上新的节目内涵使之有了思想性和可视性。

3. 聚焦法

放大特点、凸现创意,是聚焦法的特点。《挑战主持人》原创了新型的中国式电视娱乐节目,将嘉宾点评用到了极致,设计出了诸如"妙语无敌"、"连环风暴"、"铁嘴争霸"等这些寄娱乐于智慧中的游戏环节。"不比谁更聪明,也不比谁更漂亮,就比谁更讨人喜欢",这是《挑战主持人》的比赛准则。马东、张绍刚和叮当的"铁三角"模式也日渐受到欢迎和关注,他们永远都在互相调侃当中,激发出了主持搭档的化学效应。

4. 与新媒体、新技术结合

新媒体的产生为传统媒体内容的扩展增加了一个新的渠道。现在,越来越多的传统媒体开始充分利用新媒体的平台,创造一些跨媒体的内容。电视媒体也出现了专门针对新媒体特点量身定造的一些节目,同时充分利用了新媒体的互动性和参与性。比如通过互联网、手机用户等多种平台参与短信互动、投票,参与节目的讨论,观众的意见在电视屏幕下方滚动播出。

在《我型我秀》《梦想中国》这类节目中所诞生的偶像,并非电视台独家推出的,他们是观众和电视台共同创造的。真人秀节目不光是电视盈利,手机短信也是一笔可观的收入。在手机上看亚运会可以说是 2006 年岁末的一大新闻了。2006 年 12 月 11 日,中国加入世贸组织五周年,就在这一天,CCTV 联手中国移动、中国联通两大移动通讯运营商,共同启动开通了 CCTV 手机电视业务。手机用户在国内可以第一次通过手机电视随时随地观看亚运会的盛况,包括所有赛事的直播、点播以及亚运金牌的视频新闻推送等服务。CCTV 手机电视作为 CCTV 在新媒体领域的延伸,具有独有的资源、品牌以及营销优势。400 多个电视栏目、平均每年 170 余场大型活动及丰富的独家版权节目,将通过中国移动、中国联通的网络传输陆续呈现给广大用户。据统计,中国的手机用户目前已达到 4.43 亿。随着手机的业务形态和功能的不断拓展,特别是与互联网、广播电视的结合,使手机发展成为多媒体的信息终端成为了可能。

中央电视台的新媒体业务依托 CCTV 强大的品牌影响力和内容资源以及先进的无线网络通信技术,将传统电视应用推入到了新的阶段。电视综艺娱乐节目在这个变革中也将获得新的发展机遇。

凡此种种,就是一个成功的娱乐节目策划带给我们的精神财富和经济成效。

六、娱乐节目的多元化

电视综艺娱乐节目开始于多元化的时代。因此,中国电视综艺娱乐节目也呈现了一种多种需求并存的格局。观众欣赏口味已发生了明显变化,他们不但希望从电视节目中获取资讯、娱乐,更希望在获得知识的同时进行自我展示。在展示、挑战中树立新的自信心。益智型娱乐节目、真人秀节目就满足了观众参与节目、表现自我的欲求,使观众成为电视节目名副其实的主角。节目形式新颖,表达方式多元化,并且实现了与观众的互动和参与。无论是《开心辞典》的"用知识换取家庭梦想",《幸运52》的"机会,人人都有",《非常6+1》的"游戏面前、人人平等",传递的都是这样的信息:机会面前人人平等,节目致力于打造平民智力英雄。

当今的电视,充满了娱乐。中国电视娱乐节目走到了一个百花齐放的时期,各类表现形式和表现手段层出不穷,多元化地娱乐大众已经成为电视娱乐节目的一个特征。各种类型的娱乐节目都呈现在屏幕上。《正大综艺》《曲苑杂坛》依然占据着频道主流时段。作为游戏娱乐节目的代表,《快乐大本营》《欢乐总动员》,仍有不少热心的观众,益智类栏目还在盛行,《幸运52》《开心辞典》精心的主题策划还不时给观众阵阵惊奇和惊喜。"真人秀"是当前最为"火爆"的综艺娱乐性节目。

相比2005年,2006和2007年的中国电视娱乐节目更加精彩纷呈。真人秀节目从以往一枝独秀的"超女",到如今广东卫视《空姐新人秀》,山东卫视《天使行动》、重庆卫视《第一次心动》、北京卫视《红楼梦中人》、广西卫视《寻找最美丽新娘》、东方卫视《明星大练冰》、江苏卫视《绝对唱响》……,真人秀的红火也让我国的综艺娱乐节目逐渐走出"克隆"时代,开始了横跨各个领域的秀场展示。节目主持人"艺人化"、节目出镜人"平民化"、节目环节设置"人性化"、节目播出方式"灵活化"和"直播化",这些作为综艺娱乐节目形态创新的主要切入点,被广泛应用到新节目开发制作和老节目改良提升中。

电视综艺娱乐节目的创新,是电视媒体自身发展的必然趋势,也是受众的必然要求。创新才能持续发展,创新是生存的常态,创新的根本点在于借鉴和改造并重,改造要特别关注本土化的特色,所以我们正在从原来的单纯的克隆到模仿,到细化和借鉴再到改造不断的渐进过程中寻求到本土综艺娱乐节目的生存空间,内容创新也在催生更多的节目资源的整合。

什么样的娱乐节目才称得上是好节目呢?当然绝不仅仅只有收视率这一个标准。至少还应该有社会效益这个标准。社会效益主要是指节目内容的健康有益,能在一定程度上达到其本身所预定的节目目标,得到一定的满意度。

也只有这样才能保证节目有效地走向市场,有效地保证它的收视率。在这个前提下,一批时尚、新锐、富于格调的节目以其幽默、轻松的表现成为老百姓真正喜闻乐见的品牌栏目。所以说观众的喜爱与支持才是节目的安身立命之本。今后我们的娱乐节目要在自主创新和引进创新上找到更好的契合点,根据本土的文化背景设置节目内容、形式,在主持人的选择,主持人的语言表达等方面要符合中国文化的传统习惯和受众的收视要求,使之更具有鲜明的时代特征和民族特色。只有这样,才能在不断创新、发展中开发出既有时代特色又符合受众需求;既有国际化视野又有本民族地域特色的娱乐节目。

第六章　电视栏目的策划

本章要点

　　讲述电视栏目的形成和特点、电视栏目策划的依据(观众市场调查、开办栏目的条件)、电视栏目方案的设计以及电视栏目的包装。

　　栏目化是一种规范,一种运作规则,一种实现电视有序播出的控制。

第一节　电视栏目概说

一、何谓电视栏目

　　时代进入 20 世纪 80 年代之后,世界电视荧屏的面貌焕然一新。电视节目不论其长度、内容、类型、形态、播出时间安排、上下节目之间的衔接等等方面,都发生了显著变化。这种变化表现在量的逐渐扩大上,质的稳步提高上,形的基本稳定上。这种变化的一个明显标志就是电视节目实现了栏目化。

　　"栏目"之名,来自印刷媒体。电视本来没有"栏目"之称,"栏目"一词是电视从报纸、杂志上借用过来的术语。电视又从舞台上借用了"节目"一词。印刷媒体的栏目,刊登的是同类题材、体裁的文字作品。一般都有固定名称、版面位置及空间大小。电视借用"栏目"这个词,同样为它赋予了基本相同的内涵:有特定的节目和栏目名称;有一定的时间安排即版面位置;版面上的空间大小则相当于电视播出时间的长短;在特定的时间中安排大体相同的内容题材;表现这些内容的体裁和形式也大体相同。因此,凡是按"电视栏目"编排的节目,都有固定的名称,固定的播出时间,同类的内容和同样的体裁。

　　1960 年 1 月 1 日,中国电视上设立的第一个"电视栏目"——《电视新闻》,当时在北京电视台(中央电视台前身)首播时,就有固定的播出时间,相对固定的长度,相同的内容和题材。这个稚嫩的固定栏目播送的主要是 16 毫米新闻片和短纪录片。之后,在很长的时间里,中国的电视再没有其他名称的"栏目"。中国的电视荧屏未曾认识"栏目"的靓丽,也未曾有过"栏目"的一席之地,观众对"栏目"这个名称更是陌生的。直到1977年10~11月份,才增设了《世界各地》和《外国文艺》这两个栏目。"电视栏目"在当时还是非常时髦的新鲜名词。从20世纪80年代开始,包括中国在内的世界电视荧屏呼啦一下成了"栏目"的天下,人们对"栏目"这个名称逐渐熟悉并亲昵起来,一个个"栏目"像春笋破土而出,"栏目"之称目不暇接。从此,中国的电视登上了"栏目化"的大雅之堂。

所谓"栏目化",就是以星期为单位,节目按周进行安排,即把电视台的播出时间按计划分割、交付给各个"栏目",其中的节目按既定的播出时间和长度,有规律地甚至是周而复始地播出。"栏目"播出的周期主要有天循环和周循环两种。有的"栏目"是每天一期,定时播出,如《新闻联播》《新闻30分》《今日说法》《焦点访谈》《天气预报》《夕阳红》《经济半小时》《动画城》《大风车》《生活》《金土地》……,有的"栏目"是每周一期,定天定时播出,如《新闻调查》《幸运52》《开心辞典》《象棋世界》《艺术人生》《音画时尚》《实话实说》……除此,直到今天,从中央到地方的各级电视台,仍有两周一期的"栏目"。

二、电视节目实行"栏目化"的必要性

首先,栏目化是电视台播出有序化管理的需要。

播出是电视节目工艺流程的重要环节,准时播出是电视台有序化管理的重要方面。凡播出的节目都要先编排后按"列车时刻表"运行。实行栏目化后,电视台将每天、每周的播出时间分割成块,制成统一的节目时间表,分配、交付给各个栏目组,栏目组按支配的播出时间和长度采制好节目,然后交播出部按节目运行表排列播出。这一举措使电视播出做到了计划在前,准时正点;改变了以往节目容量可长可短、播出时间可前可后、停机时间可早可晚的随意现象和无序状况;电视播出管理从无序走向了有序。它是电视发展的标志,也是电视成熟的标志。世纪之交的中国各级电视台,已经实现或基本实现了节目播出的有序化。纵览各地出版的广播电视报上的节目时间表,我们可以清楚地看出这一点。

其次,栏目化有利于发挥电视的多种功能。

电视具有认识、教育、审美三大社会功能,这是由电视媒体本身的自然属性和社会属性决定的。但是,要求每一个节目都具备三大功能是不现实的,实际上也是做不到的。节目实行栏目化后,各栏目都有明确的宗旨,明确的分工,明确的社会使命。或传播新闻和信息,沟通情况,交流观点,认识世界,了解社会;或传播文化科技知识,对受众进行德、智、体、美等诸多方面的熏陶,提高全民族

的思想道德水平和科学文化素质；或为受众提供丰富多彩、健康向上的文化娱乐节目，陶冶情操，得到美感体验和审美享受。当今，在百花齐放、五彩缤纷的荧屏世界里，只有在一个栏目里，题材才相对集中，内容才有一定的指向性。电视由"广播"走向"窄播"，受众由"大众"化为"小众"，它所体现的就是栏目的个性和对象性。由此，一个栏目不可能包打天下，栏目都有自身的局限性。栏目之间实施优势互补，相辅相成，在宏观上使电视的多种功能得到发挥。目前，"台内栏目互补、台外频道双赢"在电视界已经达成共识，各地各台各频道在设置栏目时，都考虑到电视三大功能的发挥，这方面的例证俯拾即是。比如：重庆电视台所属的频道中，既有体现认识功能的栏目《重庆情报站》《有线报道》《探索》《全球经济报道》……又有体现教育功能的栏目《拍案说法》《健康天地》《室内空间》《新时尚报道》……还有体现审美功能的栏目《音乐在线》《深夜剧场》《影视新干线》《环球影剧院》……这些栏目从个体讲，有各自的特色、功能和使命；从整体讲，又互为补充，共同体现着电视的三大社会功能。

各级各类电视台的种种不同类别的"电视栏目"，都有各自的题材取向、内容侧重、体裁形式、风格特色。这些别具个性的栏目在很大程度上满足了不同观众的不同需求，激发着观众的欣赏兴趣。电视的认识、教育、审美三大社会功能，只有在观众赏心悦目地观赏中才会得到实现。21 世纪的中国各电视台，不论是先办的还是后办的，不管是经济发达地区的还是经济欠发达地区的，都已经实现了栏目化。这是历史的跨越，它比以往任何时候更能体现电视的功能。

第三，栏目化是电视联系观众，增强观众参与度，加强双向交流的需要。

现代接受美学、传播学有一个共同的理念：一切传播都是由传者和受者共同完成的，其效果体现在受众身上，只有从受众的反馈中，才能判断、确定传播的程度如何，目的是否达到。以往的传播大都是单向传播，单向传播其实是不完整的传播，这种模式正被时代淘汰。新的面对面的双向交流的传播模式正被确认。电视被认为是最具双向交流优势的大众传媒。

面对面近距离是双向交流的显著特点，是观众产生参与感、亲切感、信任感、尊重感的最佳方式；是激发观众思想、增强兴趣，引起共鸣的最好氛围。大凡是观众参与的栏目，大都在深层次上起到了双向交流的作用。在最近几年成为时尚的谈话类节目中，这种作用体现的尤其突出。像山西电视台的《内陆看谈》《公民与法》，湖北电视台的《法律在线》《都市点击》，中央电视台的《对话》《让世界了解你》等等栏目即是如此。

第四，栏目化有利于电视台办出特色。

中国和世界的电视台，创办之初都是综合性的，"手提大箩筐，什么都往里面装"。清一色的"综合百货商店"，什么"货物"都有，大而全，杂而全。可是，没有专业规模,没有节目特色。假如说20世纪80年代是电视栏目化的年代,那么,90年代则是电视频道化的年代。频道化的主要目的在于把电视台办成专业性的台,突出台(频道)的特色。台(频道)的特色靠什么突出?靠有特色的栏目凸现。共性存在于个性之中,这是哲学的普遍规律。现在,各省电视台都完成了由综合台向专业频道的跨越。各频道都有自己的支柱栏目,这些重点栏目从选题内容、取材角度、风格样式到覆盖范围、收视对象,都有自己明确的定位。比如浙江电视台的"钱江都市"频道的《谈话》和《大家》,《都市观察》和《警方时空》,栏目之间大相径庭,却都体现了栏目的宗旨和侧重,这恰恰是栏目的特色所在。

只有频道与频道之间、栏目与栏目之间的不同内容和风格样式的标新立异,泾渭分明,才能凸现办台特色。

三、"电视栏目"的特征

20世纪80年代,中国电视荧屏上的电视节目开始由分散的零星的形式向整体的统一的形式过渡。经过二十年的创办,"电视栏目"已经成为普遍的节目类型,成为一种模式,因此,它已形成自己独具的特征:

(一)固定性

固定性是栏目最基本的特征,也是最直观的特征。任何事物只有性质稳定,这个事物才稳定。固定性是一种粗放的概括,其内涵可细分为:

1. 固定的栏目名称。名称是栏目的标签,栏目的名称一经确定,都不轻易更改,长期的反复的在荧屏上展现,以期在观众心目中培植出栏目的品牌形象,扩大栏目的影响力,树立栏目的权威性,让观众一看到名称就想到内容。中国电视的第一个主持人栏目《为您服务》,从1983年开办到现在一直沿用这个名称,《天津新闻》《四川新闻》《黑龙江新闻》……此类名称大都用了30年左右就是佐证。

2. 固定的节目内容。这是由栏目的指导思想和宗旨决定的。选题、题材是为宗旨服务的。每个栏目必须有特定的取材标准和选材范围。内容以栏目来选择,栏目因内容而成立。内容的纯粹程度高低,是决定栏目特色强弱的关键所在。名牌栏目《东方时空》始终没有游离于"连接新闻内外"、"浓缩人生精华"、"讲述老百姓的故事",就在于有固定的节目内容。

3. 固定的片头。片头是栏目的"脸面",几乎所有栏目的"脸面"都是经过精心设计、乔装打扮的。片头是栏目最先奉献给观众的一组画面,其字体、图案、徽记、音乐、色彩、特技的运用都非常考究,目的在于诱惑观众。片头一旦设计、制作出来,不会轻易更改,它是栏目的标记,是栏目最固定的部分。

4. 固定的播出时间。不论是天循环还是周循环的栏目,都有具体而精确的播出时间。什么时间播出什么栏目,计划早已拟就,天天如此,周周如此。准时播出是电视台对受众的承诺,尊重,是电视台的义务,也是受众对电视媒体的基本要求。准时性已具有社会意义,标志着电视台的诚信。

5. 固定的节目长度。各栏目组必须按规定的节目长度制作节目。可以在正负5秒的范围内编辑。节目长度的规范化、标准化是准时播出的前提。

6. 固定的风格样式、结构模式、叙事方式。

7. 固定(相对)的节目主持人。英文为 HOST,意为家庭主妇。主持人在和观众面对面的接触中,使观众了解她(他),信任她(他),喜欢她(他),容易形成亲和力。

8. 固定(相对)的收视对象。

(二)参与性

参与性自然是指观众广泛深入地参与到节目中。电视节目实现栏目化,实际上是通过对多种栏目的编排和每个栏目中的节目组成,以及对栏目的顺序安排,来吸引和组织观众收视。这是栏目化的其中一个目的。观众与电视的联系交流,栏目是一条纽带。栏目和观众的关系仿佛是朋友关系,观众看到自己喜欢的栏目,就像见到了自己的老朋友,顷刻之间会兴奋起来,愉悦起来。像《象棋世界》《美术星空》《足球之夜》《舞蹈世界》《幸运52》《科技博览》《开心辞典》《才富大考场》《相约星期六》《玫瑰之约》《欢乐总动员》等等栏目,都有大批电视迷给予极大的关注。因此,可以说栏目具有观众色彩。

电视栏目是一种极为开放的节目形态,不仅表现在其内容的现实性、亲切性、联系性上,而且表现在嘉宾、观众直接走进演播室,佩带话筒,走进镜头,就节目涉及的问题展开讨论,发表意见,直接参与节目制作。这是观众的深度参与,在一定程度上提高了节目的品位和知名度。目前,"电视栏目"有一种倾向,就是采用"名人效应"。诸如《朋友》《音画时尚》《艺术人生》《对话》等栏目,请来的嘉宾几乎都是名人。把"名人效应"运用到极致的可以列举2002年春节特别节目《似水流年》,参与节目的对象中具有知名度的人物不下二十位:有画家周令钊、黄永玉,作家马加、梁晓声,电影、电视导演谢铁骊、黄一鹤,音乐指挥秋里,诗人流沙河,北京第一家私营企业主刘桂仙,学者刘跃进、赵南明、周一兵,加拿大留学生、主持人大山……这些人共同参与到与自己有关的特别节目中,跟更广大的观众见见面、出出镜是次要的,它的重要作用在于发表自己的感受、体验、见解,加深观众对节目的理解,从而提高节目的品位和质量。

四、电视栏目的定位

"定位"这个词源于 20 世纪 60 年代美国商业行销。"定位"理论的核心是：在一个信息爆炸、竞争激烈的社会市场中，通过调查分析和策划活动，提炼、凸现品牌形象，并将其根植于未来潜在顾客的心中，在市场上为产品赢得一席之地。世纪之交，"定位"一词的使用频率俱日增高，并且往往和策划联系在一起。

(一)为什么要搞栏目定位?

定位源于竞争。定位的目的在于占领市场的空间，赢得潜在的顾客或观众。它把"功利"的目的公开地写在自己的旗帜上。

首先，是栏目自身的需求。栏目可以确定的内容有八项：名称、片头、时间、长度、内容、主持人、对象、风格样式。栏目建立的过程就是这八项内容确立的过程，实际上是栏目定位的过程。

其次，是竞争的需要。世界上每一个国家在它初办电视的时候，只有一个台一个频道，不存在台与台、频道与频道、栏目与栏目之间的竞争。那个时候，电视圈里还不知道何为定位，因而电视节目也是"皇帝的女儿不愁嫁""萝卜快了不洗泥"。20 世纪 80 年代，中国电视进入栏目化后，栏目简直到了目不暇接的程度。于是，出现了你争我夺的局面。在栏目世界中，一个栏目如果没有明确的定位，没有自己鲜明的个性和风格，它就难以跻身其中，这就要考虑它的存在和生命了。从电视台内部管理来看，各栏目要有明确的分工，避免相互冲突。一些定位很模糊的栏目迟早要自我淘汰掉，像《生活圆桌》《九州方圆》《地方台五十分钟》等栏目就是这样。如此看来，一个台如果没有几个定位明确的栏目，就没有主攻方向，就没有自己的节目重点，就难以办出特色，就难以栖身电视之林。

(二)如何认识栏目定位?

定位是一种逆向思维方式，定位理念不是以自己为出发点，而是以潜在顾客的心智为起点，强调"顾客需求"。定位理论告诉我们，没有一种产品和品牌能够覆盖整个市场。偌大的市场不会绝对饱和，总是会有空间可挖的。任何人总可以在市场空隙中找到自己的位置。这个位置从大众传播的角度讲，就是"受众的心理需求"，即观众喜欢看什么样的节目。

电视栏目的定位是采编人员在进行栏目策划时对播出节目的内容、性质、功能、受众范围、文化品位、地方特色、结构形态、表达方式等等方面的理性表述，即对设置栏目的目的、意义、内容等作出的策划和设计。栏目定位是一个栏目开设的出发点和立足点。它决定栏目的方向、规范和对栏目中的具体个案节目的指导意见。

栏目定位实际上也是在众多栏目中寻找自己的位置、坐标。找准了能够"适得其所",有生存和发展的空间。找不准就会"背腹受敌",在夹缝中生存,始终处于狼狈地位,总有一天会被挤垮。但是,定位不是一定要占据"第一"的位置。定位的第一法则是绝不能与强大的对手进行正面竞争。如果某一领域没有强大的对手,那么,占据"第一"的位置就是定位的巨大成功。如果这一领域的"第一"位置已被占领,那么在整个领域的首域占据"第二"位置,转而在该领域的属域建立"第一"位置——这个首域第 N 属域第一的位置,定位理论称之为"比附位置"(Against Position)。因此,电视栏目的定位在盯着"第一"位置的同时,不可忽略"比附位置"。

五、栏目定位的要义

(一)内容

栏目是由八个要素(不变量)组成的,其中名称、片头(标识)、播出时间、定量(长度)是节目编排考虑的因素。而节目内容、收视对象、主持人、节目形式是由栏目自身决定的。在这些因素中定位栏目需考虑的主要问题有两个,一个是内容,一个是形式。内容和主题是栏目定位的核心,是栏目的灵魂。栏目的宗旨、性质、功能(目的、意义)是根本性的、首要的。为什么要设置这个栏目,它的目的必须明确,它的根据必须充分,它的预期价值必须清楚。而绝不能凭空臆造、毫无根据、贸然从事。或者勉勉强强,缺乏后续维系支撑力量。《娱乐时空》(山东有线台综艺频道的一个以汇编为主的娱乐栏目)的设置,定位的中心问题就十分明确。它的节目定位是突出娱乐性。提供娱乐是综艺频道最主要的服务特点,于是,该栏目选择小品和相声为中心内容,后来又增加了滑稽和幽默。这些节目充满喜剧性,观众在笑声中欣赏。当然,娱乐不仅仅是"逗乐"、"玩笑",而是寓教于乐,颂扬真、善、美,揭露假、恶、丑。让观众在这样的内容中捧腹大笑。《人与自然》的宗旨是给观众以自然美的艺术享受,同时也潜移默化式的影响观众,增强环保意识,爱护动植物,热爱大自然,保护大自然,合理地利用大自然。世界上仅仅只有一个地球,地球不仅仅属于人类所有,也属于动物所有。该栏目下辖子栏目:绿色视野、我和我的朋友、奥秘百科、生物圈,都围绕人与自然的关系。相反,前面提到的《生活圆桌》(某台专题部办的栏目)目的不甚明确、范围过于宽泛、题材不够集中。这一期反映的是夫妻合开照相馆;下一期是咖啡如何喝才有滋味;再一期讲的是一位残疾乡村教师致力于农村教育事业的故事。这个栏目的致命弱点在于没有明确的宗旨,其命运可想而知。

栏目宗旨的另一个侧面是受众对象。栏目是办给谁看的？也是一个非常重要的问题。明确受众的范围即观众的覆盖面，这样才能适销对路。上述《娱乐时空》和《人与自然》是办给广大观众的，各阶层、各年龄段、各职业、各文化层次的观众一般都愿意接受。《生活圆桌》看似广泛，实则没有相应的观众。

（二）形式

栏目的形式既是内容的载体，又是栏目的外化包装。

成功的栏目还在于它的形式。在多数情况下观众对栏目的内容模糊了，但对其形式却历历在目，或者起码是依稀可见。《幸运52》主持人李咏的一个拳头伸出来"嗨"；《实话实说》的崔永元站在那儿，面露"坏笑"，慢条斯理，侃侃道来；《今日说法》撒贝宁机关枪似的开场白；《夕阳红》一曲主题歌"夕阳是迟到的爱，夕阳是未了的情……"它们的形式，都给观众留下了深刻的印象。

《正大综艺》出现的时候，人们惊异于可以清楚看见著名艺人、现场反应这样一种形式。热心观众往往瞪大眼睛看着心目中的名人能有什么言谈举止。当时，人们对多种中、小学生智力竞赛开始逆反和厌倦的时候，这种脱胎于智力竞赛的综艺节目却争取了观众。由此，我们可以说，节目形式也是取胜的一个方面。

电视栏目是一个系统工程，其势头方兴未艾。几点隅谈之外，赘有概略的认识：电视栏目是电视台节目安排趋于合理、规范、主动的基本元素，是电视节目管理走向现代化的重要条件。电视栏目化是电视发展到一定时期的必然结果，这个时期大约经历了电视从诞生到繁荣的近半个世纪。电视栏目化是电视发展成熟的标志；这个标志包括电视意识，电视理论，电视节目，电视制作技术和制作设备的成熟、完善。电视栏目化是一个电视台节目制作能力、水平的表现，没有一定数量的业务创作人员，没有一定级别和数量的制作设备，没有一定的经济实力，不可能制作出供栏目播出的节目。电视栏目化是电视台实施播出有序化管理的重要条件，没有规格化、标准化的节目，就不可能实现播出有序化。电视栏目化是电视台整体水平的一个窗口，透过这个窗口，可以洞察一个台的基本情况。电视栏目化是电视事业前进提高的一个里程碑，它将在电视事业发展史上，留下光辉的一笔。

第二节　电视栏目策划的依据

由于电视栏目是对电视节目的"打包"，所以栏目的策划是比节目策划更为复杂的一个系统工程。真正完善的栏目策划要涉及包括环境考察、受众调查、创意、预算、反馈、修正等诸多环节,其中对环境和受众的考察分析是后面所有环节的科学依据和行动指南。有了这个基础,策划才可能从整体利益和整个系统的配置出发,对全局资源的配给、效率效益进行正确的规划部署。下面我们以中央电视台经济频道的《绝对挑战》栏目为例,来讲解电视栏目策划的依据。

一、环境分析

每一个电视栏目都有自己生存的时代、社会和媒介环境,这些环境不同,策划方案需要考虑的表达方式、生产利益和传播策略、传播效果都不一样,同时需要综合平衡的利益关系、风险程度也不一样。尤其值得注意的是,这些因素的实际情况往往和表面现象所给我们的印象有很大的不同,我们通常会"感到"、"觉得"或"设想"一个栏目的环境是这样,而真正调查后却发现结果其实是那样。因此,在决定一个策划方案之前,最基础最必要的工作就是搜集一切与被策划栏目相关的环境信息。

(一)宏观环境调查

"宏观环境"是指与受众生活环境和栏目性质功能相关的一切因素。例如时代特征、国家或地区的社会经济状况、文化风尚、历史民情等等,有时还要考虑到国际环境、流行趋势对本土的影响。时代特征和国家特征决定着作为大众传播媒介的电视在策划中必须坚持的基本立场与传播姿态;社会矛盾和经济条件则决定着策划案对栏目宗旨、功能、成本和规模的设定;地域文化和国际潮流的综合作用很大程度上塑造了栏目受众审美层次和心理需求上的共性。所以宏观环境调查常常要解决两个方面的问题:一是我为什么要策划这样一个栏目?它能从哪个角度满足生活在这个时代、这个社会中的我的观众们的需要?二是我怎样确保观众的诉求在观看栏目的过程中得到满足?已经有什么成功的经验可供借鉴吗?下面以中央电视台经济频道的《绝对挑战》栏目为例,看看怎样通过对宏观环境的调查来回答刚才的这些问题。

《绝对挑战》栏目简介

《绝对挑战》成立于 2003 年 10 月 25 日,栏目时长为每期 60 分钟,每周一期。以城市及城镇工薪阶层、大学生等对工作和职业发展有需求的人群为目标观众,以知名企业的人才招聘为基本形式。多名求职者围绕真实的招聘职位,在主持人的引导下和专家顾问团的指导和点评下,通过"压力面试","实力作证"和"人在职场"等环节,应聘者表现个人优势,竞争上岗。栏目采用演播室谈话、竞赛、观众参与和外景竞赛、采访相结合的形式,是一档"对抗式"的大型电视招聘栏目,同时也携带着当代人才市场需求,人才标准,人力资源管理等多方面的资讯和信息。

环境调查:

1. 经济发展催生电视身份转换。经济是基础,是社会中活跃因子,是推动社会向前发展的主要力量。经济向前发展,与之相适应的是社会、文化等不同层面的问题的产生和解决。在我国,电视产权属于国家,是党和政府的"耳目喉舌",是重要的宣传机关,必须牢牢把握正确的舆论方向。随着我国改革开放进程不断深入,整个社会加速向市场化转型。电视业从单一的国家宣传机关具有了双重身份,一方面既是党和政府的重要的宣传机关,要讲求社会效益;同时又是独立的经济实体,要追求经济效益。也就是说"电视既要服从市场规律,又要服从主流意识形态,一方面注重商业利益、收视率、广告,另一方面要维护国家的象征系统。"

2. 社会分众化格局日趋清晰。经济发展还带来了"分众化"和"小众化"。因为利益分配不均衡,社会逐步阶层化,分流化,代表各个阶层不同利益的经济实团出现。由于建立在不同的经济基础上,他们有着各自不同的人生观、价值观、生活观以及爱好倾向。这是"真人秀"节目的受众基础。

3. 大众文化逐渐商业化。随着精英话语的边缘化和体制话语的"去神圣化",大众文化陷入一种新的无可逃遁的商业性质的语境。"电视大众文化在物质话语僭越的当代中国社会最根本的特征,就是以大众文化的商业性稀释、消解着高雅文化的艺术性,具体表现为那些具有大众文化倾向的电视文本以商业目的的直接功利性替代着高雅文化的无功利性;以程式化、复制化、平面化、无深度感对抗着高雅文化的个性、独创性、典型性;以情感策划的虚假性拆解着高雅文化的情感判断的真实性和深沉感;以享乐性、消遣性置换着高雅文化的启蒙性、先驱性。"而中国电视节目的平民化正是这一变化的积极体现。

4. 在20世纪90年代的欧洲,一种被称为"真人秀"的电视节目形态伴随着晚期资本主义消费文化的盛行而产生,适应并推动了消费文化的发展,迅速的风靡欧美和澳洲。这种节目形态又叫"真实电视"(REAL TV),"真实秀"、"纪录肥皂剧"等,是一种由普通人在假定的情境中,按照制作者制定的游戏规则,为了一个明确目的的做出自己的行动,并同时被录制播出的电视竞赛游戏节目。

世界上第一个获得成功的"真人秀"节目是荷兰的《老大哥》(BIG BROTHER),节目名字出自乔治·奥威尔著名小说《1984》中的一句话:"老大哥在看着你呢。"基本游戏规则是:在全国范围挑选出12名背景不同、素不相识的12名青年男女,6 名男性、6 名女性。他们共同生活在一座非常豪华的别墅内,共享一间卧室、一套起居室和卫生间等,同时制作方会在别墅内安装许多摄像头,全天全方位的记录监视他们的一举一动。最吸引观众的是每周六,选手们都要投票选出最不受欢迎的两个人,电视机前的观众们则用打电话的方式,在这两个人中选出一个他们不喜欢的,这样根据观众的投票,决定谁被淘汰出局,谁留下来继续参加节目。当然,坚持到最后的胜利者会获得 25,000 美元的巨额奖金。除了《老大哥》外,受到普遍欢迎的"真人秀"节目,还有美国哥伦比亚广播公司(CBS)推出的《生存者》(Survivor),法国的《阁楼故事》(LOFT STORY),美国福克斯(Fox)电视网制作的《诱惑岛》等。他们的节目结构和游戏规则都和《老大哥》大同小异。最早登陆我国是在 2000 年 8 月,央视二套《地球故事》栏目引进美国的《生存者》,之后广东电视台推出了《生存大挑战》,这是"真人秀"在我国本土的首次尝试。紧接着出现的《开心辞典》、《非常 6+1》等栏目也属于这种形式。本土电视媒体对产生和风靡于境外的"真人秀"节目的引进,是根植于中国社会转型、消费文化崛起的大环境、大背景的,《绝对挑战》就是在这样一个宏观环境下开始策划的一档"电视职场"类大型演播室"真人秀"栏目。

(二) 当地电视栏目的研究

宏观环境调查帮助我们把握栏目策划的大方向,但这还不足以保证策划方案的科学有效。更为丰富、准确、具体的信息还有待调查和研究,特别是当地电视媒体的现状和趋势,以及同类节目(竞争对手)的实力与缺陷。在策划一个新栏目之初,对当地已有的电视栏目进行全面而深入的研究是寻找新栏目决胜点的重要依据。

比如说上面提到的"真人秀",就世界范围来看,目前这种节目大致分为三类:一是竞赛类(包括生存竞赛和益智竞赛),如《生存者》和《百万富翁》;二是游戏类(不是单独的规则,而是复合的规则),如《诱惑岛》;三是包含竞赛与游戏双重特点的综合类,如《老大哥》。我国的"真人秀"节目,大多直接模仿于国外的节目模式,因此"本土化"是个关键问题。因为"真人秀"更多的是一个移植形态,中国文化跟这种形态产生之初的本质是有一定差异的,如果栏目策划人想使这种形态在中国成为主流和大众化的东西,就需要考察中国和当地环境与传统。在这个过程中,我国的"真人秀"节目经历了一个从野外生存到室内益智的形态变化。而湖南卫视的《新青年》和中央电视台的《绝对挑战》则走出猎奇、游戏和娱乐的圈子,把中国的"真人秀"设置到一个普通人生活中更具重要性、实际性和悬念性的"求职"情境之下,迅速引起了社会的广泛关注。这种传播效果的实现,正是基于对本土电视栏目尤其是同类竞争对手的研究分析,从而做出正确决策的结果。

（三）本单位条件分析

环境分析的最终目的是明确策划主体在这个环境中的地位，从而确定适合本单位发展的方向和找到提高本单位竞争力的突破口。一个媒体自身的基本情况包括其发展沿革的历史、经营体制、设备条件、员工成分、节目主创人员的专业水平等等。这些基本情况的差异决定了不同电视媒体的发展方向不同，当然栏目策划的宗旨、定位也就随之不同。比方说中国每个省市自治区都有自己的电视台，俗称"地方台"，地方台的一个基本特性就是立足于本地的社会经济和文化环境，为家门口的观众服务，几乎不考虑外地观众的需求。而一旦地方台上了星，就变成了"地方卫视"，整个覆盖面就陡然扩大到全国甚至更广了，这时候就不得不突破地域的限制考虑外地观众的需求了。但覆盖面能够达到和国家电视台一样，地方卫视的定位不可能和中央电视台一样，地方卫视的主攻方向仍然是通过突出地方特色来争取更多观众，比如湖南卫视除了关注本地观众的需求，还要争取散布在全国乃至世界的湖南籍人群、在湖南工作生活过的人群、与湖南有持续交往或联系的人群等等。

此外，本单位条件还包括自身在社会上已形成的形象地位，即观众对本台的认知、态度、知名度、公信力和美誉度等等。对这些指标的分析必须通过系统的受众调查才能获得有效数据、进行科学判断，从而在具体的栏目策划中做出正确决策。

二、受众调查

在通过科学的环境分析，明确了电视媒体的自身条件及其目前所处的竞争形势之后，电视栏目策划就要开始另一项更具体、更有针对性的准备工作——受众调查。这项工作的成果将为整个栏目的策划提供除了媒介环境之外的另一个的主要依据：观众关系。观众是电视传播的目标，是否把观众作为自己生存发展的前提条件来看待，把观众利益作为策划的出发点，处理好栏目与观众的关系，是一个电视栏目成功与否的决胜点。只有以人为本，以特定人群的行为特点和心理需求为依据，才能策划出符合人性特点的电视栏目，才能使观众的收视需求得到满足，从而实现电视栏目策划的效益目标。

（一）受众整体分析

首先把所有观众作为一个整体，了解其收视行为发生的环境特征、时间规律和动机需要。

1. 受众收视环境分析

电视是一种传输手段,人们通过它扩大与社会的接触,但有趣的是这种经由电视机的"接触"并非是发生在公共场合,而是发生在私人空间。看电视不需要去影院、买门票,只需要坐在自家的卧室或客厅里,因此如果说看电影是一种社会活动,那么看电视就是家庭生活的一部分。自从有了电视机,社会政治、经济、文化、教育、娱乐的方方面面都随着电视节目的传播进入了家庭。在茶余饭后共同欣赏一个电视节目已经成为大多数中国家庭交流感情的一种重要方式,尤其在特殊的节日或纪念日,如中秋节、春节,一家人围坐在一起看电视,已经成为不同于到影院看电影的又一种"仪式"。受众收视环境分析要回答的问题就是:在大多数只有一台电视机的家庭里,如何争取到家庭中的主要收视决定人?对日益普遍的拥有两台电视机的家庭,如何满足到更多家庭成员的偏好?

2. 受众收视时间分析

受众的收视行为不仅受到收视环境的影响,还与收看电视的时间段和时间长短密切相关。一个策划成功的电视栏目往往培养起一批持续、稳定的观众群,使这些观众所在的家庭逐渐形成定期、定时收看这个电视栏目的习惯。这种成功就是在策划中充分考虑到观众不同时间的心理需求和业已形成的行为习惯的结果。比如十年前大多数中国家庭在每天晚上七点都必看《新闻联播》和《天气预报》,在早晨却没有看电视的习惯,而《东方时空》的出现却使得越来越多的家庭每天清晨一起床就打开电视机;再比如 2005 年以前绝大多数中国家庭都还在为边吃饭边看电视不利于消化而千方百计阻止孩子午饭时间看电视,而仅仅一年之后《百家讲坛》就打消了家长们的这个念头,使得大批大批的中国家庭把坐在电视机前跟孩子一起看"易中天品三国"当成了每天中午吃饭时的一道主菜。可见受众的收视行为是有惯性的,也是可以改变的。受众收视时间分析要回答的问题就是:一年内的不同季节、一周内的不同日子、一天内的不同时段,总体收视率将会发生哪些相关的起伏变化?不同年龄、性别、职业、地域的受众每天打开电视机的时刻会有什么不同?平均每天花在看电视上的时间长短又有多少差异?

3. 受众收视动机分析

观众收视习惯的形成和改变不是由栏目策划人主观决定的,它是基于电视观众在不同环境和时间段的收视动机,而观众在什么时间、什么环境中看电视会存在什么样的心理需求,还是有规律可循的。比如很多中国家庭在 20 世纪八九十年代是每周六晚必看《综艺大观》,"等着盼着见倪萍",而到了世纪之交就变成等着盼着到周五晚上看《同一首歌》《艺术人生》,可见不同时代受欢迎的栏目内容和形式都发生了巨大变化,但观众在周末的晚上寻求娱乐和放松、享受"全家福时间"所带来的和睦、温馨与快乐的心理需求却一直没有变过。受众收视动机分析要回答的问题就是：了解信息，娱乐消遣，还是获取服务？观众为什么选择观看某一个电视栏目？一个策划中的电视栏目面对不同观众的不同诉求，策划方案预期要满足他们的哪些需要？媒体自身已经具备了哪些条件？离目标实现还有多少距离？有哪些行之有效的方法策略？如何检测方案实施以后的传播效果？

在电视栏目策划过程中，对受众的整体分析有许多科学的方法和步骤，一般由专门的机构或部门来进行具体操作，策划人则要对调查的方向和思路进行总体的把握，并据此对电视媒介的整体受众进行细分和对本栏目的目标受众进行预测。

(二)目标受众预测

社会成员对电视媒介所提供信息的接受和解释是有选择的，这种选择性接触和解释的基础是社会成员在阶层分明的社会结构里所处的地位。区分社会群体的因素包括年龄、性别、收入、文化程度、职业、民族、地域等等，在这些因素上有诸多共性的人群，在行为准则、价值观念、兴趣爱好和对媒介信息的反应方式等方面都表现出较为明显的共同点，把握这种群体特征，根据特定群体的收视规律，将受众细分为不同类型，就可以针对不同类型的受众选择不同类型的信息，制作不同类型的栏目，更好地满足观众的需求，进而实现电视栏目策划的预期效果。受众细分的要求包括有以下几点：

1. 必须建立在科学的受众调查的基础上。通过对准确的数据进行科学的分析，才能最终确定观众过去喜欢看什么、目前对看什么感兴趣、今后还可能想看什么；

2. 将不同的细分标准加以结合，发现新的、尚未被满足的需求空白。如《超级女声》的策划在受众细分时，就综合了城市、女性、13～14岁、在校中学生等几项细分标准综合考虑，以确立栏目的诉求重点及表现风格。

3. 不盲目追求高收视率，把握社会主流人群、主流趋势。再完美的栏目策划也不可能同时满足大多数受众的收视需求，而占社会成员比例较小的"精英阶层"的价值取向和审美观点却往往引导着整个社会的趋势和风尚，一个准确服务于现阶段或某一领域内主流人群的电视栏目，往往能够最高效的扩大媒介的社会影响力和树立媒介的主流地位。因此，受众细分还要求尽可能伴随主流人群的转移而转移目标受众的定位。比如说中央电视台英文国际频道的名人访谈栏目《up close》，其目标受众主要就是具有较高英语水平的"精英阶层"和以跻身"精英阶层"为目标的在校大学生。因此栏目的定位比较高端，所邀请的嘉宾并不是最为大众所熟知的名人,而更多的是在高知识、高收入的"小众"范围非常知名的,具有双语背景或"国际化生存"特征的成功人士。例如:

张信刚访谈策划

定位:立足香港,文化使者

线索:太极图的三层内涵

clip1　1分30秒小片

第一部分:人物基本状况

1. 我们知道你曾经在电台主持过一档文化类访谈节目,通常你会让嘉宾以自我介绍做开场白,今天你成为嘉宾,是不是也先给我们做一个自我介绍呢?

2. 你出生在内地,在台湾长大,又在国外学习工作三十多年,为什么最终选择在香港定居?

3. 对文化艺术热爱,为什么你所选择的专业都是理工科的?

第二部分:科学与文化

4. clip2　城市大学

5. 在文化方面你可以说是强记博闻,在理工方面您同样做得很出色。(简要说一下各种理工类的成就)很难想象文理可以在一个人身上融合的那么好。科学与文化的关系(太极理论的第一个层次:科学与文化的关系)。

6. 您说过:"香港必须加强文化的认同,才能从政治回归完完全全走向心理回归。"怎么样才能加强这种认同呢?(中国文化课程)适时加入一个针对北大校长等提问(内地的大学理工科是否也有相关的课程,是否认同张信刚的做法,清华是一个以理科见长的高校,为什么也要搞人文学院,对于理科生到底有没有现实的帮助,在中国内地在年轻人中是否也存在着对传统文化的认同危机呢? 等)和一个针对香港观众的小调查(对课程开设前后的态度及之后的满意度以及真正的接受程度),主持人不必下台,在台上连接嘉宾和观众。中国文化课程在大学里面的采纳。

7. 我听说张校长讲理工科的课程,也会加入很多文化的成分(招牌谚语)。

第三部分:香港与内地

8. 在您定居香港之前,对它有何印象,很多人说那里是文化沙漠(偏西方色彩,缺民族色彩)。适时加入一个针对香港观众的小调查(中国传统节日和西方节日,中国四大悲剧和莎士比亚四大悲剧),主持人不必下台,在台上连接嘉宾和观众。

9. 将您的太极理论推而广之,是不是也能够代表内地文化和香港文化呢?(你中有我,我中有你表现在哪里?差别又表现在哪里?)

10. 有一个观众在内地长大,又到香港城市大学读书,对内地与香港文化的差异有没有什么特别体会。(小杨提供的观众)

11. 城市文化沙龙。

12. 城市文化沙龙请的都是知名人士,对于普通民众呢?(电台主持一段)

观众:文化很宽泛,有阳春白雪,也有下里巴人,您的沙龙和电台节目是不是也说明文化的曲高和寡呢?怎样才能让文化有一张鲜活的面孔呢?

您如何判断一个人有没有文化。可能一个农村的老太太她的剪纸、民歌、手工等民俗艺术都很棒,但对高雅音乐绘画等一窍不通;又或者一个网络文学、博客文化的个中高手却对京剧、宗教毫无兴趣,那么他们是有文化还是没文化呢?

第四部分:中国与世界

13. 谈到您的电台节目,我们不妨仿照您的作风,放一段您喜欢的音乐让大家轻松轻松。

14. 看过根据你的电台节目出版的图书《张信刚随想曲》,里面有许多关于历史、文学、音乐、绘画等方面的内容,很容易让人以为你是搞文化出身的,你的这些知识从哪里来呢?(阅读,小学有两年没上课)

15. 您好像特别钟爱西方古典音乐,您觉得西方文化的了解对您理解中国文化有帮助吗?(赴美留学前两个月的游学经历)

16. C++工程—中西文化相结合

17. 在老外眼里,可能中国文化就是功夫,舞龙等几个很简单的意象,中国文化如何走向世界,又能让世界文化来丰富中华文明,而不是简单的过一个圣诞节、情人节而已。(太极图在运动中生生不息发展的内涵)

以上这期《张信刚访谈策划》,可见策划者设计的采访问题主要是基于被采访对象的求学和艺术实践经历,并以此为线索对成功人士每个成长阶段的内心体验进行挖掘,而这些问题正是该栏目的目标受众——年轻的、充满理想主义激情和缺乏现实经验阅历的在校大学生们所最希望了解的。这一目标受众的确定,影响到整个栏目的内容选择、形式设计和文化风格。

第三节　电视栏目策划的立意、内容与流程

一、电视栏目策划的立意

电视栏目策划的立意是一个栏目的策划要为它所服务的电视媒体树立一个个性化的、面目清晰的公众形象,确立一个栏目自己独特的、长期稳定的文化品格。电视栏目策划的立意必须以科学的环境分析和受众调查为依据,主要包括电视栏目的宗旨设计和定位设计两方面。

(一)电视栏目的宗旨

宗旨设计是建立一个栏目的根本和基础,即对栏目的社会效益、社会功能的设计。一个电视栏目应在社会生活中扮演何种社会角色,完成何种社会功能;在栏目策划的具体落实中,不同时期、年度、季度有什么不同的需要、要达到怎样的传播目标等等。

(二)电视栏目的定位

定位设计是确定一个栏目的内容与对象,即这个栏目"做"什么、做给"谁"看。这两个方面的设计是一个电视栏目综合理念与整体气质的表现,也是无形中渗透到每一期节目里的具有标志性的特征。

电视栏目宗旨和定位的依据是上一节中讲到的环境调查和受众分析,仍以上一节中提到的《绝对挑战》为例:

《绝对挑战》栏目宗旨和定位

1. 紧贴现实,关注现实

"贴近现实,反映现实"是电视艺术的长久生命力之所在。"从群众中来,到群众中去",是永久的真理,同时丰富的社会现实为大众媒体提供了丰富的大众文化文本。2003年以来,就业问题成为社会新的热点。有资料显示:2003年中国高校毕业生总人数达212万,比2002年增长46%,就业率却只有50%。2004年高校毕业生预计将比2003年增长68万,达到280万。在2010年之前,这个数字每年都还将继续攀升。大学毕业生的就业形势越来越严峻,很多大学生面临毕业即失业的尴尬境况。

针对这种情景,似乎是为电视媒体提供了新的话题空间。其实纸质、网络等媒体早就走在了电视之前,发挥深度报道、连续报道的优势。电视媒体也可以做类似的职场节目,为大众提供服务,愿望是很好的,但是一个

话题空间要想转化为可播出的节目,必须得找到和电视媒体的结合点,体现双方的长处。在这方面,《绝对挑战》制片人詹未认为:"电视节目较高的制作成本、严格限时的容量与播出方式、传播的易逝性等等,是她似乎难以广泛深入地介入到职场实务中去,这与电视观众对就业类节目持续升高的期待值刚好形成相反。"因此,《绝对挑战》并没有简单的只把电视招聘过程呈现在观众面前,而是设计了节目回访等环节,弥补深度不够的不足。

2. 准确的自身角色定位,走差异化路线

大众媒体已经走下高高在上的神坛,步入寻常百姓的日常生活中,为大众提供服务。《绝对挑战》并没有把自身角色摆在凌驾于企业和要就业的个人之上的指导师的位置,而是作为一个中介,为企业和个人牵线搭桥。正如栏目宗旨中所说:"搭建电视服务平台,为有用工需求的知名企业和有就业需求的个人提供服务。"本着为受众服务的观念,在充分调研研究阿根廷同类节目《人在职场》和国内的省台的职场节目后,《绝对挑战》栏目组认为:"媒体给予职场的关注和服务,关键点不再提供媒体帮扶弱者的个案,而在通过职场实战的案例呈现具有普遍指导意义的就业观念、态度和方法。"正如国家发改委经济社会发展研究所的张本波所说,"从栏目定位策略上看,把'帮你找工作'作为一个切入点,其目标人群是对栏目招聘职务感兴趣的人群,或者可以扩展到高学历人才;'教你找工作'才是落脚点,既提高就业者的就业能力,其目标人群则是覆盖整个劳动力市场。"也就是说,节目在具体的展示真实的职场竞争的同时,提升受众的个人素质。

3. "小众化"受众定位

任何一个节目的最终目的都是要到达受众、影响受众。《绝对挑战》走的是一条"小众化"路线。在目前中国受众"分众化",媒体强调"内容为王"的大语境下,"受众本位"被提到了一个新的高度。"受众本位与传播者本位不同,传播者在参与传播过程中主要根据受众的需要来确定传播的目的、步骤以及传播的内容和方式,并以受众受传的实际状况作为评价传播得失的标准。在以受众为本位的传播关系中,受众是传播者服务的对象"。《绝对挑战》的目标受众是社会中的中坚力量,他们大多拥有较高的学历和稳定的收入,代表了社会主流价值观,思维活跃,容易接受新鲜事物,具有很大的社会影响力。

4. "共赢"理念

在以往的"真人秀"节目中,一般节目在情节设计上都突出悬念和冲突,暴露人性的弱点或通过"你死我活"的拼杀来赚取收视率。《绝对挑战》摒弃了这种观念,他们认为节目的最佳结果不是"一枝独秀",而是参与者各方的"共活"和"多赢"。

5. 环节设计上,凸现娱乐性和竞争性

《绝对挑战》不同于其他"真人秀"节目的最大之处在于:这是一场被搬在屏幕上的,在现实生活中真实的招聘活动。节目中所有的元素都是真实的,招聘职位真实、参与招聘人员身份真实、招聘过程真实,结果真实,而非一场有真人来参加的"表演"节目。正如制片人詹未所说:"通过电视招聘的实施过程,将'真人秀'与日常生活合二为一,让电视节目的'秀'直抵社会现实。"在具体的环节设计上,"娱乐性"和"竞争性"并存。节目分为"实力作证","压力面试"和"人在职场"三个环节。"节目的《压力面试》环节重点考核选手的基本素质与个性特征;"实力作证"板块重点考核选手在特定环境中的实际操作能力和自己特有的行为特征;《人在职场》测试的重点是应聘者在职业生涯中每时每刻都会碰到的人际关系问题。"特别是在 2003 年 12 月份后,收视率有下滑的苗头后,栏目进行了调整,将"实力作证"调整为栏目第一个板块;"压力面试"被进行了改造,增加了淘汰环节等措施,有效的保证了收视率的回升。

这种栏目定位,有别于其他的真人秀栏目,也凸现出自己的特点:那就是节目中所有的元素都是真实的,招聘职位真实、参与招聘人员身份真实、招聘过程真实,结果真实,而非一场有真人来参加的"表演"节目。

二、电视栏目策划的内容

(一)电视栏目的选题

选题是电视栏目的具体传播内容,是电视栏目策划立意的体现。我们以中央电视台法制频道《心理访谈》栏目的两期节目选题表为例,来对电视栏目的选题标准作一番探讨。

表 6-1 《心理访谈》选题表

题目:一个戒毒所女所长的困惑
报题人:谭怡红
主编:蔡瑛
演播室:出镜
当事人:黄英   联系方式:
当事人概况: 黄英,40 多岁,担任河南省安阳市教育收容所和强制戒毒所所长 3 年,原先在河南省安阳市出入境管理部工作,年年都被评为先进工作者。

目前困惑：

    黄英作为一名女所长,用爱的方式去感化和挽救现在收容所里曾经卖淫、吸毒的人,收到了很不错的效果。但是,她的这种工作思路和方法在同事中却很难推行,沟通进行得很困难。因为大多数同事和领导认为对待这些"社会渣滓"必须用惩罚和强制的手段才能真正奏效,使其永远不再就范,而感化只能起到一时的效应,况且这些"人渣"也不值得去感化。观念上的冲突,使黄英在工作中遇到了很大的障碍,一方面领导不支持,另一方面下属也联手起来对抗她,甚至联名把她告到局里。

    黄英虽然外表依然乐观坚强,但心里却背负上越来越沉重的包袱,她开始整夜整夜睡不着觉,健康状况也急剧下降,心脏病、糖尿病日益严重,人也渐渐消瘦。精神和身体的双重折磨使她不堪忍受,甚至几次产生了轻生的念头。在家人劝说下她也曾想过辞职不干,可强烈的责任心又使她无法放手,写好的辞职报告却从来没有被递交过。

主要故事情节：

    1. 黄英的感化教育事例:有一个戒毒所的常客是当地的小混混,前几次被抓进来后,都逃跑。黄英接任所长后,小混混逃跑过一次,但是打电话给黄英,说对不住她,但是戒毒所里严厉的制度实在是让他忍受不了;第二次,小混混又被抓去,因为家里有人生病要请假,黄英准假了,别人都说像他这种人肯定不会再回来了,但黄英相信他会回来,结果小混混准时回来了。

    2. 至今,她已收到了一百多封已经走出收容所回归社会的人的来信,他们都在信中表示了深深的感激和重新做人的决心,有人甚至在信中写道:"我要是再干从前的事那就是对不起黄所长,我以后一定要靠自己的双手。"

    3. 矛盾冲突的顶峰:2004年6月,戒毒所发生了一次集体逃跑事件,有的收容人员也打电话回来给黄所长,说对不住她,逃跑的原因也是难以承受戒毒所严厉的强制制度;而所里的其他同事却觉得是黄所长的管理方式宠坏了被管教人员。此后,关于对收容人员的管理方式的争议日趋激烈,有的领导批评黄所长:"你不要忘记这里是公安局,不是民政局。"所里的一些同事与她造成了一种对立的局势,甚至于联名将她告到了上级单位。后来,上级领导调整,从其他所里给调换了一批人员,但这种矛盾并没有从根本上缓和。

    4. 三年时间过去了,工作压力使黄英身体垮了,精神上也极其压抑,几乎到了崩溃的边缘,她甚至几次想到了死,想得到彻底的解脱。她就是想不通为什么自己的做法感化挽救了那么多人,却得不到大多数领导和同事们的支持。

相关背景：

    黄英毕业后,一直在出入境管理部门工作,她很能干,年年都被评为先进工作者。三年前,由于工作出色,她被派往河南省安阳市教育收容所和强制戒毒所担任所长。工作环境从一个相对优越的部门到了一个很复杂的部门,这种变化令黄英感到很难适应。而且自己从来没有过接触这些卖淫吸毒人员的经历,有点不知从何下手。但经过一段时间的接触,她发现不少卖淫吸毒人员并不像自己从前想象的那样都不是好人,也不像别人所说的都是些不可救药的"社会渣滓",而是确实被生活所迫。她开始深深的同情他们,并希望能真正的帮助他们。

设置： 1. 信件

    2. 加入电视剧《四号女监》相关情节;

    3. 街采:对待戒毒收容人员,你觉得应该抱一种什么态度?感化他还是强制教育?

社会关注：

    教育收容所和强制戒毒所工作人员对于感化教育与强制惩戒两种方式,如何进行一个边界的界定与平衡?

续表

当事人的期望：
认识自己是不是在管教人员与领导同事之间的位置摆放有问题,如何调整?
观众的期望：
在工作中,如何处理工作对象与领导同事之间的三角关系?

从上面这个案例可见,在策划过程中对一个栏目选题标准的把握主要从以下几个方面考虑：

1. 把握舆论导向

电视的传播特点是其成为现有各种传播媒介中受众数量最多、社会影响最广的强势媒体甚至"第一媒体"。由此,一种观念和态度一旦经由电视栏目的选题内容向大众播出,就会迅速地形成某种舆论导向,很大程度上影响大众对某些事物的看法和倾向。因此,一个选题的内容是否适合在一个电视栏目中播出,涉及到政治、经济、文化、伦理、法律等多方面因素,还涉及报道角度、播出时机等一系列问题,可以说对电视栏目的选题,舆论导向的把握是最能体现策划人政治修养和专业素质的一环。

2. 法律规避范畴

电视作为一种"声画并茂"的大众传播媒介,在选定电视栏目传播的具体内容时,必须保护公民的肖像权、荣誉权、隐私权以及未成年人的合法权益,尊重国家法律法规的规定和被摄对象本人合法合理的要求,有选择的披露被摄对象信息、在镜头上采取一些规避措施等等。因此,在栏目选题策划的时候,就充分考虑到这样的题材能否拍摄,能不能有效保护当事人,同时又不让观众产生交流障碍等问题。

3. 受众心理承受

受众在通过电视栏目获得信息的同时,还有获得审美愉悦的需要,在策划过程中不应为了追求猎奇、刺激或煽情的效果而选择突出表现"非常态"的选题。比如对有关灾难事故、绝症病人、残障人士等题材的报道,都应特别慎重地确定策划的出发点。报道角度、画面内容和解说的措词,都要充分考虑到观众的审美需求和心理承受能力。

4. 是否方便采制

电视是一个视听结合的线性播出媒体,其传播方式和物质手段决定了电视既有许多其他媒体无法比拟的优势,也不可避免的受到很多采制技术上的限制,并非任何一个题材都适合用电视手段来表现,也不是任何一个有"创意"策划方案都能顺利实现。因此在电视栏目的选题策划中必须量体裁衣、量力而行。

(二)电视栏目的风格

电视栏目的风格是指一个栏目拥有自己独特的传播内容、表现形式,以及一种引起受众共鸣和认同的文化品格、审美品格。

电视栏目的风格可以从四个方面来体现：一是内容；二是包装；三是主持人的风格；四是摄制。栏目的风格虽然各有千秋，但都应注意其独特性、鲜明性和整体的一致性。

下面以 2005 年同时热播的三个"选秀"栏目为例，进行相互之间的分析和比较：

	《超级女声》	《莱卡我型我秀》	《梦想中国》
节目定位	大型"无门槛"（"低门槛"）音乐选秀活动。打着"超级女声"的旗号，喊着"想唱就唱"的口号，专门的女子音乐选秀活动。	环球唱片人才招聘会，目标明确在挑选艺人，培养明星。同时也为环球唱片公司做宣传。	定位模糊不清，给选手提供了一个展示自己的平台。并非专门的音乐选秀活动。
报名条件	"无门槛"（"低门槛"）。不分唱法、不论外形、不问地域，只要喜爱唱歌的女性均可参加，且不收取报名费。	参赛选手年龄限制在 16～25 岁，无性别限制，无任何经纪契约。	年满 16 岁，有勇气，有艺术梦想，非任何专业文工团体成员。
播出时间和形式	预赛和决赛安排在暑假来吸引更多学生观众。从预赛到最终的总决赛，时间长达半年之久的直播。给观众展示选手"原生态"。	前期节目采用录播，播出时间过短，只有东方卫视《娱乐星天地》里每周一次的特别节目，节目里也只是选手比赛集锦，不能看见比赛全貌。	分赛区选用录播，总决赛定在十一长假期间，一连七天的直播，吸引了那些放假在家的观众。
赛制安排	海选、逐层推进的晋级预选赛、半决赛、决赛，整个比赛拉长，形成了巨大的影响力。尤其是海选和 PK 成为节目吸引观众的法宝。	将节目做成了"情节剧"的形式，选拔、集训过程都播出。"短信复活计划"吸引了很多观众的参与。	十二大赛区排队串行进行，地方选拔阶段集锦式的播出，只是在最终的总决赛期间才采用现场直播方式。
观众参与度	在海选阶段，引入观众"想说就说"的概念；在淘汰晋级阶段引入"家庭舞台"概念。比赛采取大众评委和短信评委方式，互动性很强。	除了最后几期节目外，一直遵循现场无观众的原则。"短信复活计划"一定程度上调动了观众参与度。	首开无专业评委，观众就是评委的先河（短信支持率决定选手）。同时，比赛现场也有观众进行互动。砸金蛋中大奖的环节也吸引了众多观众的参与。

主持人设置	湖南卫视的众多年轻的主持人<u>何炅</u>、<u>李湘</u>等,并邀请2004年《超级女声》冠军安又琪作为嘉宾主持,年轻、时尚,整个赛场一片活跃。	上海东方卫视本土主持人陈辰、吉雪萍,在上海地区有一定的知名度,但难以引起更多观众的共鸣。	<u>李咏</u>,中央电视台金牌娱乐节目主持人,其主持的节目有《幸运52》《非常6＋1》,其主持风格轻松搞笑。
评委设置	专业评委,更多是音乐界幕后制作人员,但不具有权威性。"柯楠"组合成为《超级女声》的一大亮点。	邀请歌唱,表演,时尚界的权威评委。	没有固定评委,一些歌手更多只是表演,剩下李咏并没有专业评论。

从上面三个选秀栏目的节目定位、赛制安排、观众参与度、主持人设置、评委设置等方面,可以梳理出不同电视栏目不尽相同的风格:

1. 节目定位设置

一个成功的选秀类节目,就节目定位而言,指向针对明确,形式集中才能受到观众欢迎。如果定位模糊不清,形式多样过于庞杂,这样就会分散节目受众的注意力,削弱节目主题的影响力。在《超级女声》《莱卡我型我秀》和《梦想中国》中,三者在节目定位上有着各自不同的差别。《超级女声》只有女性参加的性别要求和只唱歌的比赛方式两项限定,可见其将自己明确定位于一场大型"无门槛"("低门槛")音乐选秀活动。《莱卡我型我秀》更是直接打出"环球唱片人才招聘会"的旗号,招徕众人关注。并明确表示其目的是选拔音乐人才,在国内挖掘具有时尚气息和有才能的艺人。相比较之下,《梦想中国》的节目定位比较模糊,并非专业的音乐选秀,而只是为民众搭建了一个展示自我的舞台,节目中有唱歌,有跳舞,有朗诵等各种形式存在,这些多样的形式难免会让人觉得舞台上过于庞杂。观众不需要定位模糊的"晚会式"的大杂烩选秀类节目,因为看不明白究竟选的是什么,比的是什么,因此节目收视率显然不如前两者。可见选秀类节目应该怎样定位,需要节目创作者下工夫认真思考。

2. 报名条件设置

报名条件,对于一个成功的选秀类节目来说有着至关重要的作用,其直接决定观众参与热情和节目火暴程度。根据对三个节目的对比分析,就受欢迎程度而言,业内专家认为,"低门槛"(对参加者无年龄,无外形,无是否专业等限制)的报名条件最为火暴。

《超级女声》的要求是:不分唱法、不论外形、不问地域,只要喜爱唱歌的女性均可参加,且不收取报名费。很明显地看出《超级女声》以其"无门槛"("低门槛")的形象招徕了众多有着音乐梦想的女生的青睐,这也正与《超级女声》"想唱就唱"的口号相吻合。这种异常广泛的参与度不仅拆除了许多传统习惯,而且具有标志性的意义。电视的本质应该是人类观察自我的镜子,可以反映崇高和神圣,也可以反映平庸和低俗。《超级女声》观众的超级参与度让我们有更多机会看到电视的本质。其中,年龄无限制是《超级女声》受欢迎的最主要原因。2005 年《超级女声》的赛场上,更是出现了年仅 6 岁的小妹妹和年已 89 岁的老奶奶同台竞技的场面,给观众们带来的感觉除了惊讶,或许更多的是震撼和感动。同时,《超级女声》将参与条件强定为女性,相比《莱卡我型我秀》和《梦想中国》这样的男女都有的综合性选秀类节目而言,单纯似乎更加能够吸引人们的关注。

《莱卡我型我秀》报名条件是:参赛选手年龄限制在 16～25 岁,无性别限制,无任何经纪契约。可见其年龄限制,决定了它年轻时尚的整体风格,直接导致了其关注人群更多的集中在年轻观众中。

《梦想中国》的报名条件为:年满 16 岁,有勇气,有艺术梦想,非任何专业文工团体成员。可见其与前两者最大的区别莫过其是一个非专业人士参与的选秀,这点直接影响了其比赛的整体质量和参赛热情。

在三者中,《超级女声》的报名条件如此体现电视本质,这种符合通俗文化的最大限度设定,以快速消费的形式传播,受到大众的欢迎。

3. 比赛播出时间和形式设置

就比赛播出时间和形式来说,比赛播出时间应与观众空余时间相吻合,用直播来反映比赛真实,这样的设置才能更大限度地提高节目的关注度。直播表现出三大特点:一、零时差,这是速度终结空间的极致表现;二、真实性,未经编辑加工,事件和人物更加真实地贴近观众;三、更多表现为动态直播状态。选秀类节目采用现场直播的传播方式,让观众看到了选手正在和将要发展的状态,这也是满足了受众"猎奇"的心态,这样就更加拉近了电视机前的观众和节目现场的距离,实现了共时性传播。

《超级女声》长达半年的现场直播让观众陪伴着选手一路成长,这让观众们可以直接看见选手们进行一场场比赛的努力和进步。几乎所有比赛(除海选)采用直播的方式在湖南卫视和赛区联合电视台同时播出,观众们在电视中看见的是选手最为真实的一面。《超级女声》后期的比赛以及决赛都安排在暑假阶段,这更是吸引了更多的学生观众。可以说,《超级女声》的直播对《超级女声》的贡献在于最大程度地还原了真实性、过程性和观众的参与性,以其不可预知性极大地调动了观众的胃口,这些都是符合电视本身的传播规律、发挥电视传播的最大优势,同时,这也就是"真人秀"节目最大的魅力所在。

相对而言,《莱卡我型我秀》前期的大部分节目都只是安排在东方卫视每周末的《娱乐星天地》中播出,在播出时间上,尽管能吸引很大一部分观众,但这种录播和集锦的形式失去了直播的真实性,观众看见的是编排之后的情景剧而并非真人秀。这种"真实性"的缺失,自然让观众远离了节目。

《梦想中国》分赛区的比赛采用录播并剪辑的形式,同样并没有引起大量观众的关注,剪辑加工和录播直接违背了真人秀节目真实的本质,导致了其收视效果不佳。总决赛安排在十一黄金周期间一连七天的直播,这样的时间安排在一定程度上挽回了点观众的流失。

4. 赛制(节目形式)和赛程设置

在赛制上,用独特新颖的亮点规则最大限度地反映"原生态",这直接决定观众对节目的关注程度,决定节目的成败。"原生态"是真人秀节目的主要特征之一。"原生态"模糊了生活与电视的界限,缩短了屏幕内外传受双方的心理距离,同时也暗合了观众们微妙的收视心理。

在赛程安排上,应用"拉长状逐层推进接力"的形式,能提高忠实观众数目,提高节目收视率。所谓"拉长状"就是指从地区赛到全国赛,"逐层推进"就是指初赛,预赛,决赛。"接力"是指地区赛按顺序一个接一个进行直到总决赛。

《超级女声》采用从各赛区海选、逐层推进的晋级预选赛、半决赛、决赛到全国总决赛的赛程,这样整个比赛拉长,形成了巨大的影响力。在赛制上,尤其是海选和PK成为节目吸引观众的法宝。海选的"原生态"是对真人秀节目本质的体现。选手在一块简陋的布景板前,无伴奏无话筒和任何辅助设备,选手不化妆,清唱,给观众和评委呈现出最真实的面貌和最真实的声音。于是紧张拘束者有之,举止滑稽者有之,甚至五音不全者也有之。然而正是选手们这种"原生态"的现场表演,正是节目"海选"阶段吸引受众眼球的主要因素。在淘汰赛和决赛阶段,《超级女声》策划者们首创了一个游戏规则"PK"—Player Kill,引申为两个对手的直接较量,残酷的赛制激发着选手的潜力,也吸引着观众的高度关注。

《莱卡我型我秀》采用各地区预赛,决赛,全国总决赛的赛程,拉长了整个选秀比赛的持续时间,这样加强了受众对节目的关注度。在节目形式上,早期的比赛将节目做成了"情节剧"的形式,选拔、集训过程都播出,给观众们展示出生活中和舞台上选手不同的侧面,在一定程度上体现了选手的"原生态"。但同时,由于节目时间只有一个小时,想展现如此超负荷的内容,就导致了节目过于分散,没有形成传播的聚焦效应。与众不同的是《莱卡我型我秀》设置了"短信复活计划",就是已经淘汰的选手还可能因为短信投票高而回到比赛中,这一点无疑使那些人气呼声高受众多观众欢迎而由于某种原因被淘汰的选手再次回到比赛中,同时在无形中又推动了节目的收视率和观众的参与度。

《梦想中国》的十二大赛区排队串行进行,但是由于分赛区实在过多,所以使得观众对特定选手的关注不连贯,这样就让观众的关注点被迫飘摇不定,无法产生对个别选手的特别关注与支持,一定程度削弱了忠实观众的形成。这也是决赛中选手之间票数始终难以拉开的原因。在节目规则设置上,一个接一个的表演,大台"晚会式"设置相对陈旧老套,缺乏特色和"原生态"展示,直接导致了受众关注度的下降。

5. 观众参与程度

为了最大限度地让受众参与节目,在选秀类节目中应当加强人际传播,真正与观众交流,把电视媒介的单向传播变为双向传播、多向传播。运用各种手段方式,来调动观众的积极性,让观众成为节目主体的一部分。观众不仅是节目的接受者,而且是节目的参与者,而不是旁观者,他们投票具有决定性的作用,甚至可以改变节目的整个进程。如果脱离观众也就脱离节目本身,观众参与度越高的节目越受欢迎。

《超级女声》在海选阶段引入观众"想说就说"的概念,观众的评议代表了大众对选手表现的观点;在紧张的淘汰晋级阶段引入"家庭舞台"的概念,选手家庭首次成为比赛内容之一进入现场。在比赛中,专业评委、大众评委和短信评委共同决定着一个选手的晋级与否,这在一定程度上极大地调动了观众的积极性。可见受众的地位发生了转变:从单纯的受传者转变成传播者中的成员,既是受传者,也是传播者。电视传播的如此改变,让观众成为了节目的主角,影响着节目的进程。在《超级女声》比赛期间,全国各大城市都出现了观众自行组织的支持团体即所谓的"玉米"、"笔迷"、"凉粉"等,为各自喜欢的选手拉票助威,这也从一个侧面让我们看见《超级女声》很好地调动了观众的参与程度。

《梦想中国》首开完全只有观众评委的先河即完全由观众短信投票来决定选手的成绩,在决赛期间,每天百万条信息投票的状况足以看出《梦想中国》影响之广远。可见,电视的传播从由传播者单向传播过渡到受众参与传播,受众可以将自己的需求、观念等反映到电视节目中去,成为电视节目中的主角。同时,与场外观众电话连线,砸金蛋中大奖的环节也为《梦想中国》招徕了众多观众的关注与参与。

而一反常态的《莱卡我型我秀》在节目设置上去掉了现场观众部分,只在最后几场比赛中才看见观众的身影,但有场外观众短信参与的"短信复合计划"一定程度上弥补了其脱离观众的局面。而其本身的吸引人群就集中在年轻人之中,加之又缺少了现场观众参与的热情,节目氛围不够,观众的参与度和关注度自然下降,直接导致了其收视效果不佳。

在此不得不指出的是,三大选秀类节目的观众参与度的调动在很大程度上依靠了新媒体的加入,例如手机短信、互联网、电话等,这几种新媒体弥补了电视反馈不及时、较难做到分众化的缺点,而可以让观众有自己的选择权和决定权。

6. 主持人设置

主持人是节目的体现者、代表者,是节目的延伸。选秀类节目应该选用时下受多数大众欢迎,影响力较广,主持风格与节目类型相符合的主持人,来融合成节目亮点因素。主持人应做到"绿叶"配"红花",但切勿将自身势头超过选手。

湖南卫视依靠自身娱乐大台的优势,全力出动当家主持人何炅、李湘、汪涵、舒高、李响,并请来 2004 年《超级女声》全国总冠军安又琪作为嘉宾主持。强大的主持阵容,却少了许多他们以往给观众矫揉造作的感觉。在《超级女声》的赛场上,他们并没有压制选手的发挥,而更多的只是甘愿做一回绿叶。

相比之下,作为央视当红主持人,李咏在《梦想中国》的舞台上却更像一朵红花。其在接通场外观众点评电话的环节中,每接通一个电话都要来一番自我介绍:"你好,这里是中央电视台《梦想中国》第×期的直播现场,我是主持人李咏……"一次尚可被人理解,如果连续接通 6 个电话,都要这么做广告般絮叨一番,难免让人觉得有作秀的嫌疑。选秀类节目中,受众主要关注的是选手而不是主持人,所以真正的主角是选手。当主持人势头超过选手时,便会减少受众对选手的关注度,因而影响节目的忠实观众的形成从而影响收视率。

《莱卡我型我秀》起用的主持人陈辰、吉雪萍等只在上海地区和部分地区有一定的知名度,却难以征服全国观众和让观众认可。其明星支持的缺失,让其形成了只开辟了一小片天地的局面,这样从一定程度上导致了《莱卡我型我秀》的全国收视效果不如《超级女声》和《梦想中国》。

7. 评委设置

和主持人相比,评委在节目中也有着举足轻重的作用。应邀请较专业评委对选手评头论足,增添评委与选手的激烈交锋程度,产生矛盾擦出火花,无形中添加表演元素,来增加节目亮点因素,让观众以旁观者角度介入,欣赏这场戏剧性的"演出",以此来提高节目收视率。

评委要成为节目的符号。《超级女声》目前的评委,本身已经超越了"评判"、"评审"的作用,而成为了节目中的一大看点,其中最典型的就是"柯楠组合"。柯以敏的"你有一片天"、"威力威力 GOOD"、黑楠的"用灵魂在唱歌"等等,都已经成为《超级女声》舞台上脍炙人口的台词。他们专业、有激情,和节目"快乐为本"的理念比较吻合,在某种程度上已经成为节目的一大亮点。另外,《超级女声》的评委不是音乐界泰斗,也不是大牌歌星,更多是一些音乐界的幕后制作者,他们具有一定的专业性,但不具有权威性。这样在一定程度上能打消选手对权威人士和大牌明星的盲目崇拜,消除恐惧感和胆怯心理。业余选手配上专业的评委,两者正面交锋,产生矛盾,擦出火花,原汁原味的节目无形中就加进了表演元素,观众作为第三方介入,他们要看的就是由这样专业性和业余性之间的差异所带来的戏剧性。这样能提高节目的精彩程度,提升观众的关注度。《超级女声》的评委"柯楠组合"(柯以敏,黑楠,超女两大评委)正符合了这点。例如柯评委的评语 "你唱歌很没有感情!""你唱歌和你说话一样做作。""你的牙齿有问题吗?干嘛字都咬不清楚?""别人唱歌是偶尔跑调,你唱歌是偶尔不跑调!"尽管这些语言对选手有不尊重的嫌疑,但当评委和选手意见有分歧时,两者真实的来回反应,矛盾的火花就构成了节目的又一可看之处。

《莱卡我型我秀》由于其节目定位和目标不同所选择的评委中有知名音乐制作人、当红歌手、国际名模等等,他们在歌唱与表演,乃至服饰上更具有权威性,在一定程度上加大了选手和评委之间的摩擦,让观众们看见了更热烈的一面,但是毕竟是"权威"人士,所以这样也让选手和观众觉得不可亲近甚至产生畏惧感。

《梦想中国》的无评委制度一方面少了让观众从专业角度去关注选手的风向标,另一方面让人觉得没有评头论足的比赛显得过于自娱自乐,平淡无味。没有了选手和评委间的摩擦,不仅对选手的发展产生影响,而且也导致观众一定程度上的不信任,从而减少了节目的可看性。仅有的几位评委出现在分赛区,却由于其不具有专业性,他们的表现过于严肃,并未能成为比赛中的看点。

可见,评委在节目中扮演着增加节目亮点,调节节目气氛,提高收视率的关键角色。评委及其点评方式的设计,也是策划过程中栏目整体风格设计的重要组成部分。

(三)电视栏目的运作与宣传

这是栏目策划中重要的一环,也是树立形象、创立品牌的一个重要手段。电视栏目宣传的形式可以是多种多样的:一是通过自己组织的特色活动来进行宣传,这些特色活动往往可以制作成"特别节目",加强宣传力度,扩大节目影响。如《十二演播室》的"国际大专辩论",《经济半小时》的"中国质量万里行"和"3·15特别报道";二是通过栏目自身的纪念性活动来宣传,如在栏目一周年或百期纪念日开展的观众联谊活动;三是借助社会的特定纪念日来推出活动进行宣传,如国庆、春节、世界环保日、世界住房日等;四是与其他媒体合作,进行跨媒体宣传。请看央视国际网站对2007年6月推出的纪念香港回归十周年系列栏目进行的预告宣传:

新闻 更多

大型电视纪录片《新香港故事》

　　中央电视台新闻节目中心为庆祝香港回归十周年特别制作 10 集大型电视纪录片《新香港故事》,为十年历史留下了珍贵的影像记录。纪录片通过讲故事的方式,关照个体命运背后的"大历史"。摄制组在港采访了上百位香港各界精英人士。

香港十年

庆祝香港回归 10 周年纪录片《香港十年》

　　由央视海外中心制作的 8 集大型电视纪录片《香港十年》,央视综合频道晚间黄金时段推出。该片首次采用最先进的高清晰度数字电视设备,记录了香港回归 10 年间的沧桑巨变。

CCTV - 4

CCTV - 4《香港·香港》特别节目

新闻 60 分:魅力香港
以记者独特视角发掘香港文化,给你一个或许你并不了解的香港!

两地报道 直通香港
他,来自 CCTV - 4;她,来自香港亚视,为你报道香港资讯。

《永蔚独家访问》
《中国新闻》记者任永蔚在香江江畔追访内地、香港各界名士名流。

今日关注:对话新香港
就大家共同关心的与香港有关的问题展开讨论,展现香港十年变迁。

《军事纪实》驻军十载辉映香江

《驻军香港十年大扫描》第一集:神圣使命
《驻军香港十年大扫描》第二集:形象之窗
《驻军香港十年大扫描》第三集:别样风采
《驻军香港十年大扫描》第四集:威武之师
《驻军香港十年大扫描》第五集:香江试剑
《驻军香港十年大扫描》第六集:爱心永驻
《驻军香港十年大扫描》第七集:相伴繁荣

《大家》纪念香港回归十周年

《大家》:香江传奇

　　为庆祝香港回归十周年,中央电视台《大家》栏目于6月10日—7月1日,连续播出四期系列访谈节目《香江传奇》。香港学界泰斗、国学大师饶宗颐,著名作家、社会活动家金庸,香港科技大学校长、物理学家朱经武,这三位香港文化科技领域的代表人物将分别做客《大家》。

《国宝档案》庆祝香港回归十周年

　　为庆祝香港回归十周年,《国宝档案》特别制作了一批与香港有着不解之缘的国宝文物的节目。为您讲述这些国宝鲜为人知的幕后故事。
国宝回归秘密档案(上)　2006年25日18:50
国宝回归秘密档案(下)　2006年26日18:50
尘封的档案(上)　2006年27日18:50
尘封的档案(下)　2006年28日18:50
香港茶博物馆　2006年29日18:50
香港茶具博物馆之紫砂之谜　2006年30日18:50

　　从网页上可以看到,中央电视台新闻频道、国际频道、科教频道、军事频道等都借助"香港回归十周年"这个社会性的特定纪念日推出一系列"特别节目",来对本频道的主要栏目进行宣传,并充分利用了"网络收视指南"的媒介资源扩大栏目影响。这种抓时机、跨媒介的宣传运作,对扩大科教类、军事类等以往只有部分稳定收视群的栏目的社会影响有显著的效果,对树立频道的整体形象也起到重要的作用。

第四节　电视栏目的包装

电视栏目的包装是一种具有明确目的性,用以统一、强化栏目自身特点的竞争手段。电视栏目包装是对栏目外在形象、整体风格、具体样式的设计和美化,包括栏目名称、标版、预告片的包装;栏目主持人和演播室的包装;以及栏目板块或段落转换格式的包装等。

一、电视栏目的"取名"学问

从某种意义上说,栏目名称的创意是栏目包装的第一元素,因为栏目名称就如同人名一样,是用来区别于其他个体的第一代号,如果观众从屏幕上看到的都是"××热线"、"××采风"、"××聚焦"、"××纵横"之类相似的名字,不同栏目的信息传播和不同电视台的个性就会被模糊和同化。电视栏目名称作为受众对电视媒体的第一印象,不仅反映了电视栏目的内容和特点,而且体现了一个电视媒体的文化特质和品牌定位,折射出不同的社会因素、审美取向对电视栏目命名用语的影响。请看表6-2:

表 6-2　京沪港台地区主要媒体部分电视栏目名称

	新闻评论类栏目	谈话类栏目	综艺娱乐类栏目
中央电视台	新闻联播 新闻调查 新闻 30 分 焦点访谈 东方时空	对话 实话实说 艺术人生 戏曲人生	同一首歌 曲苑杂谈 非常 6+1 梦想中国 三星智力快车
上海东方卫视	东方新时空 东方全记录 东方午新闻 东方夜新闻	决策 波士堂 头脑风暴 杨澜访谈录	舞林大会 味道中国 娱乐星天地 加油!好男儿
香港凤凰卫视	凤凰早班车 凤凰午间特快 凤凰子夜快车 凤凰全球连线 小莉看世界 新闻骇客赵少康	财智人生 风云对话 冷暖人生 鲁豫有约 名人面对面	美女私房菜 健康新概念 李辉完全时尚手册
台湾电视台	台视运动周刊 台视消费新闻 台视晚间新闻	发现新台币	盍酷兵团 生活达人 少年特攻队 哈林国民学校

(一)栏目名称的语言形态体现着栏目及所属媒体的定位

从统计调查的结果中不难发现,京、沪、港、台这四家媒体的栏目命名从选用的语汇、词性和词组类型上都有明显的差异,从语言形态上就体现出不同的定位和风貌:

央视一套:名词和名词性短语占到央视一套 34 个栏目的 55.88%,多为偏正短语,缺少动感和冲击力,平面感强;新词新语使用率几乎为零,给人以正统、陈旧的感觉,栏目命名主要突出了主流媒体和国家电视台的姿态,如"中国人口"、"中华民族"、"当代工人"等。

凤凰卫视:主谓式词组是凤凰命名的主要方式。冠名是凤凰的又一大特点,首先它注重凤凰整体的宣传性,在 49 个栏目中以"凤凰"开头的栏目名称就有 9 个,占 18.37%;其次它不只是冠以赞助单位的名称,更是以主持人的名字命名栏目,比如:"鲁豫有约"、"凤凰冲击播:文涛拍案",以及最新的"戈辉梦工厂",这种冠名突出了主持人在栏目中的主体位置,便于观众记忆和选择。最后,凤凰栏目名称构成多样,既有方言词又有含字母、数字的词,给人以活泼跳跃的感觉。

东方卫视:其栏目总数的 1/3 全部以"东方"的品牌冠名,与央视和凤凰相区别。但仅此一着似乎并不足以标榜以老上海、西洋风为代表的"海派"文化,东方卫视的栏目名称既有效仿凤凰卫视的个性化,又难以摆脱央视一套的平面化,使部分栏目名称显得不土不洋。

台视主频:"台湾"或"台"是出现频率最高的词,占栏目总数 1/3,如"发现新台币""台湾生态笔记";将台湾方言词用于栏目名称的占 1/6,如"盍酷兵团"、"生活达人"等等。作为 1951 年 10 月 10 日开播的台湾本土最早的电视台,台湾电视台栏目的命名突出了无处不在的"本土化"色彩。

(二)不同类型的栏目有不同的命名策略

电视新闻类节目的命名通常很不容易创新,往往不可避免的要用到"新闻"两个字,另外像"报道"一类的词语出现频率也极高。以上四个媒体的新闻栏目中,只有凤凰卫视的栏目命名有所突破,充满了时空动感,如"早班车"、"午间特快"、"子夜快车"、"直通车"等等,反复强调了凤凰新闻资讯最新最快的优势,也体现了它独特的新闻理念"有事件发生的地方就有凤凰"。另外,凤凰卫视擅长以独特视角分析各种新闻事件,通常同一个事件在不同的栏目中被挖掘的角度都不一样,形成个性化的"百家争鸣",因此像"小莉看世界"、"新闻骇客赵少康"这样以主持人名字表明栏目定位的也很多。

电视谈话类节目尤其是关于生活情感方面的谈话类节目,可以引起受众的共鸣,而栏目名称作为观众了解栏目的第一印象应该体现这种互动式的交流氛围。因为讲述对象是个人,因此栏目多以"人生"、"人"命名,可以直接反映栏目内容。凤凰卫视谈话节目的定位很鲜明,如"鲁豫有约——说出你的故事","冷暖人生:讲述普通人生存与生活的故事",名称上有亲切感,特别是一冷一暖突出这群不普通的普通人艰辛的生活历程;同样是访谈商界名人的节目,凤凰命名为"财智人生",东方命名为"头脑风暴",台视命名为"发现新台币"。凤凰让人一眼明了栏目的内容;东方使人感觉是游戏娱乐性;台视用"新台币"比喻成功企业家,"发现"比喻访谈的动作,可谓独具匠心。

电视娱乐栏目的命名的主攻方向是最快、最大限度的吸引受众的注意力和调动观众的参与兴趣,这就要求娱乐栏目的名称在炼字、修辞或句式上不仅要恰如其分,而且要领异标新,先声夺人。恰如其分就是题目的意思与栏目本身的内容特征或形式特征丝丝入扣,一语中的。这两方面对一个好名字来说缺一不可,比如说东方卫视的"加油好男儿":"男儿"、"加油"传递了"以年轻男性为参与者的某种竞赛"的信息,但具体什么竞赛不清楚,后来看到节目也可以发现,这也正是2006年众多选秀节目中竞赛内容和评判标准最为模糊的一档,至少从栏目命名这一环节,就输给了它的主要对手"超级女声"。一个"声"字立刻使人联想到"歌唱"这个动作,而歌唱几乎是整个栏目的全部内容和最主要表现形式。

上表中的四家媒体,只有台视是以娱乐类节目为主打,其栏目名称特色明显:一方面多以"整体"的概念命名突出参与性和互动性,如"兵团"、"特攻队"、"国民学校";另一方面大量运用"盍酷"、"达人"、"哈林"等台湾当地方言,拉近与本土观众的距离。

(三) 栏目命名立足于不同文化特色与美学追求

央视一套:兼收并蓄,正统严肃,体现端庄大气和民族性,追求整体美、和谐美;

凤凰卫视:时代感强,人文色彩浓郁,体现香港资讯飞速更新、竞争异常强烈的快节奏生活,追求时代美、形式美和人文美;

东方卫视:品牌意识强烈,突出中西结合的"海派"风格,追求时尚感和幽默感;

台视主频:娱乐领跑世界,"本土化"和物质感增加了媒体的冲击力,追求时尚美和形式美。

二、电视栏目的"标版形象"设计

电视栏目的"标版形象"就是在每次节目播出时都以相同形式出现的"片头",以及从片头到演播室背景的过渡。"标版形象"必须体现的内容包括栏目的名称、栏目的宗旨、口号,以及表现栏目风格定位的音乐等。

下图是美国 CNN 新闻频道王牌脱口秀栏目《拉里·金直播》的标牌设计:

《拉里·金直播》是美国 CNN 新闻频道的标志性栏目。它主要以时事话题为主,有时进行人物访谈,包括政治家、知名人物,也包括具有新闻价值的普通人。它在众多美国脱口秀节目中以态度严肃、品位高尚著称。在节目形态上,开放式的谈话和制作精良的短片相结合,在主持人拉里·金的全场调度下,节奏张弛有度,非常吸引人。

栏目的标识是一只话筒。每期节目的开头和每个谈话段落的开头,屏幕的右下角都会出现它,运用特技让几道颜色各异的金属圈环绕话筒几周,以示节目正在进行,话筒的表面打出了节目的名称:LARRY KING LIVE(白色,上至下排列),话筒身上的圆形标志以红底白字标出栏目所属的媒体名称 CNN,同时响起"你可以看到《拉里·金直播》,只有在 CNN!"的栏目宣传口号。

只要看过《拉里·金直播》的观众,都会对拉里·金身后的主演播室背景留下深刻的印象。映衬在黑底色上的红、蓝、白色的小圆圈组成了一幅美国的地图,红、蓝、白三种颜色的采用源自于美国星条旗的三种颜色,象征着美国,而且因为黑底色的缘故,在色彩上运用光的技术,使色彩比较突出,以求视觉效果;小圆圈的大小直径相同,像话筒的横截面,象征着这是一个谈话节目;因为主演播室设在洛杉矶,所以,拉里·金近景画面的背景正好是地图上洛杉矶的所在位置(地图的局部)。同样,多数嘉宾所在直播室的背景和主演播室的背景是一致的,只不过,嘉宾近景画面的背景正好是其直播室所在地在美国地图上的位置（地图的局部）。这样的设计即向观众提示主持人、嘉宾所在的方位，具有很强的空间感，又通过不同演播室内风格统一的背景，使整个节目具有了整体性。

在节目中，多次出现的双视窗将不同地点的人物之间对话过程一同展现在观众的面前，每次出现双视窗时，视窗以外的画面采用的背景与话筒也有关，一个个大小相同的圆圈，圆圈内是网格状，如同一只只话筒的横截面，而且众多的话筒象征着谈话对象的众多，正好符合双视窗呈现主持人与嘉宾或者嘉宾与嘉宾之间异地同时对话的特点，与标板形象的设计相辅相成、和谐统一。

三、电视栏目"预告片"的推介策略

预告片是在电视栏目每次播出时紧跟"标版形象"出现的短片，用于介绍该期节目的主要内容和亮点，从而吸引受众的关注。下面我们结合美国广播公司（ABC7 频道）的王牌节目《奥普拉·温弗莉访谈》来谈谈电视栏目预告片的推介策略。

《奥普拉·温弗莉访谈》在美国电视谈话节目收视率排行上的领先地位保持了十几年之久，每天都有近 1400 万观众收看她的节目，观众不受信仰、性别、文化程度和年龄的限制，包括那些寻求宽慰的人群、赋闲而追求新知和兴奋的主妇、寻觅伴侣的孤独的离婚者以及那些渴望理解的非正统生活方式者。《奥普拉·温弗莉访谈》节目内容主要涉及人际关系、心理分析和日常生活，这样的谈话节目在美国有很多，但奥普拉的节目却能够独树一帜，并获得过有"美国电视奥斯卡"之称的"艾米奖"。其长久的吸引力不仅来自奥普拉本人的魅力，更重要的是每期节目从标版出现到预告片推介，再到段落环节的精心编排，总能步步深入地挖掘出观众真正想听的个人故事。尤其是预告片的叙事策略，总能在第一时间牢牢抓住观众的心，并且保持观众的收视兴趣。

以《奥普拉·温弗莉访谈》2000 年 3 月 30 日这期节目的预告片为例：本期节目的主题是"你的孩子是否患有抑郁症？"在节目正式开始之前，预

告片展示了一段短小精致的节目提要——几个孩子诉说各自心中苦闷的镜头的依次穿插,配合着温弗莉低沉而充满感情的画外音:"许多孩子看上去一切都好,但实际上他们患有抑郁症。一项调查揭示了这样的事实,五分之一的孩子曾认真地想到过自杀。你如何能判断你的孩子有没有抑郁症呢?请看看下面的节目吧。"

这段持续了近50秒的片头从技术层面来说,制作精美,言简意赅,画面、文字、声音以及音乐水乳交融,自然流畅,能一下子抓住观者的注意,激发其收看的兴趣。从内容上看,这个选题也是一个能引起很多人关注的话题,因为很多情况下这一本来相当严重的现实往往被人们有意无意地忽视了。

紧接着是一段15秒的每期固定出现的主题音乐片花,旋律欢快明朗,富有节奏,画面表现温弗莉与观众热情交流的温馨场面。充满整个屏幕的"Oprah"手写字体不断闪现、重复,既交代了节目名称,又制造出一种略带神秘的祥和氛围。这种精致的画面处理在整个节目中不断得到再现,起到了很好的烘托气氛、突出主题的作用。标志性的主题短歌与接下来观众的掌声、欢呼声自然而然地融合在一起。这时镜头自下而上摇过整个演播室,然后镜头切换到温弗莉的半身特写。她以其特有的低沉的女中音开始了简短的开场白:"各位,今天我想让诸位做家长的朋友考虑一个问题——你是否知道你的孩子是不是患有抑郁症?首先我们让几个遭受这种痛苦的孩子和我们谈谈那究竟是一种什么样的感觉。"简短的两句话马上将观众的兴趣调动起来,在温弗莉的节目中预告片紧接着开场白,很少有"暖场"的闲聊或与嘉宾的寒暄,这种开场方式与大多数同类型脱口秀节目风格迥然,常常借用新闻报道的手法直奔主题。

如果说标版形象是对整个栏目的包装定位,那么预告片就是对每期节目的宣传推介,要在以秒来计算的收视竞争中迅速捕获观众的注意,并且长久吸引这种注意,预告片的推介策略必须让具有冲击力、感染力的事实首先占据观众的第一兴奋点。

四、主持人的包装

主持人的包装是通过建立栏目主持人与栏目本身内容、性质的内在联系,设定主持人与现场或电视机前观众的关联方式,来培育电视栏目主持人的个人风格,是主持人形象和魅力成为栏目品牌的标志和观众纽带。这里我们将以上面提到的两个美国谈话节目主持人为例来解析电视栏目主持人的包装。因为谈话节目是真正意义上的"主持人"的节目,其风格与成败主要取决于主持人个人魅力与栏目本身和广大观众三者之间能否形成一种良性积极的互动关系。

首先我们来看《奥普拉·温弗莉访谈》2000年3月30日的这期节目:在上

面所提到预告片和开场白之后，接下来是 1 分 30 秒的录像画面。内容是在演播室拍摄的 6 个十几岁的孩子，依次诉说他们内心的感受。微暗的光线、压抑的自白、忧伤的表情，混合着略带伤感的音乐，让观者情不自禁地深深同情片中孩子们的处境。

（温弗莉简短的串场）："千万别以为这些事情与你的孩子无关。我现在告诉你一个数字，五分之一的高中生都曾很严肃地想过自杀的事情，如果你觉得这与你无关，那先请你听听下面的故事。"

接着是约 3 分钟的一个短片，讲述了一个各方面表现都十分优秀的少女布兰迪，难以战胜自己内心的痛苦，在一个星期天的早晨给妈妈写下遗书，然后驱车来到一座大桥上，从 104 英尺的桥面跳了下去，所幸她被一艘路过的船只救起。事后她的父母以及老师同学们都很为此事感到吃惊，他们认为自杀发生在她的身上简直不可思议。

温弗莉接着采访了坐在现场的那个女孩。女孩的父母就坐在她们的旁边。

温弗莉："你为什么不把你的想法告诉别人？"

布兰迪："我认为我能战胜这一切，而不应该表现得很软弱。但是在生活面前我还是认为自己表现得太软弱，我自己内心非常矛盾，但是没有人能帮助我，我被煎熬着，日复一日，痛苦不堪。"

温弗莉："你是否认真想过自杀的计划？"

布兰迪："我想过许多办法，包括用枪、服药、跳楼等等。但我一直没有确定时间。"

至此，温弗莉并没有发表任何的评论，而是直接提示了下一个例子。她说："如果你的孩子处在这个年龄，比起同龄的孩子来更容易哭泣的话，你就要注意他是否有什么异常了。过一会儿我们看看下面的故事。"

（插播广告 1，约 4 分钟）屏幕上淡入一个少女美丽的面庞，画外音是少女轻轻吟诵的一首小诗。每句诗最后的一个单词用白色手写体淡入淡出在屏幕的不同位置，配合着画面变幻及音乐的节奏，非常优美、飘逸。镜头切至温弗莉："这是那些患忧郁症的孩子发给我的上千封 Email 中的一封。"这时镜头切换到现场一个表情忧郁的小女孩和她的母亲。母亲讲述了她的女儿平时经常无缘无故地哭泣，而她每当这个时候就会陪着女儿一起哭，因为在她的记忆中她的童年也是这样度过的，所以她就特别理解女儿这种毫无缘由的忧伤情绪。而女孩的父亲却根本不以为然，因此也很少过问。孩子已经 8 岁了，可她不愿去上学，不愿和小伙伴们来往，甚至不愿做任何事情。（约 2 分钟的纪实短片）

温弗莉："我们曾经采访过好多像这位母亲一样的家长，他们的孩子也像她女儿一样经常沉浸在莫名的悲伤之中。今天在座的有一位儿童心理学教授，她写过很多这方面的专著,还主编一本相关的杂志(屏幕出现书和杂志的封面)。请她来谈谈应该怎样关心帮助那些孩子。"镜头直接切换到中年女博士的脸部。她解释了一些造成孩子这种精神状态的可能原因,并且建议"女孩的母亲应该离孩子适当远一些,而孩子的父亲则应靠孩子近一些。"

在下面的广告开始之前,温弗莉介绍了另一个因情绪抑郁而很少进食的女孩。

(插播广告 2,约 2 分钟)

女孩和她的父母坐在温弗莉的身旁。在她叙述自己平日痛苦心境的同时,许多她平日阳光灿烂的生活照片不断出现叠加在屏幕之上,用一种对比的画面语言揭示出人物深层的矛盾与困惑。

(插播广告 3,约 4 分钟)

接下来用类似的手法又介绍了 4 个不同程度患有抑郁症的男女孩子,故事的内容变化不大,但叙述的节奏加快了,心理医生的讲解增多了。中间又插播了 2 次广告,共约 5 分钟左右。还有一则约 15 秒长的介绍明天将要播出节目内容的预报片花。

最后一个故事开始讲述之前,温弗莉单独坐在淡蓝色的大屏幕之前,引出了一个曾经抑郁痛苦,现在已经逐步摆脱困境的男孩的故事。(短片持续了约 3 分钟,主要由男孩的母亲讲述,基调明亮,充满希望。)观看《奥普拉·温弗莉》节目及其他美国电视谈话节目,常常会被主持人风趣的言语、突出的个性所感染和打动,同时又深深叹服于他们学识的广博与见解之深刻。比较之下,我国的主持人在许多方面都令人感到略逊一筹。原因是多方面的,但在栏目策划时,对栏目内容、主持人特点和目标观众三者关系的认识判断和包装策略,往往是决定一个栏目主持人成败的关键。

(一)建立主持人与栏目的内在联系

电视荧屏上经常出现一个有趣的现象,一个主持人在主持某些栏目时毫无特色,可换到另一个栏目后却大放异彩,这就是策划过程中对主持人与栏目本身关系的认识判断不同所导致的。除了主持人本身的基本素质以外,一个栏目及其的主持人的成功必须建立在栏目内容、形式特点与主持人气质、风格和特长高度一致的基础之上。因此在策划时必须努力寻找和建立主持人包装与栏目内容形式定位之间的内在联系。

比如上面提到的美国《奥普拉·温弗莉》电视谈话节目。在研究它的策划经验时,我们首先应从美国本土文化的大背景下去看它:自 20 世纪 50 年代以来,电视谈话节目已经成为美国电视业中一种非常发达的节目形态,在节目播出总量中占有相当大的比重。从内容来看,电视谈话节目主要分为新闻时事类节目、滑稽娱乐类节目、人际关系和心理分析类节目三类。美国人崇尚自由的文化理念使电视谈话节目敢言天下一切能言之物,大至时事政治、国际态势、种族冲突,小至家庭暴力、两性关系、性变态、吸毒等等,无不被囊括其中。在这三类谈话节目当中,以反映人际关系和心理分析类的谈话节目数量最大,《奥普拉·温弗莉》是其中最著名的节目之一。观众渴望"更真实"、"更诚实"的东西,渴望与他人共享生活和心理经验,奥普拉的节目满足了观众的这种心理需要。

美国所有的电视谈话节目,都是以主持人的独特风格与品位奠定其节目的影响力的,这在奥普拉·温弗莉的身上表现得尤为明显。温弗莉年少时的悲惨经历并未磨灭她的梦想——她想成为一个人物,成为一个能影响别人的人。1976年,温弗莉为巴尔的摩一家电视网络中心作街头记者;1977年,她开始单独主持节目《巴尔的摩在说话》;1984年,她从巴尔的摩到芝加哥,主持清晨节目《早安芝加哥》;1988年至1989年期间,从芝加哥WLS电视台,温弗莉接管了"奥普拉·温弗莉秀"的所有监制权;1991年,温弗莉接管了《早安芝加哥》节目。18个月后,奥普拉·温弗莉将此节目合并,组成联合企业,节目向全国130多个城市传送;1996年,温弗莉成功创办了图书俱乐部,每隔一两个月,温弗莉就和她的观众们讨论一部小说,每次她谈论的话题都会引起这本书的热销。温弗莉是个追求完美的人,她总是将个人痛苦——从小时候遭受的性虐待到为她自己取得目前地位的抗争,隐藏在内心深处。在她的电视秀上,她总是触摸人们内心深处的迷惑,让他们感觉良好。她认为,人们需要发现生活的意义,温弗莉试图教人们如何过自由自在的生活,而观众也对她的诠释着迷。奥普拉·温弗莉教会他们认识到他们自己的精神,知道小孩的死亡或是离婚只是生活中一些简单的真实,教会人们改变他们的生活。

温弗莉的亲和力给了观众一种可触摸的真实美感。"虽然她不是高挑完美的金发美女,但她给了人们真实",一位观众如是说。她的热情与率真使她能够谈论任何话题,而且无论谈论什么样的话题,她都能让观者动容。她的某些脱口秀节目已经成为电视界的经典。

一个例子是在她的节目刚开始向全国播出的第一年,她曾选择了一个敏感的有关乔治亚某社区不允许黑人居住的话题在节目中予以讨论,这是她最勇敢的节目之一,因为其中潜藏的深层矛盾很容易被激化从而引起不堪设想的后果。温弗莉在节目中直截了当地询问一群当地人,为什么75年以来,他们都不允许黑人在这个社区居住?一个长着大胡子的男人傲慢地说,如果黑人重新搬回社区的话,这里就会变成一个满是老鼠的贫民窟。在节目进行中,黑人人权组织的领导人一直在节目现场外等着,几个抗议者被逮捕。节目做完后,有人问温弗莉,在社区过的那个晚上感觉如何。"不是很舒服,"她回答到,"我就要离开了。"之后,当她做一些关于三K党的节目时,她说她并没有期望改变他们的想法。"我并不想改变人们,我只是试着把他们的本来面目展现在你们面前。"

另一个例子是1995年1月13日,温弗莉在节目中讨论一本名为《在黑暗中微笑》的书,这本书写的是关于中产阶级吸毒者的个人经历。就在节目当中,温弗莉站在全国观众面前忏悔了她自己的"极大的耻辱"——二十年前她曾经吸食过强效可卡因,她当时希望共同的感受会拉近她和一个她正在约会的男人之间的距离。"我是那么的爱他,为了他我什么都可以去做。"她说。当镜头切换到广告时,温弗莉把麦克风放在一旁,坐在台边上哭了出来。当天她节目的收视率比平时又有了增长,而且大部分人对她的看法不仅没有丝毫的改变,相反他们认为温弗莉是正直诚实的、是可以信赖的。温弗莉以她非凡的才能和勇气,极大地征服了观众,同时也史无前例地改变着电视谈话节目。

温弗莉本人这种率真的性格,连同她丰富的阅历、独特的视角以及直抵内心的沟通方式,与她所主持的栏目反映人际关系和心理分析为主的内容定位高度吻合,兼具情感亲和理性力量的温弗莉坦率地在栏目中与他人共享生活和心理经验,而这正是栏目本身的目标受众所渴望的。

《奥普拉·温弗莉访谈》节目中的特邀嘉宾多为普通人,也是真正的"当事人"。他们会以非常具体生动的生活实例现身说法地展现谈话节目的主题并表明自己的观点。针对栏目的这种表现形式,温弗莉在每期节目都会为观众制造意外,设计悬念。整个节目进行中不断有嘉宾、现场观众意想不到的事情出现,这些新的刺激不仅吸引了现场和电视机前观众的注意,也激发了嘉宾谈话的欲望。相比较,中国的谈话节目的主持人、嘉宾往往以阐述观点和提供建议为主,只是谈话的"参与者",而非全身心投入的"当事人"。主持人对节目所说的事情永远不存在切身的联系,主持人提问方式与栏目组织讨论的形式并没有紧密的内在联系,所以似乎同一个谈话节目,换哪个主持人来主持都没有太大区别。20世纪90年代以来,我国电视栏目主持人成功的例子不断涌现,《实话实说》的崔永元,《开心辞典》的王小丫,《幸运52》的李咏等等,但相对于我国电视栏目的数量和市场需求而言,这样成功的例子不是太多,而是太少了。如何发现和建立主持人与栏目内容、形式的内在联系,是我国电视栏目策划和主持人包装所要深入研究和探讨主要问题之一。

(二)设定主持人与观众的关联方式

主持人是电视栏目的"代言人",是电视栏目与电视观众交流的媒介,因此对主持人的包装不仅要使其个人魅力与栏目内容形式相得益彰,还要恰当设定主持人与观众在互动过程中的角色关系。下面以 2000 年 2 月 26 日的《拉里·金直播》为样本进行个案分析。

本期节目的中心讨论话题是关于克林顿在离任前发生的"特赦门"丑闻。首先是片头,一组美国前总统克林顿及夫人近期出现在公众场合的镜头,紧接着是位于不同地点的直播室、即将接受采访的诸位嘉宾的近景画面,并配以旁白:"前总统克林顿在离任前一天匆忙签署了一份特赦令,赦免了三十多名犯人,其中一位名叫卡洛斯的犯人,曾于 1994 年因走私贩卖可卡因的罪名被判终身监禁,已在联邦监狱服刑六年,克林顿涉嫌收受卡洛斯家人曾经提供的巨额费用。此外,希拉里的弟弟卷入其中,为此,国会已对此事展开调查,今晚就此事邀请各位嘉宾来到《拉里·金直播》",时长 2 至 3 分钟。

第一段落:拉里·金在洛杉矶的主演播室,介绍首先接受采访的两位嘉宾:在明尼苏达州明尼阿波利斯直播室的托德·琼斯律师——卡洛斯一案的调查官;在明尼苏达州明尼阿波利斯另一直播室的让·M 律师——卡洛斯的辩护律师。拉里·金通过双视窗逐一向托德和让提问,谈及卡洛斯此人时,画面插入了卡洛斯本人的黑白照片,最后,拉里·金介绍即将接受采访的下一位嘉宾:《美国授权》的克林顿政府评论员比尔·班尼特,作为这一采访段落的结尾,时长近 6 分钟(广告)。

第二段落:拉里·金在洛杉矶的主演播室,向身处佛罗里达州那勒斯直播室的克林顿政府评论员比尔·班尼特提问,问他对于此事的看法,画面切换到那勒斯直播室时,比尔左下角的字幕除了注明他的身份姓名之外,还提示了关于此事件的消息:如参议员希拉里·克林顿对其弟弟涉嫌此案倍感心碎等等。最后拉里·金说道:"欢迎一会儿回到我们的嘉宾现场,会有更多关于此方面的消息",作为这一谈话段落的结束。时长 5 分 38 秒(广告)。

第三段落:开头是希拉里在一记者招待会现场就此事接受记者采访并答记者问的画面,随后画面切回到拉里·金的洛杉矶主演播室,此次嘉宾仍是《美国授权》的克林顿政府评论员比尔·班尼特(佛州那勒斯直播室),谈话接着上一个段落进行,谈及最为敏感的话题:克林顿是否收受特赦犯的贿赂。然后拉里·金用一句最常用的("不要走开")来结束这一采访段落,最后又插入了希拉里接受记者采访并答记者问的现场。时长 4 分 38 秒(广告)。

第四段落:依旧是洛杉矶主演播室对《美国授权》的克林顿政府评论员比尔的采访与对话,中途拉里·金打断比尔的谈话并提出疑问,通过双视窗的形式来展现这一过程。最后拉里·金介绍将在下一个环节里接受采访的两名嘉宾。结尾时插入希拉里现场答记者问的画面:"这些细节你应当去问克林顿本人"

（希拉里答记者问的同期声）。时长 4 分钟（广告）。

第五段落：拉里·金介绍此次嘉宾：佐治亚州亚特兰大直播室的汉密尔顿·乔丹——白宫职员总领；佛罗里达州西棕榈海岸直播室的埃德·罗林斯——共和党战略家，当问及面对此事克林顿该何去何从，以及此事对于共和党的影响时，两位嘉宾意见相左。最后是拉里·金介绍下一轮接受采访的四名嘉宾。时长 5 分 48 秒（广告）。

第六段落：段落开头是休格·罗德汉姆回答记者提问的现场画面及同期声。随后画面切换到洛杉矶主演播室，拉里·金介绍主演播室的马克·格里高斯——律师、来自华盛顿直播室的朱利安·E——司法部辩护律师、另一华盛顿直播室的芭芭拉·奥尔森——联邦法院的检察官；纽约直播室的哈钦森——阿肯色州共和党人，依次提问朱利安、芭芭拉、马克、哈钦斯，问他们对于此事的看法及评价，其中有洛杉矶主演播室采访马克的全景，多次出现的双视窗，向观众展示嘉宾间异地对话并在观点上产生冲突的谈话过程。时长 6 分 42 秒（广告）。

第七段落：段落开头是 NBC 的一期娱乐节目《周六夜生活》的简短片段，场景是该节目的演播厅，主要人物是克林顿的胞弟。随后画面切换到洛杉矶主演播室，律师马克的话题便从节目中引回到演播室现场，拉里·金依次提问马克、芭芭拉（华盛顿）、哈钦斯和朱利安，嘉宾间的谈话依然出现了交锋和对立。最后拉里·金结束这一采访段落，随后画面又切换到《周六夜生活》的演播室现场。时长 5 分 56 秒（广告）。

第八段落：是上一个采访段落的继续，其中拉里·金将芭芭拉的观点摆出并以此提问朱利安，后者提出相左的看法；在与马克的谈话过程中，拉里·金打断其并提出疑问。这一段落时长 2 分 20 秒。最后拉里·金介绍"你们可以去节目的网址：http://cnn.com/larryking"作为整个节目的结束。

从这一期节目来看，主演播室设在洛杉矶（邀请一名嘉宾），其他采访对象所在的直播室分别设在华盛顿、纽约州、明尼苏达州、佛罗里达州的六个城市的八个点，阵营相当庞大。双视窗在整个谈话过程中频繁使用，即向观众提示现在正在对话的双方，而且不遗漏一问一答时双方的反应，从而丰富了画面的信息量。而且有时在对方说话的过程中，拉里·金表示出疑惑不解的神情也在双视窗中得以展示。

从主演播室到双视窗再到嘉宾所在的直播室，再回到主演播室，谈话的空间从洛杉矶拓展到美国的东西南北，节目具有很强的空间感，这是节目具有可视性的重要因素。双视窗使观众看到不同地点、不同现场的嘉宾同时出现在一幅画面中进行对话，这当然得益于直播的优势，但双视窗的形式能使这种共时性表现的更加直接、直观，不仅是主持人与嘉宾之间共时对话，也让观众边观察边思考，一同参与谈话过程。

节目开头选取的是谈话主题所涉及的热点事件的部分现场画面，还有即将参加这次谈话的各位嘉宾介绍，即内容预告和人物提示，运用快速切换的手法使片头节奏很快，只向观众提供"点信息"，让观众只知其一不知其二，吸引着观众看下去。每个谈话的段落都控制在5分钟左右的时间长度，以此期节目为例，最长6分42秒，最短的4分钟（不含片尾），这主要是插播广告的需要，同时，这样的长度不会使观众面对相对单一的谈话形式产生厌烦情绪。基本上在每段结束时拉里·金都用这样一句"别走开"来提示观众稍作休息，但这句话的最显著效果是让观众心中有所牵挂，希望一会儿还回到谈话现场中来，或者继续前面的谈话，或者转入今日话题的下一个侧重点。

从节目整体来看，每个段落话题侧重点的不同使整个谈话过程有起有伏，既有严肃紧张，也有轻松活泼，使得节目的整体张驰有致。如这期节目中，每一段落嘉宾不同，话题侧重点自然也不同，有围绕特赦犯展开的话题，也有围绕克林顿夫妇展开的话题，还有围绕共和党和小布什政府展开的话题。

以短小精悍的段落为内容主体，采取主演播室＋双视窗＋各地直播室的表现形式，已经成为《拉里·金直播》的格式化风格。不论是主演播室，还是分直播室，主持人与嘉宾都是出胸部以上的近景画面，力求形式简洁，以符合中产阶级观众的审美标准：最简单，最完美（The simplest, the best）。既使观众将绝大部分的注意都放在人物的谈话内容上，也大大降低了节目的制作成本。如在这次节目中，既有庞大的嘉宾阵营，又有大幅的空间跨度，而且每个采访段落的嘉宾一般都在两个以上，嘉宾之间通过各人所在直播室内的电视屏幕相互对话，谈话突破了空间的局限，在时间上保证了同时进行，这种异地分设，多点对答的直播方式，使得代表不同阶层利益、持不同观点和立场的嘉宾直接、即时的产生交流和观点碰撞，令无数电视机前的观众感到身临其境，为之着迷。

《拉里·金直播》每周一至周五的晚间整点播出，节目总长60分钟（含广告），是在晚间的黄金时段之后播出，属于深夜的深度新闻时事访谈节目，节目设在这一时段——深夜，主要是针对那些受过良好教育、关心时事、不习惯早睡的中青年人士，话题的定位选择主要从新闻性出发，同时又避过于专业或过于庞杂这两个极端。节目通常围绕近期发生的热点事件、时事新闻或是新闻人物这类话题来展开讨论和对话，但又注意到不在一个问题上纠缠不清，所以整篇谈话涉及的面十分广，每个谈话段落侧重的话题各不相同，同时也注意避免在谈话过程中涉及与此无关的问题。

就这一期节目来看：既谈到克林顿特赦的罪犯背景，又谈到此事给共和党带来的不良影响,还谈到此事对新成立的小布什政府造成的压力,还谈到这对希拉里(纽约州共和党参议员)争取进入国会的努力造成的负面影响⋯⋯,总之,话题围绕着这一次的克林顿特赦令丑闻案展开。主持人拉里·金自己把握节奏、选好时机结束每一个谈话段落,体现了拉里·金进行现场调度的能力和出众的口才。

拉里·金是一位谦虚、友好、易于被观众接受和接近的主持人,嘉宾乐于和他交谈,观众也为之着迷,他素以随机而设的提问和轻松随意的谈话氛围来吸引嘉宾和观众。他不喜欢将探寻隐私当作采访的动机和谈话的主要任务,既不咄咄逼人,也不穷追不舍,宽松的谈话氛围使得每个嘉宾都乐于与他交谈。拉里·金总是将自己的身份放低,放平,而把采访对象置于最重要的位置,把谈话的时间和机会都留给了嘉宾,给他们创造充分表达自己的机会。拉里·金的提问具有随机性,一般不准备问题的详细清单,多以倾听者的姿态出现,总是就着对方的谈话内容顺势提问。例如,他会将其中一位嘉宾谈及的观点单挑出来问另一位嘉宾,这多半是无法事先准备的。正是这样一种随机提问的方式使得整个谈话过程柳暗花明,风光无限。在一次与一位被人们称为普林斯的艺术家讨论他的最新唱片的现场谈话中,当艺术家说到他一直在模仿男女偶像并试图将其特点揉合在一起时,拉里·金当场抓住了这个话题,说"在这里给我们表演一下,让我们欣赏欣赏。"总之与拉里·金对话通常使采访对象很难做充分的事前准备,因为他的问题时常会让嘉宾出其不意,真的是防不胜防,也使话题时刻保持着新鲜感,这正是他吸引嘉宾和观众的重要原因。

整个谈话过程由主持人提问的比重并不大,而且通常都问得简洁明了。整个谈话过程中,尽管嘉宾谈话的比重远远高于拉里·金,但从拉里·金的提问内容来看,他已经完全融入了整个谈话过程当中,完全地参与其中,这源于拉里·金的好奇心。他曾经说过"我一直在设法搞清楚我所不知道的事情,因为我总是会遇到不了解的东西","因为真的好奇,所以就会成为一个好的访谈者,在本质上成为一个好奇的人",其方式是做一个"好奇的、机灵的普通人,提出他的听众最可能提出的问题";从节目中,我们还可以通过双视窗看到,有时画面右侧的视窗里嘉宾在谈话过程中,左侧视窗里的拉里·金正垂下眼睛作思索状,表现出他正在经历一个同观众一样在思考的过程;有时,他也会毫不客气地打断对方的谈话,因为他听到了他更有兴趣的内容,也许是他完全陌生、事先并不清楚的,也许是他只知其一不知其二的,但一定是他认为自己和观众都需要了解和知道的内容。拉里·金通常只提出简短的问题,尽量避免自己主观想法的介入,显得超然于事外。在节目当中,他有一句常对观众说的话:"对此你可以有你自己的看法"。

另外,《拉里·金直播》的话题常常在谈话对象中会引起争议。由于嘉宾对话题有着不同的认识,各路存在分歧的人马畅所欲言、争相表意,增强了谈话过程的冲击力和可视性。这同时也要求主持人不论提问如何随机,气氛如何随意,从头至尾,拉里·金始终把握住谈话的主题,并注意控制谈话的节奏,该断则断,该抢则抢。如这期节目中,拉里·金向华盛顿的芭芭拉提出问题,芭芭拉刚一表明自己的观点和看法,在主演播室的律师马克就迫不及待地提出相反的意见,不但音量盖过前者,而且语速极快,不容对方插话,完全打断了芭芭拉的谈话,芭芭拉几次欲插进自己的话都未果,只能笑着摇头,使得节目很有趣味,观众也不禁发出会心的微笑。

"你可以看到《拉里·金直播》,只有在 CNN!"(You can see the Larry King Live, Only on the CNN!),这句话不仅是栏目的广告语,也是频道的广告语,真可谓一举两得,既有因为 CNN 而认识和喜欢拉里·金的观众,也有因为拉里·金而钟情和锁定于 CNN 的观众,他们都会对这句宣传口号感到会心。明星主持人神话般的魅力来自何方? 不仅是主持人自身,更是接受这个主持人的广大观众成就了这个神话。一个受欢迎的主持人一定是在他所支持的栏目中找到了连通观众的最佳方式,能在节目中形成与目标受众最佳互动的主持人。拉里·金既不年轻,也不英俊,完全以他独特的提问方式来吸引嘉宾,他经常会提一些看似单纯的问题,事先通常不准备问题清单,顺着嘉宾的谈话内容来出其不意地提问,以轻松愉快的谈话氛围吸引无数的嘉宾和观众。他通常身着衬衣和背带裤,更显得谈话气氛的轻松。在每一个谈话段落结束时,他总是用手指着观众说:"一会儿回来,别走开。"措词、口气及手势都非常符合一个大众化的谈话节目所要求的轻松和随意。

栏目策划对拉里·金与观众关联方式的设定很大程度上是基于《拉里·金直播》现场直播的播出方式。这使电视谈话节目的对话方式获得了革命性的解放——异地共时对话。现场直播还赋予谈话内容和谈话进程不可预知的特性,再加上主持人的随机化提问更使得对话过程不得不顺着谈话的自然流程而进行下去,观众也不得不锁住频道关心谈话。在主持人与嘉宾、嘉宾与嘉宾之间似乎已经不存在任何空间和时间的障碍与阻隔了,每位嘉宾都能够参与对话的过程当中,只要你有自己的想法和观点,就都是《拉里·金直播》中的一个组成部分,在这样一个群言的过程中,更加体现人际传播的独特魅力。

《拉里·金直播》是一个典型的、直接引用主持人的姓名来做栏目名称的谈话节目。早在 20 世纪 60 年代,从广播电台的电波里,无数的观众就已熟知并喜欢上了拉里·金这个名字,使他成为美国第一位有着全国性影响的节目主持人。随着电视行业的兴起和繁荣,直接引用这个已拥有大批忠实观众的名字来做节目的名称,在抢夺收视率的竞争大潮中抢先占领了制高点,成为一条成功的制胜之道。此后,各家电视台及商业频道争先效仿,如全国广播公司(NBC)播出的《杰·雷诺谈话节目》,哥伦比亚广播公司(CBS)播出的《莱特曼夜间秀》,还有香港凤凰卫视的《小莉看时事》和《鲁豫有约》等。这也从另一个方面说明,准确设定主持人与目标观众的关联方式,有利于将主持人塑造成为拥有固定受众群的电视明星,进而获得"明星"主持人和"名牌"电视栏目的双赢。

第七章　电视品牌的策划

本章要点

　　在激烈的传媒市场竞争中,电视品牌就是一种竞争力。电视品牌形象来自于观众和广告主的认可,包括品牌媒体、品牌频道、品牌栏目、品牌主持人等。其形象的确立取决于节目名称、节目标志、节目主持人、节目内容、节目形式等一系列构成要素。电视品牌的策划与实施,应树立精品意识,把精品作为节目质量的核心,贯穿于电视品牌经营活动的全过程中。通过电视精品意识的确立,实施电视经营的策略、方案、步骤、方法等一系列的市场经营步骤;打造品牌,实现电视媒体持之以恒的市场化发展目标。

第一节　精品意识与品牌效应

　　近年来,随着电视媒体间竞争的日益加剧,电视策划也越来越重视精品的策划和实施,各个电视台在竞争的时候纷纷打出精品的旗子,实施精品战略,以求电视传媒的市场发展。

　　精品是电视媒体立于不败之地的金字招牌。在当前激烈的市场竞争中,实施精品战略,树立精品意识,打造精品节目,更是电视媒体持之以恒、孜孜以求的奋斗目标。

一、精品是立台之本

　　改革开放以来,我国电视媒体获得长足发展,据 2005 年中国传媒报告数据,国内电视台约有 2000 座,数量上已有很大的发展。从内容上、形式上看,虽然近些年来电视节目丰富了,甚至有的还可以用火暴来形容,但实际在质量上,与公众的文化娱乐需求还有一定的差距。

　　从 20 世纪 90 年代初湖南广电集团成立到如今,全国已有 9 家广电集团,特别是被称为"电视湘军"的湖南广电集团迅速走上了市场化、产业化的发展道路。中国电视传媒改革的重点也由中心制向频道制转变;由专业频道向专业频道品牌化发展;同时,在急功近利的社会风气影响下,电视传媒普遍出现了浮躁的心态,哪家电视台有了新的做法,马上就会有一批电视台紧紧跟上,市场流行什么,大家就都拼命地去做什么。例如在中央电视台"焦点访谈"的强势"访谈"中,全国每个省市基本上都有个"焦点"什么、"访谈"什么的类似节目。2005 年"超级女声"风靡全国之后,马上就出现所谓"＊男儿""我＊我＊""＊＊大舞台"等十几个类似的电视选秀节目,于是电视节目雷同多,重复多,创新少。这种互相模仿、抄袭的做法使电视资源受到了很大的滥用和破坏,最终使电视行业也背上了娱乐化、庸俗化甚至是低俗化的坏名声。

加入 WTO 后,我国的电视行业又经历新一轮的竞争。在竞争日趋激烈,外国媒体觊觎中国市场已久的时候,大家都意识到精品成为维系电视台生命力的一个重要砝码。在竞争中,观众受益,却难了电视台,观众在众多频道中寻找着自己感兴趣的内容,而电视台必须想方设法地用好节目留住观众,那么,征服观众、留住观众最重要的就是要有精品。

精品强调思想性、艺术性和观赏性相结合,典范的精品应该超越时代,长久地对社会发展起影响。当然,我们的社会已经进入到后现代社会,人们不再整天追求精深的思想,思想内容过于深刻,留不住现代社会生活中匆匆而过的人们。因此,电视节目在追求节目质量的同时,应该将思想性有效地融汇到艺术性和观赏性中。提高电视作品和节目的质量是一个永恒的主题,精品多,电视业就兴;精品少,电视业就会衰落,没有精品的电视台,就会死亡。①

二、精品意识的培养

在激烈的市场竞争中,一个好的电视作品的确立不是一蹴而就的,它需要一个慢慢培养的过程。即使是有了好的策划,也需要用这些策划出来的典范节目去培养观众的收视习惯。作为电视媒体的从业人员,在策划、运作和维护这些节目的过程中,其实就是一种精品意识的培养。当观众对该节目有了一定的认可度和忠诚度的时候,可以说,观众和电视从业人员的精品意识都形成了。

作为媒体,受众就是我们的上帝。电视媒体不但要巩固原有的电视观众,而且一定要有培养新受众的意识。这就要求电视媒体要勇于创新,精心的策划,用电视精品去吸引受众群体。作为电视媒体的管理,也要有精益求精的管

---

① 许永著:《电视策划与撰稿》,中国广播电视出版社,2001 年 12 月。

理意识,不能因为盲目的追求收视率而放弃对精品的追求。崔永元认为:"收视率是万恶之源!"收视率一低,管理者就给频道、栏目施加压力,就会出现重新定位、改版等变动,不固定的栏目也会造成受众群的流失。事实上栏目根本就没有决策能力,只是落实具体工作,因此,精品意识的树立在于领导管理层,只有精品意识和把关意识强而且到位的管理者,才能更好的培养栏目创意、策划、维护等工作人员的精品意识。

三、精品意识与品牌效应

在所谓"内容为王"的时代,节目质量是各个电视媒体品牌竞争的关键点,所以,电视品牌当中的精品意识应当作为节目质量的核心,贯穿于电视品牌经营活动的全过程中。所谓电视品牌的精品意识就是跨全局的节目质量意识,品牌效应就是广播电视媒体的知名度和美誉度。知名度和美誉度高的,媒体的受众就多,好评就多,久而久之就形成了品牌。利用知名度和美誉度树立公众形象,形成忠诚度较高的受众群体,形成影响和创造效益的运行模式就是品牌效应。

(一)树立精品意识是形成品牌效应的前提。电视媒体只有树立精品意识,准确定位,加上丰富多彩的内容,电视媒体和其栏目才会有越来越多的人知道它,肯定它,传播它,从而发展它。在精品意识的指导下,电视媒体打造区域品牌会形成强者愈强的马太效应,随之带动整个电视品牌的每一个产业链的良性发展。如 CCTV 和湖南卫视的精品意识思想指导中所形成的品牌竞争力,以及品牌效应都得到极大的发挥,带动了整个电视产业的发展。

(二)电视精品是品牌效应形成的关键。20 世纪 90 年代初,随着上星运动所带来的全国电视市场频道过剩,媒体行业也普遍认识到,电视也正由节目的购买、制作、播放的竞争阶段,进入到品牌竞争的时代。从 2003 年开始,全国各家省级卫视就开始了一股更改频道标识和推广频道定位的热潮,至今未曾降温。但是目前来看,各个电视台普遍缺乏市场特点,更缺乏节目内容的支撑,真正能做到特色明显、内容新颖且相当丰富的频道不是很多。

中央电视台的品牌效应调查显示,2001 年,央视共有 312 个栏目,其中知名品牌栏目占 10%左右,但是它们却构成了央视当年 50 亿元广告收入的主要贡献力量。各地电视媒体,只要有 10%左右叫得响的名牌栏目,就可以带动整个频道。这样看来,倒是上海东方卫视、湖南卫视、重庆卫视等省市级传媒推出的地方节目,因为其地域和文化的壁垒,倒是有可能在一定区域内,形成独特的品牌识别和品牌影响。

第二节 电视品牌的元素构建

电视品牌在屏幕上是一种名称、标记、符号或图案,或者是它们的相互组合,在人们头脑中的印象反映。电视品牌策略是电视媒体品牌塑造、维护、推广的重要手段,而品牌塑造对于一个频道来说是一个长期维持与发展的过程。

清华大学尹鸿教授认为,在媒体纷争的社会环境中,品牌栏目是一种竞争力;在供大于求的媒体环境中,品牌栏目是一种吸引力;在媒体分化的市场环境中,品牌栏目是一种亲和力;在产品多样的消费环境中,品牌是一种信任度。

电视品牌实际上就是电视节目品牌,它有一系列构成要素,如节目名称、节目标志、节目主持人、节目内容、节目形式等。

一、节目名称

电视作为现代社会主要媒体之一,有 9 亿多受众群体的关注,一个电视节目在生产商品与服务中扩展影响的情况下,也在不知不觉中为自己建立知名度。电视台的名称和标志也可起到识别作用,在观众越来越注重电视内容的可欣赏性、娱乐性、知识性、趣味性的趋势下,很多节目在内容独具特色的基础上,更加重视其个性化的名字。好比是取上一个好名字等于成功了一半一样,如今,各个电视台具有个性的名称比比皆是:如中央电视台的《东方时空》《大风车》《小崔说事》《幸运 52》《开心辞典》;凤凰卫视的《凤凰早班车》《鲁豫有约》《小莉看时事》;湖南电视台的《快乐大本营》《玫瑰之约》《超级女声》;浙江电视台的《1818 黄金眼》《小强热线》;杭州电视台的《阿六头说新闻》等众多节目均是在名称上突出个性特色。

重庆电视台有几个具有地方特色的节目名称,更能彰显节目名称的个性作用,如:生活麻辣烫、麻辣一家、麻辣冤家、麻辣江湖传、歪歌横行、今夜不设防。"麻辣江湖传"其实是一个穿着古装却用重庆方言讲现代话的搞笑武侠系列片;"歪歌横行"就是对流行歌曲进行翻版,调子不变,歌词全改了,而且是用重庆方言唱出来,题材大多反映社会现实中各类问题;至于"今夜不设防",中文意思虽不十分明朗,但也能说明,这是一部讲述家庭、婚姻、爱情、成长,以及家庭暴力、婚外恋等各类家庭婚姻问题的女性情感片。马来西亚电视台的《动感 walala》大家会想到什么呢?通过我们对名字的直觉,感觉到眼前一张叭叭一直说的嘴——在这个节目中还真的是叭叭地一直讲个不停,介绍新歌,MV 和他们自己,挺有意思的调皮名称一下子就抓住观众的心。

二、节目标志

电视节目标志是一种标记或图案,是一种符号区别系统。一个电视台有其台标,一个栏目也有其栏目标识,它能有效地使自己与别的电视台进行区分,所以说也是一种视觉识别符号。好比是一个商标一样,当观众看到这个标识时,就产生一种认知与选择,这就是品牌标志。如中央电视台的 CCTV、凤凰卫视的两只凤凰组成的圆形图案、浙江电视台的"Z"字母、河南电视台的"象"形符、黑龙江电视台的"龙"字符等标识,对于观众来说,其不仅是一个简单的符号标记。除此之外,电视标志符号还包含着受众对它的认知度和忠诚度,有着很丰富的认知内涵。

三、电视主持人

主持人是品牌栏目的重要组成部分,从某种角度上说主持人就是一个电视品牌的人格化身。如赵忠祥与《动物世界》、陈鲁豫与《鲁豫有约》、崔永元与《小崔说事》等成为该节目品牌不可缺少的组成部分。品牌栏目主持人除应具备主持人最基本的能力素质之外,最主要的是要与栏目的风格相适应。目前我国电视的主持人机制存在一个比较普遍的问题是重外形而不重经验,重表达素质而不重个性特长,因此主持人大量存在风格雷同、缺乏个性现象,明星式主持人占据电视主持人的主导位置。国外电视节目,明星主持人除了在娱乐节目当中几乎不存在。不同的主持人,如专家型、记者型,甚至喜剧型主持人在不同的节目中具有不同的地位,而且由于电视节目的女性观众较多,以成熟男性作为主持人的倾向往往更加明显。[①]

2004 年,中央电视台首次对其台下的名牌栏目和著名主持人的品牌价值进行了测评,新闻联播名列"最具价值栏目"第一位(品牌价值 26.6 亿元),其次是《焦点访谈》《经济半小时》《幸运 52》和《开心辞典》等栏目。《幸运 52》的主持人李咏位居"最具价值主持人"的第一位(品牌价值 4 亿元),其次是王小丫、崔永元、周涛等主持人,他们的身价均超过一亿元。实际上,在明星主持人所主持的节目或栏目里,商业广告的资金投放量和广告的投放量都是其他栏目或时段所无法比拟的。仅 2005 年江苏广播电视总台的《南京零距离》一个栏目就以1.388 亿元人民币的高价被拍出;"超级女声"2005 年度决赛的广告报价为 5 秒

① 尹鸿、冉儒学:《媒介超级市场背景下的电视品牌理念及策略》,http://column.bo-kee.com/123589.html.《博客网》,2006 年 02 月 27 日。

插播价 4.8 万元,10 秒插播价 7.95 万元,15 秒 11.2 万元。

在电视媒体业较为发达的市场化、商品化的西方国家,电视媒体特别重视主持人的包装,并靠主持人的影响来打造栏目,在美国许多脱口秀节目都是以主持人的名字来命名的,观众就是跟主持人走,如华莱士和其主持的节目甚至能对当局的政治决策产生影响。我国电视第一个以主持人名字命名的节目《一丹话题》也曾受到广泛关注,主持人敬一丹的质朴、清新、敏锐的风格得到观众承认①。而像《小崔说事》、凤凰卫视的《小莉看时事》、浙江卫视的《范大姐帮忙》等都是以主持人名字命名栏目的成功尝试。这些以主持人名字命名的栏目,不仅使观众认识、熟知主持人,同时也让观众记住相应的电视栏目,有效地提高了电视栏目的品牌价值。

四、节目的内容与形式

在电视传媒发展繁荣的今天,全国各个电视媒体节目的内容与形式可以说是种类繁多、异彩纷呈:"选秀类节目"、"综艺类节目"、"访谈类节目"、"新闻调查类"、"益智类节目"等众多节目使我国电视媒体的内容与形式得到极大的拓展。但是透过浮华看本质,电视节目的竞争性复制现象在荧屏上是很突出的。特别是当《超级女声》运作的成功,全国相类似的节目多达十几个,实际上这些节目的生命力是很有限的。一位专业人士曾经表示,一个节目成功后,大量的复制节目接踵而来,一般节目红火了五年就进入了衰退期。因此就谈不上树立什么品牌了,更不能和《动物世界》《焦点访谈》《鲁豫有约》等这些节目内容与形式都成功运作多年,具有市场品牌价值的品牌栏目相比。

第三节　电视精品的实施

自从电视传媒开始集团化以后,我国电视行业就步入了市场化、商业化竞争的时代。其中省市电视传媒中较为突出的湖南卫视电视精品战略的实施,使其远远领先于国内各个电视媒体,从 7 年前的《玫瑰之约》《快乐大本营》《谁是英雄》到近期的《背后的故事》《超级女声》《真情》等,优秀节目的不断涌现,使湖南卫视在三年时间里都在全国 38 个上星卫视中排名第一。

电视媒体在市场激烈的竞争中强化精品意识,必然会给从业人员增加压

---

① 江山红:《谈电视栏目的品牌塑造》,《视听纵横》,2005 年第 3 期。

力,增强动力,形成比学赶帮超的局面,使业务水平不断提高,促使精品创作不断涌现,这是电视市场繁荣的表现。同时,一家电视台的精品节目、名牌栏目越多,其社会效益、经济效益就会越好,就越发能够聚拢人才。如果说精品是电视台的立台之本,那它同样也称得上是从业人员的立身之本。

可见,精品战略是关乎电视媒体发展和社会进步的宏观决策,它是市场经济时代党和政府的要求,电视媒体自身发展的需要,是时代的必然,是观众的心愿。

时代呼唤精品,那么,什么样的作品才能称得上精品呢? 概括地讲,电视精品应当具有时代感、责任感、使命感,有重大的现实价值,内容新颖,形式独特,影响广泛,既能轰动一时,又可流传于世。其评价标准包括导向正确、内涵深邃、特色浓郁、策划精细、制作精致、反响强烈等诸多方面。20 多年前,CCTV-科技频道大型电视系列节目《话说长江》在央视播出创下了40%的收视率纪录,掀起了一次空前的"长江热",20 年后,《再说长江》在央视播出后,又立即成为收视热点。可以说,它几乎具备了上述所有条件,是多元文化融合典范,主流、精英、大众等水乳交融地结合在一起,成为一个典型的时代精品。

一、实施精品战略必须强化精品意识

精品意识是电视节目制作的一种具有战略意义的指导思想。抓精品力作,首先是要提高思想认识,坚持正确舆论导向,弘扬主旋律,提倡多样化,满足观众多层次的文化需求;宣传党的路线方针政策,及时反映人民群众的意见,提高舆论引导的正确性和艺术性。中国电视媒体是党、政府和人民的喉舌,其宗旨是为人民服务,只有认识到位,工作力度才能到位。管理部门的主要精力是抓宣传、抓导向、抓节目。强化对创作、策划人员的精品意识教育,使电视媒体工作者认识到精品力作关系到舆论导向与宣传报道质量,也关系到自身的生存与发展。如果精品意识不强,即使有重大题材摆在眼前,也可能会失之交臂,或者是浅尝辄止,不能深入挖掘其现实价值和社会意义。

二、实施精品要具有深刻内涵和浓郁特色

思想性是精神产品的灵魂,精品节目应当具备健康的思想内涵,展现时代主流和社会风貌。精品应当给人以美的熏陶、智慧的启迪、心灵的慰藉,使观众在观看中得到知识,在欣赏中得到鼓舞。没有思想深度的作品,是不可能进入精品行列的。所以电视节目精品,主要应体现在题材的现实社会意义和重要程度上。从世界范围看,越是具有民族性的作品,就越发具有世界价值。因此,电视新闻类精品要侧重强调独家策划的现实价值,文艺类精品则应突出民族特色或地方特色,展示中华传统文化的精华,并且努力推陈出新,摒弃糟粕,在深度和品位上下工夫。

央视十套科教频道的品牌栏目《百家讲坛》可以说是真正做到了深刻内涵和浓郁特色的结合。2001年7月,汇集各路专家、学者的"开放式大学"《百家讲坛》经过精心的策划、打造后与观众见面。《百家讲坛》栏目坚持"《百家讲坛》,坛坛都是好酒"的节目制作理念,不断培养专家、学者的公众意识,不断强化媒体为受众着想的服务意识。其"让专家、学者为百姓服务"的栏目宗旨,在专家、学者和百姓之间架起一座桥梁——"一座让专家通向老百姓的桥梁"的服务意识,也最终达到普及优秀中国传统文化的目的。经常力推精品,打造更多具有公众意识的专家、学者,最终实现其电视精品战略的成功实施。

三、电视精品的精心策划和精细制作

精品应当是教育、认知、娱乐和审美功能于一体的综合体,并且还能充分展示电视的媒体风格。精品的感召力直接来自于内容与形式近乎完美的统一,达到思想性与艺术性的统一。越是重大题材,越是思想性强的节目,越是要有恰当的形式与之呼应,这样才能达到预期效果。电视是个技术的媒体,电视精品的创作需要技术方面强有力的保障,在采访、摄像、灯光、音响、编辑、播音、制作等各个环节都必须遵守严格的技术标准。一个好节目,往往需要先进的设备、严格的规范和一流的操作技能共同配合才能完成,因此,精品往往代表着一个电视台的综合实力。[①]

第四节 电视品牌的实施

电视媒体它在两个不同的市场上有两种品牌形象,一个品牌形象是它在受众心目当中的品牌形象,就是观众认为这个节目、这个电视是一种什么样的电视?它是否符合它自己的价值观,是否符合他自己的观赏需求,他对它是否满意,他是否能够通过这些需求的满意和满足转化成该节目的忠实的观众或者忠实的读者。另一个就是在广告主心目中的品牌,广告公司在电视选择的时候,他在做电视媒体投放的时候是要看数据的,但不是仅仅看数据。因为我们都知道很多数据背后是隐藏着很多东西的,所以他们对一个电视的品牌形象也决定

---

① 王再元:《电视精品战略问题》,《新闻爱好者》,2006年11期。

着广告主的投放,所以,这两个品牌对于电视媒体的经营是非常重要的。

与报业发展的"内容为王"相对应的是,各个地方电视媒体在"以特色求发展"上基本达成共识。在专业化旗帜的背后仍然是综合频道的实质、不约而同地重视新闻节目、频繁改版仍然是今后一段时间内的主流;但是在因为不同的地理位置与环境,它们的品牌实施也有所不同:东部省级卫视紧握"时尚"、"财经"牌,西部省级卫视频出"文化"、"地域"招,东部省级卫视力求自身膨胀和辐射周边,西部省级卫视在弱势下寻求联合跨越。[①]

一个良好的品牌形象,必须经过长期的经营活动,在经营中通过优质的产品特征和高质量的服务,最终才能形成。

一、品牌的战略与定位

目前,电视节目市场已逐渐从产品时代向品牌时代过渡,新闻节目、娱乐节目、生活服务类节目都出现了供大于求的现象,更有学者称电视节目市场为"节目超市"。对于许多地方台的经营者而言,使自己的节目在"超市"中声誉鹊起、名噪一时,并不是件难事,难的是如何使名牌节目转化为品牌节目。

品牌不同于名牌。它需要更深层次的内涵和价值;塑造一个品牌更是一个长期、复杂而浩大的工程,它包括品牌的整体战略规划、品牌核心价值确定、品牌市场调研、品牌目标市场定位、品牌形象设计、品牌监管等一系列工作,绝非一朝一夕之功;品牌能够给媒体带来比名牌更大、更长久的社会效益和经济效益。[②] 例如江苏电视台 2002 年 1 月开播的著名栏目《南京零距离》以第一现场、第一时间著称,而关注的焦点往往是家长里短,与百姓息息相关的小事;另一个就是 2003 年 10 月开播的《1860 新闻眼》,由于注意了新闻价值中的接近性与趣味性,报道形式生动活泼,节目内容丰富多彩,取得了收视率佳绩。虽然这些节目在同类节目众多、竞争高度激烈的南京,有时尽管比不上某些新开办的栏目抢眼,但它保持着稳定的市场份额,两个新闻节目具有长期而深远的影响力,有着一些短期当红节目无法比拟的品牌节目的魅力。

品牌定位与市场是密切相关的,品牌定位是市场定位的核心,也是实现市场的手段。它包括细分市场、选择目标市场和具体定位,每一次市场定位的过程都是更深层次的品牌定位。凤凰卫视把自己定位在"城市青年电视台"这样

---

① 欧阳宏生、张玉川、姚远铭:《2005 年中国电视理论研究年度报告》,http://www.cctv.com/tvguide/special/wyh/20060908/101234.shtml.中国传播学论坛。

② 李建凯:《由"百佳栏目"想到的——谈地方台对电视品牌的经营》,http://column.bokee.com/43614.html,2004 年 09 月 07 日。

一个方向，这个定位没有直接对观众说，仅仅用"开创新视野，创造新文化"这句话标榜其定位，据此，凤凰卫视给自己规定了娱乐性、服务性、资讯性和不断增强的新闻性的发展方向。在所有的节目中，包括包装，都用了充满动感、节奏鲜明的外在形式，明显有一种活跃向上的青春朝气。[①] 从《凤凰早班车》到《小莉看世界》，从《铿锵三人行》到《鲁豫有约》等无不体现着凤凰卫视的精品意识策略，从这些深受观众喜爱的节目中，其品牌效应也得到了极大的发挥。湖南卫视着力打造"娱乐、资讯为主的个性化综合频道"，追求"青春、靓丽、时尚"的电视品牌形象，其《快乐大本营》《玫瑰之约》《背后的故事》《超级女声》等一批品牌栏目突破了地域限制，走向全国，成为"最具活力的中国电视娱乐品牌"。

二、个性品牌推广

当代社会是一个媒体个性化的时代，任何一档成功的节目都要有自己的风格，包括好记的节目名称；贴切、生动的宣传口号；和谐怡人的色调；动听的节目片头、片尾音乐；新颖的节目编排；丰富多彩的内容；清新自然的主持等，所有这些包装和风格都要和谐、统一、稳定，与节目定位搭配相一致。

在短促的片头曲中，中央电视台《焦点访谈》栏目每晚准时播出，"眼睛"的标志符扫出焦点访谈四个字后，节奏强烈的音乐中叠加画外音："用事实说话，焦点访谈。"让人听了格外踏实、有依靠感，加上主持人的端庄和严肃等形成自己的独特风格，通过对观众长期的耳闻目睹，对于公众来说就是一个个性品牌的推广过程。

电视媒体个性品牌的推广也离不开策划系列活动的推广宣传，通过策划、参与公益活动扩大自己品牌的影响力也是一个重要的个性品牌推广方法。公益活动或大型活动中（如文艺演出、新节目发布会、明星见面会等）对于电视媒体品牌的知名度与影响力的扩大是一个必要途径。如荣获"中国十大文化推动品牌"的中央电视台音乐频道"同一首歌"，自 2000 年以来，通过一场场全国各地的演出，不仅是一个品牌的培养与成长过程，而且也是一个个性品牌的全国推广过程。

另外，"名主持人"也是电视节目的品牌效应和有力的号召力，是打造品牌的重中之重。主持人的风格往往决定了栏目的风格，直接影响着节目的收视率和节目的市场占有率。如陈鲁豫与《鲁豫有约》、李咏与《幸运 52》、李湘与《快乐大本营》等不仅仅是观众的认可，节目本身的成功和影响力的扩大，更多的是广

---

① 程鹤麟、张绍刚编著：《电视策划新论》，中国广播电视出版社 2002 年版。

告主所看重、所依赖，也是他们广告投放的依据。有了品牌栏目、品牌主持人，才有了一大批观众，有了观众就有了巨额的广告，这些层次递进就是电视品牌宣传推广的过程。

三、电视品牌的实施

(一)电视栏目品牌的实施

要创立一个品牌栏目，必须要有一个建立在实际详细的市场调查基础上的创意。在频道林立、竞争激烈的今天，一个电视节目靠什么吸引观众？靠什么留住观众？除了精彩的内容、突出的个性特色、能带来身心愉悦的享受外，更多的经验则表明，观众在频道林立、节目纷呈的节目的选择中，更趋向于选择品牌节目。因此，未来的竞争中，谁拥有品牌的栏目，谁就会赢得观众。河南电视台的品牌栏目《梨园春》立足本土，充分发掘当地的戏曲资源，将戏曲融入现代生活元素，同时倡导了一种大众参与的群众舞台，构成了一种兼具区域特色和时代感的电视节目形态，不仅强化了节目的亲和力和感染力，也实现了节目的差异化和风格化传播，从而使该栏目成为地方受众(包括周边省市)心目中的品牌栏目。

我们来看某电视台准备实施的一个品牌栏目的策划方案：[①]

一、前言

此策划案主要在于分析各种资料及比较国内同类儿童电视节目的基础上写就的，但对于受众的调查，即儿童观众的喜好，家长希望的调查，主要还停留在资料的采用上面。本策划案主要是解决《我有我童年》节目的定位，播出前的炒作、推广、合作及播出中的进一步广告投入、节目深化战略。

二、情况环境分析

(一)市场分析

市场环境：据 1999 年末全国人口统计，我国 0 至 14 岁人口占全国人口总数的 25.4%，也就是说每 4 个人中就有一个少年儿童。调查显示，城市儿童每天看电视的时间平均为两小时，这说明电视已经成为少儿日常生活中不可缺少的重要组成部分。而目前，国内各儿童电视节目确实是难以满足广大少年儿童的需求。少儿节目中，能叫得上好的有两类：一类是为数不多的优秀儿童电视

---

① lingqiujm.《我有我童年》栏目策划书 http://post. baidu. com/f? kz＝145716148 2006－11－06.

剧、动画片,如《小龙人》《葫芦兄弟》《哪吒闹海》等,但除此之外,大部分是从国外引进的动画片。一类是各电视台制作播出以及从国外引进的儿童电视栏目,如中央台的《大风车》、四川台的《金色童年》、福建东南台的《荧屏之星大擂台》及《小神龙俱乐部》,还有从国外引进的《好欧天地》《东芝动物乐园》等电视栏目。这些节目在全国均有很大的收视人群。但由于相对于巨大的儿童电视市场而言,仍是杯水车薪,可以说这块市场是非常有潜力的,非常有前景的。而现在的关键是占领属于自己的市场份额,培养自己的固定的受众群。

内部环境:目前,宝葫芦公司买断的南方电视台 20 分钟时间,可谓是拥有巨大的增值潜力。借助于南方电视台的强大品牌,借助于下午 6:00 至 6:30 分这个儿童收视的黄金时间,如果策划定位得当,工作积极努力,当可收到巨大的效益。

(二)市场竞争分析

电视栏目的确立,首先在于办出自己的特色、优势,并形成强大的收视竞争力,以吸引更多的广告商进行广告投入。而南方电视台正是缺少这么一档叫好叫座的儿童电视栏目。而我们也正不能放弃这一绝好机会。如果电视收视效果不好,则有可能很快被南方电视台拿下。故这一栏目的策划绝不可掉以轻心,出现办完几期就走人的短期行为。

这个目标的实现,首先就要对儿童收视市场的细分。

对于儿童而言,从 0 至 14 岁是可以划分为三个年龄阶段的。

1. 0 至 6 岁,这是属于幼儿时期,这一时期的电视栏目的特点是以玩乐为主,在玩乐中使幼儿的智力和能力得以提升。代表有中央台的《大风车》栏目。

2. 6 至 12 岁,这是属于中童时期。这一时期,孩子开始上学,并接受学校教育,逐渐形成自己的道德品质及心理素质。但这一阶段的儿童电视栏目并不多,并且多以游玩为主,如《东芝动物乐园》等。

3. 12 至 14 岁,这是属于大童时期,也是我们称为少年时期。这一时期的孩子慢慢成熟起来,但这一阶段的电视栏目太趋于成人化,难有叫好的栏目。

对于以上的儿童而言,他们大多都思想活跃,个性突出,追求自然、自信、自立和时尚。但自控能力差,依赖性强,动手能力差,往往容易眼高手低。这也是一个更早熟的群体,手中有可观的零用钱,懂得如何支配。目前全国大城市的儿童零用钱平均每月为 76 元。现在的儿童多数是独生子女,对电视节目有很大的选择权,同时更容易接受新事物,决定了他们对家庭消费影响很大。值得注意的是儿童并不拥有消费决定权,特别是 12 岁以下的儿童,多数家长往往指定品牌购买,但有 60% 的家长会听取孩子们的意见。

对于我们的儿童栏目而言,《我有我童年》(暂定),主要是针对 6 至 16 岁的这两个年龄阶段的孩子。

（三）受众分析

这个《我有我童年》栏目，针对的范围就应该是我在上文所分析的 6 至 16 岁年龄阶段的儿童及其父母、教师。

（四）注意问题

正因为这个电视栏目不容轻意失败，故必须注意三个问题：

1. 必须适应"儿童电视以儿童为主体"的国际发展趋势。

2. 必须突出作为现代少年儿童的特征。

3. 必须走出成人的影子。儿童电视不同于成人电视，必须在坚持娱乐、教育、社会功能并重的同时，特别注重开发能刺激儿童兴奋点的功能。儿童电视必须以儿童为主体，这是全世界儿童电视发展的新趋势，也应是我们做这个儿童电视的指导思想。否则，就有可能得不偿失，推动儿童对这个栏目的关注。

三、栏目设定

1. 直播或录播，每天下午一期，时间最好为下午 6:00 至 6:30 范围内。

2. 一个主持人。以女性为主，因为这一阶段的儿童接触的教师大部为女性，以大姐姐出现的主持人形象，可以拉近孩子与节目的距离。（也可不用主持人）

3. 节目内容

这一点，我觉得按照前面的分析，到此节目内容已经呼之欲出了。也就是这个节目内容必须要和儿童很近，能够吸引儿童的积极参与，并且要倡导儿童积极向上，勇于挑战，乐于助人等健康乐观的生活观念。

（1）节目的定位不再是中外名人的童年，而是《我有我童年》，广大正处童年时期的孩子的童年。故在节目播出时，主要表现现实中的孩子童年。

（2）节目内容

广东的广大孩子的童年可以成为节目的主人，成为拉近孩子、家长和栏目距离的重要内容。这一点其实也是对原有策划的一点延伸。

（3）节目内容的来源

这个节目内容可以采取一种新的创作方式，那就是让他介于真实和故事之间。素材可以向全省少年儿童征集，让他们把感动、积极、健康向上的自己的或者别人的故事寄到编辑部，同时，编剧将对选出的素材进行加工，使之更动人、更典型。主要演员全部选用具有表演能力的生活中的各色人等，如学生、教师、家长等。这样也能让他们实现表现的欲望。

(4)节目预期

重在倡导儿童积极向上,健康成长的理念。主题突出、内容健康;题材广泛,寓教于乐,通过参与节目的方法促进孩子们的功课学习及与家长的沟通,做成一台老师、家长、孩子都喜欢的精彩节目。

(5)节目卖点

热点:德育益智影响思维,标新立异、激发想象

卖点:互动参与,展现孩子们自己的生活

视点:提供了一个用眼睛去观察同龄人生活的窗口

四、整合目标

1. 问题的分析

(1)知名度低。此栏目尚属初创,故知名度低是个问题,这就需要加大品牌知名度的建设。

(2)缺乏运作经验。由于企业以前没有做过电视节目,所以在整个电视栏目的运作方面,整个企业都还有所欠缺。

(3)自身队伍建设方面还有所欠缺。

2. 优势

(1)得到教育部电教中心支持。

(2)影片拍摄经验丰富。

(3)地理优势。地处中国经济发展的前沿,有利于公司的业务的开展。

3. 传播目标

首先在广东省打出品牌效应,然后再作为交流节目,推向全国。

五、在南方电视台播出的前期及播出中的宣传工作及市场建设

1. 目标:主要是传递这个儿童电视栏目的品牌信息。

2. 对象:6至16岁的在校学生及其家长、教师。

3. 策略:

(1)集中策略。配合电视的拍摄,可以进行大规模的选小演员活动。

电视采访。包括中央教育电视台,最好能有中央电视台《大风车》栏目的宣传及南方电视台、广东电视台的采访。

故事征集。向全省孩子、父母、教师征集《童年》故事。注明,选中的将予以拍摄并播出。

建立童年网站。孩子可以在网上关注。

举行新闻发布会。

(2)媒介选择

中央电视台、中央教育电视台、南方电视台、广东电视台、南方都市报、羊城

晚报、少年先锋报、广州日报等。

六、市场前景分析

1. 除去硬性广告、软性广告、冠名权等收益外，还可与电讯台合作。

2. VCD、DVD、CD-ROM、音乐节目磁带、录像带；系列图书印刷品：立体彩色小人书、动物图书、连环画、儿童科普读物、明信片、贺卡、课本包装封面等。

3. 专卖店以"童年"电视栏目及出版发行物设计元素，装修，风格独特新颖，以童年形象为标识的所有产品将与电视节目热播交相互映；所有商品以最具亲和力的方式走进消费者，使消费者能够在短时间内认知、接受并喜爱童年的相关产品。如书包、文具盒、各种文具产品、运动器械、运动鞋帽、运动服装等；系列玩具：Game-boy 插卡游戏、各种公仔、益智玩具、儿童单车、儿童拼装地毯等；系列日用品：儿童专用水壶、儿童餐饮洗漱用具、儿童床上用品等；服装类：儿童休闲装、鞋帽袜类、内衣类等；食品类：方便食品、儿童饮料、糖果和膨化食品等。

4. 热线。声讯热线随各省电视台开播同步开通，热线设有多种参与内容，包括：节目报名、参与现场节目、查询中奖等等，不但宣传了节目和产品，还蕴藏了新的经济收益。

七、效果评测

在每个月、甚至每个周都要进行效果的评测，以不断完善并促进整个电视栏目的经营。

该品牌栏目的策划首先是栏目定位，其次是进行市场、市场竞争和受众分析，分析了当前电视市场内外部环境、同期市场竞争情况和可吸收的受众群体；第三是涉及栏目内容、播出、主持人等节目卖点的各方面分析；第四是对该栏目的优劣势与栏目市场整合、推广宣传以及市场前景的预测等进行分析；最后是该电视栏目的市场评测，需要有一个有效的评估标准与体系。从其分析和实施方案上可以看出，该栏目能够在缺少品牌栏目的儿童节目中获得成功。

一个品牌栏目，需要综合利用心理、视、听觉等传播手段去培养自己的受众群体，培养他们对栏目的认知度、关注度和忠诚度。要从栏目的定位、栏目内容、栏目的标识、主持人的化妆、服饰以及主持人风格等等方面去研究、设计和定义栏目，从而帮助节目实现最大的感性传播，实现栏目的品牌化。如中央电视台《焦点访谈》栏目，十余年经久不衰，就与它的准确定位（时事追踪报道、社会热点透视、新闻背景分析、大众话题评说）有着密切的关系。

(二)电视频道品牌的实施

当今电视媒体市场在日益庞大和成熟，各类节目几乎是年年推陈出新，观众的选择多半趋于他们的喜欢和习惯。从某种意义上说,电视只有创造了品牌频道,才能更好地拥有观众的情感和收视的忠诚度,才会带来较高的市场占有率和社会经济效益。

电视频道要在纷繁的频道市场中脱颖而出,首先必须要具备其他频道所不具备的"个性"特长,这就要求频道的经营和策划必须要把握好频道的市场、观众和内在因素,在市场调查的基础上,做好频道的准确市场定位和内容风格定位。其次是频道的观众定位,电视观众"分众化"的时代已经形成,频道设置不可面向所有观众,而是应该正确把握目标观众特性,培养和吸收更多潜在的观众。

例如凤凰卫视把自己的频道定义为"城市青年电视台",两只凤凰组成一个圆形的图案标志等,其频道品牌给观众带来了过目不忘的心理和视觉冲击,其各个频道拥有一大批不同的受众群体;央视十套科教频道在"科教兴国"的大背景下,诞生于 2001 年 7 月 9 日,始终坚持以"科学品质、教育品格、文化品位"为频道宗旨,频道把自己定位在"科教"的普及与推广上,经过七年多的发展,《走近科学》《探索发现》《人物》《大家》《百家讲坛》等一大批栏目的开播,使央视科教频道成为电视观众获取知识、开拓视野、提升文化修养的重要窗口,也使它成为全国亿万电视观众心目中的品牌频道。

(三)电视媒体品牌的实施

媒体品牌是个大概念,电视媒体品牌属于非物质性产品品牌。电视媒体品牌是一种无形的资产,当前中视传媒、湖南广电等在股市中的成功运作无不与其媒体品牌魅力有关。电视媒体品牌的实施是个宏观工程,需要集各个部门、不同系统统一力量、联合实施。目前我国成立的广电集团已达十九家,湖南广电集团、上海广电集团、深圳广电集团、南京广电集团、无锡广电集团等在经营与管理上的成功运作,为电视媒体品牌集团战略的实施与实践操作提供了可能。

以湖南广电集团为例,自成立集团实行市场化商业化运作以来,从数年前的《玫瑰之约》《快乐大本营》到近期的《谁是英雄》《背后的故事》《超级女声》《真情》等,品牌栏目的不断涌现,使湖南卫视在三年时间里在全国 38 个省级卫视中排名第一,超女、快男、背后的故事等新锐栏目的成功推出,彻底奠定了湖南广电集团在中国综艺节目的龙头地位,2006 年盈利超过 3.5 亿,整个电视台的市场化、商业化过程实际上也是一个电视媒体品牌化的实施过程。

综上而述,电视品牌的建立不是一朝一夕的事,而是长期积累和发展的结果。在品牌建立之初,需要在市场调查基础上的策划,节目策划、实施中的运作与调整,使栏目的内容和风格逐渐固定,形成固定的受众群体,但并不意味着电视品牌已经确立。这之后还涉及一个品牌维护的问题,不仅在品牌的确立过程中进行维护,而且在品牌得到受众普遍认可后也应维护,否则品牌就会在观众心目中逐渐淡化甚至消失。

电视节目在生产过程当中有不断地自我调节、自我循环的过程,而我国很多电视台的电视节目缺少一种长远性的经营理念,许多好的栏目到了一定的高度就一点点走向衰落。其原因多半是为了在一定的经济利益基础上的跟风、模仿,并不能在电视媒体日益市场化、商业化的竞争中将电视品牌维系下去。所以,电视品牌的建立需要更多理性思考和更深的理念,来作为其长远发展的指南。

第八章　电视节目经营策划

本章要点

　　经济领域里的生产经营活动,是由资金、设备材料、劳动技术三个要素构成的。如何合理的组织和调配电视节目的生产要素,以少的投入获取多的收益,是电视节目经营重点考虑的问题。为此,在节目制作生产前,既要牢固地树立"成本警觉",注意成本控制,使成本不要超出限额计划;又要考虑节目播出中广告的来源、多少和价位的高低,电视广告的策划手段及其广告创收的基本方法,实现以节目养节目继而实现高额的收益。同时考虑节目进入经营市场后,如何寻求经营的机会,通过电视节目经营途径,策划经营的策略、方案、步骤、方法等一系列的市场经营的技术性操作。

第一节　电视节目投资成本

　　成本是产品在生产过程中所需的全部费用,它由生产资料和劳动的投入两部分组成的。即由物化劳动(生产资料)和活劳动(投入的必要工时)的价值所构成。生产任何一种产品,不管是物质产品,还是知识产品,总要消耗一定量的生产资料和劳动,即物化劳动和活劳动。这就是说,任何一种产品都有成本问题。

一、电视节目成本

　　电视产品分为物质产品和知识产品,而知识产品多以节目的形式表现出来。在电视节目走入市场经济之后,经济杠杆迫使电视从业人员必须树立成本意识,明确成本的构成及其含义。

(一)为什么要考虑电视节目的成本?

电视节目走入市场经济之后,有两个问题是必须要考虑的,一个是社会效益,一个是经济效益。要考虑经济效益,成本是其中的核心,这是因为:

1. 电视节目成本是电视节目制作单位根据当前的实力和将来的收益,进行经济决策、考虑要不要上马(制作)的重要依据。

2. 电视节目成本是电视台进行经营管理的重要手段和衡量经营水平的重要指标;

3. 电视节目成本是确定电视产品价格的主要依据;

4. 电视节目成本是考核电视产业经济效益的公正天平。

(二)电视节目成本是由哪些因素构成的?

电视节目成本是由多种因素构成的,由于计量或者成本核算和成本管理的方法不同,于是,出现了不同的分类:

1. 按生产过程中的顺序关系,成本可分为:

①车间成本;

②企业成本(工厂成本);

③全部成本。

2. 按成本与产量增减的关系,成本可分为:

①固定成本;

②变动成本。

3. 按成本的概念及其应用情况,成本可分为:

①理论成本;(目前,人们对于理论成本的认识是一致的,是没有疑义的。但是,在成本的范围上,认识并不一致。有人认为:成本不限于 C+V 这两个部分,还应包括属于 M 部分的一部分开支,比如利息也应列入成本。)

②应用成本。

4. 按成本范围来划分,成本可分为:

①全部成本;

②部分成本。

5. 按成本的核算程序,成本可分为:

①直接成本;

②间接成本。

上述计量方法,虽有不同,但其中有共同的因素,这就是所有的电视节目都有投入,包括财力、物力、人力等方面。

对于成本可以从不同的角度分类。分类的目的在于研究本部门的产品成本,以便制订出正确的成本管理方案。

(三)怎样认识电视节目的成本

目前,人们对于物质产品成本,不仅有充分的认识,而且形成了一套成熟的成本管理办法。

对于电视节目的成本,人们的认识并不一致。有人认为,电视节目根本无成本,无需研究。有人认为,电视节目是知识产品,也应计算成本。但是,在成本含括的范围上认识却不一致。

鉴于这种认识,要搞好电视节目成本管理,目前的主要任务是要树立牢固的成本意识,即"成本警觉"。

在西方国家,所谓成本意识主要是指:

1. 注意控制成本,使成本不超出限额;

2. 在生产经营活动中,经常保持成本的最低水平;

3. 努力使成本降低到最低数。

如果成本发生较大波动,管理部门应及时地向决策者提出警觉信号,以引起决策者的注意。西方国家"成本意识"的重点是注意如何降低产品成本。这是在产品成本观念已经形成、实际成本活动已经展开的情况下产生的成本意识。

现在,我国电视产业部门所强调的成本意识,同西方国家的成本意识不同,它主要是指:

1. 树立电视产品也应计算成本的观念;

2. 科学地确立成本范围和成本计算方法;

3. 科学地控制成本。控制成本,必须建立在产品成本观念、产品成本范围都十分明确的基础上。否则,控制成本就无从谈起。

二、电视节目成本的范围和构成

电视节目成本包括的范围,在西方发达国家和一些发达地区已经界定得十分清楚。我国大陆有关电视节目成本的构成范围和实际操作也日趋成熟。下面介绍美国、中国台湾以及我国大陆对电视节目成本范围的界定和控制方法,以供我们研究电视节目成本时参考。

(一)美国电视节目成本范围

1. 美国电视故事片的成本范围:

1)剧本创作过程费用

A. 剧本原稿稿酬

B. 剧本复印本费用

C. 剧本复印本邮费

D. 剧本草拟的故事草图费用

2）主创人员所需费用

A. 监制人员费用

B. 制片人费用（每天单价×天数）

C. 导演酬金（每天单价×天数）

D. 演员酬金

a. 主演酬金（人数×每天单价×天数）

b. 配角酬金（人数×每天单价×天数）

c. 临时演员（一次性酬金和人数×每天单价×天数）

3）制作班子费用

A. 制片经理酬金（每天单价×天数）

B. 副导演酬金（每天单价×天数）

C. 摄影师酬金（每天单价×天数）

D. 助理摄影师酬金（每天单价×天数）

E. 录音（每天单价×天数）

F. 照明（每天单价×天数）

G. 场务（每天单价×天数）

H. 制片助理（每天单价×天数）

I. 场记（每天单价×天数）

J. 化妆（每天单价×天数）

K. 发型（每天单价×天数）

L. 道具（每天单价×天数）

M. 美术（每天单价×天数）

N. 采景人（每天单价×天数）

O. 照相师（静照）（每天单价×天数）

P. 制片秘书（每天单价×天数）

Q. 调研员（每天单价×天数）

R. 津贴及福利（工资的 0.20%）

4）外景地开支

A. 场地费（笔，一次性付清）

B. 零用现金（单价×天数）

C. 器材/道具货运（笔，一次性付清）

D. 其他开支/许可证（笔，一次性付清）

E. 车辆

a. 选演员小车租金（单价×天数）

b. 旅行车租金（单价×天数）

c. 交通补助

5）摄制组伙食费用（标准×人数×天数）

6）现场器材费用

A. 摄影机设备（每件单价×数量×折旧率×天数）

B. 镜头箱（每件单价×数量×折旧率×天数）

C. 摄影机（每件单价×数量×折旧率×天数）

D. 话机（每件单价×数量×折旧率×天数）

E. 录音设备（每件单价×数量×折旧率×天数）

F. 灯具（每件单价×数量×折旧率×天数）

G. 场务器材（每件单价×数量×折旧率×天数）

H. 车辆（租赁或购买）

I. 飞机（租赁或购买）

J. 道具（租赁或购买）

K. 服装（租赁或购买）

L. 化妆用品（购买）

M. 布景（购置或租赁金）

N. 特殊装置（租赁或购买）

O. 其他器材（租赁或购买）

7）配音费用

A. 对白配音（标准×小时×人数）

B. 作曲（笔）

C. 录音棚（单价×数量）

D. 录音带（标准×小时×人数）

E. 抄谱员（标准×小时×人数）

F. 演奏员（标准×小时×人数）

G. 乐器（租金或购买）

8）字幕费用

9）剪辑和最后修饰费用（后期制作费用）

10）办公室费用

A. 办公室租金

B. 电话费

C. 航运费

D. 通讯员酬金

E. 复印费

F. 邮资

G. 办公用品

H. 会计费用

I. 库存费

11)法律费

12)保险金

13)应急费

14)完成保证金

15)其他

2. 美国电视纪录片的成本范围：

脚本费用

主创人员费用

制作人员费用

差旅和场地费用

摄像及现场器材费用

录像带费用

解说录音费用

音响及音乐费用

字幕卡片费用

电视编辑费用

办公室费用

保险金

应急费

其他

(二)我国台湾电视节目成本的分摊程序和控制方法

1. 我国台湾电视节目成本分类及范围

①录制成本

录制成本是指节目筹划、编剧、排演、摄影、录像以及节目播放状态上的费用。主要包括：

人力成本——编剧、演员、主持人酬金；

材料成本——排练费、外景费以及美工、行政、事务、摄影场地设备折旧、修护、能源等费用。

②播映成本

播映成本是指节目透过副控（现场节目）、主控、微波、中继站、发射台（现在通过通讯卫星、地面接收站）将画面呈现在观众眼前所支出的一切费用〔工程费用〕。

③管理成本

管理成本是指董事会、经理部以及行政、财务、安全、业务部门等有关单位所支出的一切费用（管理业务费用）。录制成本和播映成本又称"时间成本"。

2. 各类费用分摊程序和方法

电视节目成本的各个部分，应以适当比例分摊。其分摊程序是：

其一，服务费用分摊（分配）：

①管理费用—以制作生产部门当月播出时数比例进行分摊；

②业务费用—以制作生产部门当月广告收入净额比例分摊；

③工程费用中的录制费用— 以制作生产部门当月使用摄影场地大小及价值比例分摊；

④播映，费用—以制作生产部门当月各类节目播映时段（如特、甲、乙、丙级时间）及各时段广告售价比例分摊。

其二，制作生产费用分摊：

此项费用包括各制作生产部门本身的间接费用以及管理、业务、工程费用等。这类费用以下列方式分摊到各类单元节目中：

①美工费用；

②节目奖金；

③基本演员费用以及节目使用演员多少加权分摊；

④剧本费用：按连续剧及剧集全月播出次数加权平均分摊；

⑤乐队费用：以乐队服务各类节目时间分摊；

⑥字幕费用：以节目每分钟字幕费常数及时间长短分摊；

⑦工程录制费：以节目录像、现场或转播所耗时间多寡分摊；

⑧其他间接费用：以各节目播映时段广告售价分摊；

⑨工程播映费用：以各节目播映时段广告售价分摊。

以上①～⑧项属录制间接成本，⑨项属播映间接成本。

依据上述程序的全部成本，即"直接成本、录制间接成本、播映间接成本"三项，前两项属制作成本，应与节目制作收入对应比较；后一种属播映成本，应与节目时间收入对应比较。每个月终,财务部门应依据上述各项成本编制单元节目收入与成本比较表,供决策部门参考。

3. 成本控制方法

其一,实绩控制法。

实绩控制法是指用某一业务的实际效绩加以衡量,从而决定该项业务是否继续维持或予以扩张或紧缩。

运用这种方法控制成本,必须对电视台的各项业务活动,按其职能和责任进行详细划分,并对各项业务活动的状况进行认真记录,然后对记录进行认真核对后,决定业务活动是维持、扩张,还是紧缩或取消。

其二,预算控制法。

预算控制法:又称预算控制制度,是财务成本管理常用的方法,其实施要点是:

将各项业务活动的未来成本,利用科学的估计方法,先编制预算(计划),作为各项业务活动成本或费用支付的准绳,交各个职能部门执行;

然后,定期(一个月、一个季度)将实际成本与预算成本进行比较,以衡量预算执行情况,并将比较情况向主管部汇报,以便采取对策,实现控制成本的目的。

其三,标准控制法。

标准控制法系采用成本标准控制实际成本发生的一种方法。标准成本确定以后,即成为电视台各项业务活动的目标,成为衡量电视台经营活动的一种尺度,用这一尺度控制成本,既能降低成本,又有利于电视台的经营管理,是电视台经营管理的一种有效方法。

标准成本控制法的基本要点是:①标准成本是指节目或劳务在"合理有效生产情况下"所应有的"合理而经济的成本额"。②预计成本额,指的是"最低可能成本",即是一种"较易达到的成本"。

实行标准成本控制法所讲的标准成本并非是"理想成本",而是一种现实标准成本,是可以实现的。

(三)我国内地电视节目成本构成

由于我国内地对"媒介经营管理"研究起步较晚,对其成本的研究还比较滞后。因此,这里讲述的"我国内地电视节目成本范围",仅仅是根据多年来对电视节目成本的研究而概括出来的理论性成本。

1. 我国内地电视节目成本分类

根据电视产业活动的特点和一般运行规律,我国内地电视节目成本应有以下几种类型：

①制作生产成本

节目制作人员费用：策划和主创人员、制作班子（制片主任、副导演、摄影、录音、照明、场务、演员等）、办公室人员的酬金以及为节目制作服务的劳务开支。即人力成本中的直接成本和间接成本。

节目制作物资费用：录制器材、声视材料以及场地费、道具费等和器材的保管、运送等费用，即材料成本中的直接成本和间接成本。

②播放成本

编播人员、主持人、指导人以及各层次的调控人员和其他辅助人员的酬金；

播放器材费用；

传输成本，即工程成本（主控设备、微波设备、中转站设备、发射设备、通讯卫星和地面接收设备等）。

③销售成本

经销人员以及辅助人员的酬金；

经销活动所用设备和设施的折旧费用；

流通费用（节目买卖上的费用即公关费用、簿记上的费用、管理费用以及保管、包装、运输等方面的费用）。

从上面的分析可以看出，电视节目成本主要包括：

人力成本——直接人力成本和间接人力成本；

生产器材成本——直接生产器材成本和间接器材成本；

销售成本——直接销售成本和间接销售成本。

2．电视节目成本的计算方法

①单项成本计算法

即一个独立的节目的生产制作、播出和销售所需要耗费的人力资料和物质资料所需要的费用总和。

②定额成本计算法

即在某一产品的成本已经确定的情况下，用此成本定额去衡量实际成本，必须从中找出差距，修改或改变原来的成本定额。这种成本计算方法可以控制（限制）各经营部门的经营活动，把成本降低到最低点或最佳点。实行定额成本计算方法，要求对成本定额必须有科学地界定，使执行者经过努力是完全可以达到的成本，在这方面，同台湾电视台的标准成本有相似之处。

③成本概率预测法

概率又称"或然率"，表明某一事件可能发生的数量。人们通过把相同条件下可能发生也可能不发生的事件称为"随机事件"。不同的随机事件发生可能性的大小是不相同的,概率就是用来表示随机事件发生的可能性大小的一个量。把必然发生的事件的概率规定为1,并把不可能发生的事件的概率规定为0,而一般随机事件是介于0与1之间的一个数,概率值越大,就表示该事件发生的可能性也越大。成本概率预测就是在成本预测工作中,运用概率的量来分析和评价成本预测资料的准确程度。由于电视节目成本构成的复杂性,运用成本概率预测,可以准确地把握每一成本要素的变动将会给总成本所带来的影响,以便有效地实现成本控制。

④成本归集计算法

即对生产过程中所发生的各种费用,进行分类归集,进而得出各个对象的成本总额。电视产品的生产过程既是一个相对独立的过程,又是一个相互联系的过程,采用成本归集法计算成本,可以比较准确地计算各个节目的成本。同时,也有利于准确地掌握总成本。比如节目生产过程,可以归集各类节目制作生产过程所需要的时间,根据节目制作所需要的总体时间,计算出各类设备转移到节目中的费用,进而把握节目生产的全部物化劳动的成本,即材料成本。对于成本要素的其他部分(直接人工要素和制作费用)也可以采用这种方法。

⑤成本系数计算法

即选择一个定型的产品作为"标准产品",并把它的成本确定其系数为1,然后将其产品成本与"标准产品"的成本相比较,确定各自的系数。系数可以是技术系数,也可以按定额成本、定额耗用量或售价比例确定系数,可以将各种产品的实际产量折算为标准产品产量。根据各种产品的标准产品产量的比例,即可计算出该类产品中各种产品的成本。

对于未完成的电视节目应按已完成的程度折算为完成品的约当数,然后再折算为标准产品的产量。

系数法的计算程序是:

A. 月终计算类内全部产品折合为标准产品产量:

约当标准产品总量 = 标准产品的产量 + $\sum$(其他产品 × 系数)

B. 求出标准产品的单位成本:

标准产品单位成本 = 某类产品实际总成本/某类标准产品总产量

C. 计算各种完成产品成本:

类内某种产品总成本 = 该种产品折合标准产品产量 × 标准产品单位成本

D. 计算各种再产品成本:

某种产品的再产品成本 = 该种再产品折合成完成产品产量 × 该种产品折合成标准产品系数 × 标准产品单位成本。

关于电视节目成本的计算方法不限于这五种类型,还有其他计算方法,各电视台以及其他电视经济实体在计算成本时,运用哪一种方法,根据本单位的情况和对成本的要求目标而确定,不要强求用一种方法。但是,目的应该是一致的,都是为实现少投入多产出,取得最佳的经济效益和社会效益。

3. 电视产品成本的控制方法

成本控制的方法很多,但最主要的、也是常用的控制方法有:

其一,目标成本控制法

也就是把产品生产的奋斗目标,作为成本控制的总准绳去控制成本。这种成本控制方法,既有利于科学地实现成本要素的最佳配合,又有利于发现实际成本与目标成本发生差异的原因,以便采用措施,及时纠正。

目标成本控制的具体做法是:

A. 把总目标成本分解为一个个小目标,然后落实到各个成本中心;

B. 各个成本中心再把下达的目标成本分解为更小的目标成本,并分交给各个责任单位或部门;

C. 各级责任成本中心要随时将积累的成本资料与目标成本进行比较,分析出现差异的原因,为降低成本和为制定新的目标成本创造条件。

其二,责任成本控制法

也就是根据责任制的原则把成本指针管理与经济责任结合起来的一种控制成本的方法。它根据部门内部已确定的责任层次,建立成本中心,明确各中心的成本责任和权限,然后根据成本是否可控的原则,将成本指针和定额成本(标准成本)分解到各成本责任中心,并作为评价、考核各成本责任中心实绩的标准;建立一套完整的核算制度,定期对成本中心进行检查;经常分析实际成本与成本控制标准之间的差异,并找出原因。

其三,未来成本控制法

即预算成本控制法。根据现代科学技术的发展和应用状况,预计在今后一定时期内生产的产品量。对材料、人工的需求量,以及劳动生产率提高的速度,在此基础上确定未来成本,并以此成本为目标,运用事前控制、事中控制和事后控制的方法,实现对成本的控制。

其四,相对成本控制法

即根据产销量、成本和收入三者间的关系来实现对成本的控制。根据这种控制方法,可以明白生产部门究竟有多少产销量,收入与成本才能实现平衡,而不会亏损;同时也可以明白,产销量达到多少时,盈利最高,从而规定自己的经营目标。用这种成本控制方法,可以科学地确定广播电视节目的最佳产销量,才不会出现亏损现象。

其五,标准成本控制法

即用制定的标准成本来控制实际成本的一种控制成本的方法(此方法是台湾电视台普遍使用的一种方法)。常用的标准成本有:

A. 历史标准成本,即用过去已实现的实际成本为标准来确定成本。

B. 基本标准成本,即选择某一年度的实际成本为标准成本,用以衡量以后各年度的成本高低。

C. 理想标准成本,即根据理论上的生产能力、生产要素的理想价格所确定的理想的产品成本。

D. 正常标准成本,即根据正常的生产能力、正常的设备运转、正常的劳动生产率、正常的材料供应、正常的材料价格以及正常的经营条件所能达到的产品成本。

E. 预期标准成本,即在未来一定时期内最可能发生的各种生产消耗量、预计价格和预计经营能力等条件下制定的成本。

成本控制的方法还有很多,目前人们常用的成本控制多是这五种方法。

标准成本控制,一般采用正常标准成本为宜。

三、电视节目成本经营

(一)成本经营

经营和管理的内涵是不相同的。管理是指控制、管辖、处理、协调、组织等;经营是指经理、运筹、筹划、治理等。因此,成本经营与成本管理是有区别的。

从习惯的角度分析,成本经营管理也叫成本管理,但是,在实质上二者是不一样的。

成本管理指的是成本的行政管理,侧重于财政和成本立法、制度方面。比如:制定成本管理制度、建立成本管理机构、明确成本管理职责、规定成本开支范围、开展成本检查、实行成本监督等,都属于成本管理。

成本经营指的是成本的经济管理方法,如何降低成本的一系列问题。

1. 从技术经济的角度考虑成本问题,从投资方案的选择、产品设计、工艺流程、技术操作、产品结构、技术条件、新工艺和新技术采用等各个环节去研究,如何以最少的消耗取得尽可能大的经济效益;

2. 要考虑从供销经营活动中摸清楚消费需求和市场规律,在材料价格、材料采购批量、材料储运损耗、产品发运、资金运用等方面研究如何降低经营成本;

3. 要在生产力组织方面研究成本。如生产力要素的合理配置、提高劳动生产率、生产专业化协作、生产进度的合理安排等。

根据我国电视产业的特点和现状，要促进电视产业的发展，保证电视产业在社会主义建设中的各种功能的发挥，从经营管理的角度来分析，当前一个重要任务就是要加强对电视产品的成本经营管理。为此，应做好以下各项工作：

其一，深化电视体制改革，实行产业化经营；

其二，引入竞争机制，充分发挥市场机制对电视产业经营活动的调节作用；

其三，加强对电视产业经营管理人员的培训，不断提高他们的成本意识和成本经营管理的素质；

其四，在理论上和实践上弄清楚成本经营管理同成本管理的区别与联系，以及加强成本经营管理的意义；

其五，纠正成本行政管理单一化、绝对化的成本管理办法，自觉地运用成本经营管理的办法实现对成本的控制。

(二)电视节目成本经营的对策

根据电视节目生产经营状况和我国电视产业的实际，要加强电视节目成本经营管理，应做好下列各项工作：

1. 深化经营体制改革，在全国范围内，逐步建立独立的电视节目制作公司，国家可以核拨一定数额的固定基金和流动资金，实行专业化、产业化、商品化管理，独立核算，自负盈亏，纳入商品生产轨道。对于电视剧制作还要配备自己的主创人员和演员队伍以及建立前后期采编技术处理中心，有计划地建设电视剧摄制基地，形成具有独立生产能力的电视剧生产体系。生产的电视节目（包括电视剧）既可以卖给国内的传播媒体，也可以打入国际音像制品市场。

2. 健全成本管理的规章制度。根据国家的经济政策、财经法规，制定切实可行的生产管理、财务管理的规章制度，将电视剧和其他电视节目的生产、营销纳入规范管理的轨道。

3. 确定电视节目生产成本项目的定额。例如：确定住宿、伙食、主创人员、生产周期、外景补助、劳务报酬、服化道消耗等成本项目定额，也可以采取定项包干，超支不补，节余分成的办法，以鼓励节约开支，降低成本。

4. 目前我国电视节目的生产方式特别是电视剧的生产方式还比较落后，有相当一部分电视剧的录制还采用单机摄像、实录为主，后期再加以剪接、配音，最后经过混录成为合成节目，制作程序繁多，周期长，成本高，设备有形损耗大。为降低电视节目的生产成本，应采用棚内拍摄，多机拍摄，现场切换，同期录音，走基地化的路子，缩短生产周期，以提高制作的时效性和经济效益。

5. 加强对制片人、编导等从业人员的业务培训，不断提高他们的业务素质。

制片人、编导等工作人员的素质对电视剧以及其他电视节目的成本影响很大，尤其是制片人以及制片主任的业务素质、经营管理意识、事业心和责任感，对电视节目成本影响最大。正因为这样，提高制片人、编导的业务素质和管理意识是降低电视剧以及其他电视节目成本的重要措施。另外，还要提高电视节目经营者的市场意识，增强对市场的应变能力，多生产适销对路的电视节目，更好地满足广大受众对电视节目的需求。

第二节　电视节目的市场解析

一、电视节目市场范围

(一)信息市场

　　电视产业是信息产业的重要部门，同时是信息市场的重要组成部分。信息市场是根据经营的对象——"信息产品"而得名的，它包括的内容相当广泛。目前电视产业部门经营的信息多是以节目的形式表现出来的，正因为这样，节目市场也就是信息市场，经营节目也就是经营信息，所以，这里讲的信息市场指的是以节目为表现形式的信息市场。在电视节目市场上经营的信息主要是一些实践性很强的生产性信息、经营信息、技术信息、产品信息、劳务信息等，这些信息范畴统称为经济信息。电视台的"经济部"是经营信息的主要部门，其经营的信息都应该有明确的标价。目前的经济信息标价多采用"时间订价"法，还没有体现信息的自身价值。随着信息市场的发展和完善，信息经营的范围不仅越来越广，而且在确定信息价格时，应将"时间订价"法和"质量订价"法结合起来，以便更好发挥高价值信息的作用。

(二)电视广告市场

　　电视广告市场是广告市场的重要组成部分，也是电视节目市场的重要组成部分，它是以出卖时间段和利用电子技术传输广告信息为特征的现代广告市场。

　　电视广告部门是一个经济实体，其广告作品就是广告部门劳动者生产的产品，是广告部门劳动者的生产物。广告产品是可以进行交换的，其使用价值是为了满足广告对象的需要，价值是为了满足广告经营者的需要。

　　广告产品既然是商品，其交换过程中就必须有价格。在市场经济条件下，广告产品的价格是通过市场决定的，随着商品经济的发展，人们的商品意识不断加强,同其相适应,经营者的广告意识也不断加强。在这种情况下,电视广告播出时间已不能充分满足广告客户的要求。在供求规律的作用下,电视广告价格可以上下浮动。

广告市场经营活动虽然在许多方面都同其他商品市场没有多大区别,但是就其交换活动来说,它又不同于一般的商品交换活动。广告商品的使用价值是通过广告媒体的作用、凭借广告的感染力、广告的注意程度、理解度和记忆度表现出来的。这就是说,广告产品的使用价值不仅受广告质量的影响,而且还受广告信息传播时间的影响,受广告覆盖地区的影响,受消费者素质及消费水平的影响。根据广告产品使用价值的特点,广告市场的经营活动必须充分注意广告产品的质量,同时还必须注意广告信息传递的时间性,以便保证广告产品使用价值的实现。根据商品的使用价值是价值的物质承担者这一基本原理,只要保证了广告产品使用价值的实现,广告产品的价值才能得到实现。因此,在广告市场经营活动中,必须把提高广告产品的质量放在首位。

(三)电视剧市场

电视剧市场是电视节目市场的一个重要的分市场,它具有鲜明的个性特征,在电视节目市场体系中占有十分重要的地位。我国是世界上人口最多的国家,随着社会生产力的发展和人们的物质生活水平的提高,人们对于电视剧的需求量不断增多。据统计,1998年生产的电视剧已达12000部(集),尽管如此,还远没有满足人们的需要。现在我国人口已达到13亿,大约有近3亿个家庭每天都在收看他们所喜欢的电视剧(含各类文艺性节目)。根据这种需求量,每年12000部(集)是不够的,况且在这些电视剧中又有相当一批低质量的或者是不能播出的,这样就使电视剧市场的供求矛盾更加尖锐化。解决这一矛盾的根本办法就是发展电视剧生产,提高电视剧的质量。

随着电视剧市场的发展,作为其派生市场的旅游文化市场也日益扩大。从电视经济的角度来分析,电视剧的生产经营活动是一个系统,必须统筹考虑。我国是一个历史悠久的文明古国,有许多历史题材或古代传说、古典小说等,都可以拍摄电视剧。比如《西游记》《封神榜》《水浒传》《三国演义》《红楼梦》等,以及唐明皇、朱元璋、康熙、雍正、乾隆、慈禧太后等历史人物,都是拍摄电视剧的好题材。如果把一些有价值的布景集中起来,进行科学地整理,既可以使人们深刻地了解我国的古代文化,又可以作为旅游"胜地"对旅游者开放,一定会取得理想的社会效益和经济效益。比如北京市宣武区的"大观园",就是为拍摄电视剧《红楼梦》而修建的。现在它已成为人们的旅游"胜地"。"大观园"的建成、开放,既解决了一部分人的就业,又为国家创造了收入。

中央电视台的河北涿州外景基地和江苏无锡外景基地是两个很有前途的地方,只要经营得好,将会吸引更多的游人。以前,对于电视剧的布景处理采取了"狗熊掰棒子"的政策,造一个甩一个,这样既造成了浪费,又增加了电视剧的成本。

我国的旅游资源是相当丰富的,如果搞得好,旅游收入是相当可观的。电视旅游文化市场的开发,既发展了地方经济,又为电视剧的再生产准备好了条件。比如拍摄《三国演义》建造了一座"三国城",拍摄《水浒传》又建造了一座"水浒城",既促进了当地旅游业的发展,又为电视剧制作部门创造了经济效益,并使这些地方成为一个很好的新兴旅游胜地。开发电视旅游文化市场也要注意节约,不要搞重复建设,要注意一景多用。

(四)国际电视节目贸易市场

国际电视节目贸易市场是国际视听贸易市场的分市场。随着社会生产国际化的发展,国际视听贸易的规模不断扩大,贸易的范围也不断拓宽。当前国际视听贸易的主要内容是:录像、录音带的营销、国际广告活动的开展、广播电视节目的交流(包括电视剧的交流)等。美国为了推销他们的电视节目,极力主张电视节目的自由贸易。其他一些国家,包括发达国家,虽然也在主张发展国际视听贸易,但都是有条件的贸易。就美国来说,虽然主张国际视听自由贸易,但是实际上是有限制的、有条件的自由贸易。比如美国政府规定:外国投资超过公司投资总额 25%,不能办电台、电视台;投资在 25% 以下的办电台、报纸,只能选其中一项。

国际电影贸易,在我国开展得比较早,国际电视节目贸易在我国起步较晚,可以说是从 1988 年上海国际电视节开始的,然后又在四川成都举办过国际电视节,现在已举办了多次。从这几次的贸易活动来看,社会效益和经济效益都是比较明显的,我们应根据我国的实际,在逐步发展和完善我国国内视听市场的同时,走向世界,参加国际视听贸易市场的竞争。

二、电视节目市场开发

(一)电视节目市场开发

我国的电视节目市场是非常广阔的,它不仅仅是人口多,国土面积大,而且是中华民族对电视节目的需求范围和内容的要求是多种多样的。这就是说,中国的电视节目市场的潜力是相当大的,现阶段已开发的电视节目市场还相当狭小,而且处在以生产为中心的阶段,即能生产什么节目就推销什么节目。根据市场营销观念的形成过程来看,它区分为以生产为中心的阶段、以销售为中心的阶段和以消费者为中心的阶段。以节目生产为中心表明我国电视节目的生产能力还不强,还不能在更广泛的范围内满足受众的需要。

从上面的分析可以看出:①我国的电视节目市场还有很大潜力,这是从需求的角度分析的;②我国的电视节目的生产能力还将会提高,这是从供给方面来分析的。由于我国电视节目供给和需求都有很大的潜力,因此开发电视节目市场的前提条件是具备的,是能够开发的。

目前,我国电视节目市场的开发是根据逐步推进、适当扩大进入市场的节目范围的原则进行的。在我国,最早进入市场的电视节目是电视广告节目;其次进入市场的是经济信息节目。再次是一些专题性节目。现在,走向市场的节目范围还在继续扩大。

1995年11月30日中央电视台加密卫星电视频道的开播,又把文艺、体育、电影等节目通过电视频道推向了市场;接着许多综艺节目也逐渐进入了市场。

作为电视节目重要组成部分的电视剧,早已走向市场。但是,由于没有充分发挥市场机制的作用,电视剧虽然已走向市场,但是并没有坚持等价交换的原则。例如有的电视台收购制作公司制作的电视剧,每分钟只给8元,而收购自己制作的电视剧,每分钟1000元。电视剧既然走向市场,就要按照市场原则实现交换,否则,是不利于电视剧生产的。

(二)电视节目走向市场的后果分析

电视节目走向市场,意味着社会主义市场经济体制改革已触及到了电视领域;意味着市场机制已对电视产业起着调节作用;意味着电视台在内的电视产业各部门已开始由事业单位转向独立的经济实体;意味着在电视产业部门的经营活动中,市场机制是基础性机制,计划机制只是辅助性机制;意味着由国家包下来的供给型体制向自给型体制转变;意味着行政手段的调控方式只起着辅助性的调控作用;……一句话,意味着电视已由过去的单一喉舌功能的事业单位,变成了喉舌功能和产业功能并重的产业部门,原来属于事业单位的电视系统的各部门,现在已成了经营信息产品的产业单位。比如电视剧制作中心已成为经济实体,即电视剧制作公司;原属于电视台的广告公司已成为独立的经济实体;原来属于电视台的其他节目制作部门也将会朝着实体的方向发展。比如文艺部,随着电影频道的开播,它将会朝着实体的方向发展;经济信息部门也会朝着实体的方向发展。但是,类似文艺部、经济信息部这种经济实体不是独立于电视台以外的实体,它是电视台的一个部门。这样,今后的电视台就是由各个经济实体组成一个生产经营电视节目的实体公司。事业单位是受国家机关领导的,不实行独立经济核算的部门或单位。所需经费由国家财政支出,收入全部归国库,部门内部没有盈利收入。电视部门原属于事业单位,根据事业单位的特点,它不应该进行经济核算,其收入也应该归国库。可是,现在的电视台不仅有了收入,而且这些收入基本由电视台支配,不缴或很少缴纳所得税和固定资产税,同时还接收国家的财政拨款,人为地把电视台变成了"四不像",既不像事业,又不像产业。

产业部门是从事经营或服务活动的经济组织,它必须具有一定数量的劳动者和与经营或服务活动规模相适应的资金,并设有自己的管理、财会、生产和销售等职能部门。产业部门必须有盈利,必须按章向国家纳税(所得税、固定资产税以及其他税收)。

根据对事业、产业部门的特点来分析,我国现阶段的电视台已不是过去的那种事业单位,也不是单纯以盈利为目的的企业,而是承担着新闻宣传和经营或服务活动的信息产业。目前,电视系统的许多部门已开始依据产业的运行规律;开展产业化经营活动,并取得良好的社会效益和经济效益。

根据产业的特点,这些已经产业化的电视部门,其经营或服务活动必须有盈利,也必须纳税。当前,这些产业化部门中还有相当一部分属于电视台的一个部门,在电视台的直接控制下进行经济核算,这样,电视台应当承担向国家纳税的任务,以防止属于国家财产的流失。这样做,对电视台、对国家都是有利的,也是社会主义市场经济要求的。

所谓对电视台有利,就是说,通过纳税意识的培养,使电视台既重视经营收入,又重视经费开支,把资金用在刀刃上,杜绝浪费,促进电视产业的健康发展。同时还可以通过加强经济核算限制某些不正之风的发生,对于干部的成长也是有利的。

所谓对国家有利,是指通过税收增加了国家的财政收入,防止固定资产的流失。

综上所述,电视节目走向市场必然会给电视台以及其他电视产业部门带来一定的利益,在这种情况下,各级电视台以及主管部门必须增强纳税意识,自觉地缴税,保证国家利益的实现,这既是电视节目走向市场的要求,也是电视产业部门对国家应尽的义务。纳税是每个公民的义务,也是各类经济实体应尽的职责。

(三)开发电视节目市场的对策

电视节目走向市场是必然的。根据目前电视节目市场的状况和人们对电视节目市场的认知程度,开发电视节目市场应采取如下对策:

其一,从思想上必须明确:电视台是国家所有,不是部门所有,更不是个人所有。根据我国的性质,所谓各级电视台都属于国家所有,是指由代表国家的中央政府、地方政府共同所有,分级管辖。可是,在现实生活中,有些人把电视台视为本部门所有,为本部门乃至个人谋利益。也正因为这样,有些电视台以及主管部门隐瞒电视台的收入,夸大电视台的开支;在财务管理上也相当混乱,借口电视节目生产过程比较复杂,特别是电视剧生产,随意开支,造成许多人为的浪费。应该明白,电视台之所以有权威性,是因为它代表国家(或各级政府)在行使宣传或传递信息的职责;电视台之所以能行使这些职责,是因为国家作了大量投资,是因为国家给了他们极大的支持,于是电视台才有了权威性,才有条件去完成宣传和传递信息的任务。这样,电视台的经营收入按照适当的比例上缴国家是合情合理的。

其二,深化电视管理体制改革,更好地为社会主义市场经济服务。我们知道,"电视具有两重性,即经济属性和政治属性。同其相适应,电视具有两种功能,即产业功能和喉舌功能。"就电视的喉舌功能来说,过去我们强调它,现在强调它,将来还必须强调它,在阶级、政党、国家存在的情况下,这一功能是不会改变的,企图改变电视喉舌功能的思想和行为,既不符合电视自身特点的要求,也不符合社会主义市场经济的要求,是错误的。

就电视的产业功能来说,它是自电视产生以来就具有的一种功能,在计划经济体制下,借"突出政治",人为地否定了这一功能。改革开放以来,特别是社会主义市场经济的发展,电视的这一产业功能又表现出来,并得到了较充分的发挥。

随着电视节目走向市场,电视的这两种功能都从不同的方面得到了发挥。根据电视两重性理论以及现阶段电视节目走向市场的现状,电视节目既是有偿的,也是无偿的。这种有偿性和无偿性都是电视产业功能的表现。

其三,引入市场机制。在市场经济条件下,市场机制是资源配置的基础性调节机制,它是由价格机制、供求机制、竞争机制等内容构成的市场经济的运行机制。市场机制是同市场相联系的,是市场经济要求的。

随着我国市场体系的培育,不仅我国的商品市场体系得到了充分发展,而且生产要素市场也有了长足的发展。与此相适应,我国的电视市场的雏型已基本形成。

目前,我国的电视市场体系的基本框架虽然已经形成,但是,这种市场体系的框架基本上还是理论上的框架,并没有得到充分的开发,市场范围还很窄。由于指导思想上的原因,其市场管理手段多采用行政手段,市场机制的作用并没有发挥出来。根据我国电视市场的这种现状,要开发电视节目市场必须拓宽电视节目市场的范围,除让综艺类节目进入市场外,其他能够进入市场的节目应让它进入市场,并充分发挥市场机制的作用。

市场机制在电视节目市场上的作用,不是以电视节目进入市场的数量为尺度的,而是以电视节目市场是否存在为尺度的。既然存在着电视节目市场,市场机制必然起作用。要发挥市场机制对电视节目市场的调节作用,也就是发挥价格机制、供求机制、竞争机制对电视节目市场的调节作用。

价格机制要求电视节目必须有合理的价格,即电视节目经营者能获得适当利润,受众也能承受的价格。价格机制是市场机制的核心机制,电视节目制作部门及其经营部门,都必须运用科学的方法制订出合理的价格。

供求机制要求电视节目制作部门对电视节目市场信号、政府信号反应灵敏,并能根据捕获到的信号及时改变自己的经营策略。

竞争机制是市场机制的一个重要内容,是商品经济条件下普遍发挥作用的一种机制,它要求制作电视节目时,各制作部门必须具有独立性,必须有自己的利益;这种竞争机制要求竞争参与者,即节目制作单位和播出单位要注意对资源(人、财、物)的合理配置;要求竞争参与者必须加强经济核算、降低制作成本、提高经济效益;要求竞争参与者积极采用新的制作技术,提高劳动生产率,努力缩短节目制作周期。

在现代市场经济条件下,凡是竞争都是人才竞争、技术竞争、信息竞争、经济实力的竞争;凡是竞争,都必须反对垄断,实现平等竞争;凡是竞争,都必须发展商品经济、建立市场经济体制、确立经营者在市场中的主体地位;凡是竞争,都必须通过市场形成合理价格,建立公平有序的市场秩序。竞争的这种宏观要求,对于电视节目市场都是适用的。

其四,逐步提高电视产业部门各类人员的纳税意识。目前,电视台正由单纯的事业单位转变成为一种产业,有了自己的经营收入,并成为我国庞大的企业。根据目前电视台的状况,应在电视台内部强化纳税意识,使每个人都明白纳税是公民应尽的义务,要自觉地向国家缴税。现阶段,我国的电视台的经营收入是不同的,即使收入较多的电视台,由于正处在发展阶段,开支较大,国家在制订电视台的税收政策时,既不要照搬对物质生产部门的税收政策,也不要采取一刀切的政策。从总体上讲应区分为以下几个步骤:第一,对全国各级电视台的全体成员进行纳税意识教育;第二,对有较多收入的电视台,可采取逐步走向正常化的方针,不要一步到位,一旦规范化了,什么问题都好解决了,千万不要由于征收所得税而影响电视台的积极性;第三,对于收入较少,入不敷出的电视台,可根据情况采取一定期限的免税政策,期满后应根据已确定的数额纳税。对于那些不能维持正常开支的电视台,可由当地经济实力较强的电视台兼并,或者取消,用插转台、转播站代替之,或者用地面卫星接收站代替之。

第三节　电视节目经营策划

一、电视节目制作市场及其特点

电视节目制作者市场也就是电视节目生产者市场,是为生产电视节目而购买商品或服务的市场。从形式上看,它同生产者市场差不多,是生产者市场的"同族",但是,它又不同于一般生产者市场,具有自己的特点,这是电视节目制作者市场能成为一个独立市场的根本原因。

电视节目制作的购买者购买的商品项目相当广泛,比如剧本或脚本(包括各类文案或台本)、聘用导演、编剧、演员以及制作班子的其他人员;购买器材、设备以及各类道具;租借或购买拍摄场地、车辆、办公用品和场所等。从电视节目制作者购买的项目可以看出,电视节目制作者市场是同文化市场、劳动力或人才市场、商品市场、房地产市场等有着密切的联系,其发展和完善化是以完整的市场体系的确立为前提条件的。

如果说在一般生产者市场上购买要涉及许多商品和服务,那么,在电视节目制作者市场上的购买所涉及的商品和服务就更多。比如要制作一部电视剧,从购买剧本到制作,再到销售、播出,这中间所涉及的商品和服务,要比单纯的物质产品生产者为生产某一种商品所涉及的商品和服务,不仅多,而且复杂,甚至在量和质的方面很难确定一个固定的标准。正因为这样,使电视节目制作者市场同一般的生产者市场区分开来,并具有了许多特点:

(一)购买者人数少

购买者人数少是一切生产者市场共有的特点,但对于电视节目制作者市场来说表现得更为突出。目前,我国的各类电视台虽有约 2000 座,但是真正有创作能力的,特别是有电视剧制作能力的电视台是不多的。全国的电视节目制作单位也不过千家,由国家认可的还不到 200 家。这种制作部门的数量和制作能力,表明该市场的购买者人数是不多的。这种购买者人数少的特点不仅仅表现在我国的电视节目制作市场上,而且在西方一些国家,比如世界电视大国——美国,其购买者人数也是不多的。

(二)购买的商品多是服务性的

根据生产者市场的特点,购买的商品多是生产其他产品的原料。比如木材加工厂购买木料是为了用其加工成各类有使用价值的家具,然后再销售给消费者。电视节目制作市场上的购买者也会购买木料,从形式上看也会生产成为各类"家具",但是这些"家具"不是作为商品出售,而是为制作者早以策划好的电视节目提供必要的服务,一旦电视节目制作完毕,这些"家具"也就失去了它应该具有的使用价值。对于其他商品也是这样。比如拍摄古装戏所购买的服装,一旦电视剧拍摄完毕,这种服装也就失去了它的使用价值。正是从这个意义上讲,电视节目制作者的购买应该是一种完全服务意义上的购买,只是为电视节目制作提供必要的服务,而不是用它生产供市场销售用的商品。

所谓一旦电视节目拍摄完毕,原先购买的商品已失去它的使用价值,仅仅是针对电视节目制作来说,并不是说这些物品都成了无用之物,还是可以再利用的。

(三)招聘的人员具有特艺性

制作电视节目需要许多人员,从制片人、编辑、导演、主要演员等主创人员到制作班子的全体成员,都必须具有一定的特殊技能和艺术,他们的这些技能和艺术同生产者市场中的工人、农民等不同,各自的特技和艺术是各不相同的。制作人员的这种特点是电视节目这类产品的特殊性要求的。任何电视节目,从内容到形式都是不相同的,不可能批量生产,只能一个一个地生产,并各自具有特殊性。比如两部内容不同的电视剧,尽管主要演员是同一个人,其演技、表现手法也应有所不同,否则就无法区别这两部电视剧。

(四)租用或购买的场地多属一次性

电视节目制作的购买者租用或购买场地都是有针对性的,即根据电视节目内容的要求去租用或购买一定的地产或房产,当电视节目拍摄完毕,这些地产或房产就不再使用。正是从这个角度讲,购买多属一次性购买。

(五)需求少弹性

这是许多生产者市场共有的特征,总需求受价格的影响不大。电视节目的生产者购买是为了生产,为消费者提供电视节目,这样,购买者不会因价格下降大量购买还不知道有何用处的商品,或还不知道是否需要的商品,也不会因价格上涨而少购买拍摄电视节目急需的商品。但是也不是说无论价格怎样上涨,购买者也一定会购买,他们会通过改变供货单位或用替代品的方式把供价压到生产者能够承受的程度。

(六)购买决策受政治性因素影响较大

电视节目制作者市场的这一特点是由其生产的产品——电视节目的性质决定的。电视节目是知识产品,它对受众产生着重要的影响。为保证电视节目内容的健康,政府部门都有明确的要求,并制定了一系列的方针政策,这些方针政策影响着节目制作者市场的购买行为。比如 1995 年,全国出现了拍摄古装戏热,许多制作部门都选择了历史题材的故事片,这样就必然购买大量的古装戏道具和其他物品。1997 年古装戏降温,提倡多拍摄现代戏,那么,购买者必然会去购买反映现代戏要求的道具和其他物品。

(七)获取物品的方式灵活多样

根据电视节目生产的特点,许多物品都是为电视节目生产服务的,它本身永远不会成为电视节目这类特殊产品,它只能作为电视节目的附属物存在一瞬间,留下几个镜头后便退出生产过程。根据这种状况,对电视节目生产所需物品的获取方式可以灵活多样,既要满足电视节目生产的需要,又要能节省开支。

那么,常用的购买方法有哪些呢? 主要有:

1. 购买,即实现产品所有权的转移。

2. 租赁,这样对于购买者来说无需出全价去购买一种设备、场地等,为制作者节省资金;对于出租者来说,可以在没有出卖自己的设备或场地的情况下得到一部分收入。租赁的方式也可以灵活一些。比如可以按时间计价,可以根据拍摄镜头的多少付款,也可以根据设备的折旧率计价;等等。

3. 相互提供服务的方式。比如电视节目制作需要一台字幕机,可让生产或销售字幕机的公司提供,而制作者可以在电视的片头或片尾用打字幕的方式告诉受众本电视节目的字幕机是××公司提供的。这种相互提供服务的方式是双方都能得到实惠的一种方式。

4. 赞助的方式。

5. 合作的方式。

(八)具有很强的流动性

电视节目制作虽然也有基地,但是它不同于工厂里的产品生产,所有工序都是在车间进行的,而是具有很大的流动性。比如《西游记》的拍摄,有许多镜头是在泰国拍摄的;还比如《神州风采》栏目中的许多节目的拍摄跨度很大,从祖国的东部到西部,从北部到南部;……电视节目制作的流动性,对于其所需物品的购买绝不能固定在一个地方或一个供货商,应根据电视节目内容的要求实行就地购买,以便减轻运输的困难,同时还可以有效地降低成本。

(九)具有派生性

电视节目制作者市场具有派生性特征是我国中央电视台最早发现的。在拍摄电视剧的过程中,需要购买大量的物品(包括设备、建筑物等),一旦电视剧制作完毕,这些物品也就随手扔掉了,造成了很大的浪费。后来,中央电视台与北京市合作拍摄《红楼梦》,在北京市宣武区建造了一座"大观园"。《红楼梦》拍摄完毕之后,这座"大观园"成了北京的一个旅游胜地,经济收入十分可观。在"大观园"的启发下,中央电视台利用拍摄电视剧的投资,在江苏无锡、河北的涿州以及山东的烟台和广东南海等地建造了大型影视城。电视节目制作者市场的这一特点,不仅为影视制作提供了方便,还促进了地方经济和旅游经济的发展。

总之,电视节目制作者市场在我国还是一个很不成熟的市场,人们对它的认识才刚刚起步,还有许多新特点没有被认识。随着我国市场经济体制的确立和完善化,电视产业作用的充分发挥,人们对电视节目制作者市场的认识将会再上一个新台阶。

二、电视节目制作者购买行为分析

(一)电视节目制作过程的购买行为分析

电视节目制作是从构思、编写脚本到拍摄、编辑以及销售的全过程。这个过程,在习惯上人们把它区分为前期和后期两个阶段,实际上应区分为拍摄前的准备阶段、实拍阶段、后期制作阶段和销售阶段。

电视节目制作者在拍摄前的准备阶段的购买行为主要表现在以下几方面:

1. 购买本子(即剧本)或文字稿,这是电视节目制作的基础或前提。

为保证剧本的质量,不仅要购买质量高的本子或文字稿,而且一定要选择好作者,他既是一个能撰写出高质量本子的人,又是一个能够同导演合作的人,以便把文字变成电视节目的图像和声音。电视节目的本子或文字稿可以是已经公开出版的作品,也可以根据制片人的构思选择合适的作者重新撰写,若制片人或导演可以撰写本子或文字稿,也可以由制片人或导演执笔。不管电视节目的本子或文字稿从何而来,它描写的内容以及情节和长短都要符合要求,然后根据本子或文字稿对电视节目制作作出预算。

2. 雇请导演和制片主任,其实质就是招聘电视节目制作的高层次的管理者和组织者。

在雇请导演时,一是要注意导演的水平,能否在制作计划要求的拍摄日程和预算范围内执导电视节目;二是要注意导演在风格上是否同制片人对电视节目的构想相一致,人品是否高尚等。对制片主任的雇请或任命一定要注意是否有全面负责制作工作的经验。制片主任工作的好坏对电视节目影响极大,不仅关系到预算和拍摄计划的完成,而且是关系到摄制组成员通力合作的大问题。

3. 对电视节目制作成本进行预算,制定出理想的、可行的预算方案。

这就是说,通过预算明确节目制作的经济实力,这是进行购买决策的前提,也是制定购买计划和具体的拍摄计划以及分镜头实现的保证。

4. 雇请演员,特别是主要演员,其实质是在市场上购买电视节目的表演者,或者说高技术性的"劳动者"。

目前,我国的一些电视节目制作公司,特别是电视剧制作公司(中心)都有自己的演员,这样可采取分配任务的方式去解决。但是,任何高水平的演员都不是万能的,他(她)不可能去扮演任何一种角色。为了保证电视节目的质量,雇请演员可有两个渠道:一是根据电视节目的要求从社会上招聘,用合同的方式把对演员的要求明确下来,把电视节目制作公司对演员的回报确定下来;二是通过专业人才公司雇请演员,节目制作公司只同演员代理人和经纪人发生关系,不直接同演员发生关系。不管通过何种渠道雇请演员,都要按照选择程序、采用合同制的方式进行。

当导演、制片主任、主要演员、一般演员基本确定以后,还应采用合同制的方式招聘总摄影师、录音师(含混合录音师)、照明师、场务、总美术师、服装师、化妆师、道具师、采景人等人员。

5. 购置拍摄电视节目所需要的各种器材、设备和必备的材料。

主要包括电视摄像机、磁带、录像机、电子编辑机、电子字幕机等摄影设备,以及灯具、场务器材、车辆、飞机、道具、化妆用品、布景、特殊装置和其他器材、材料等。

在上述准备工作完全就绪之后,才能正式开拍,电视节目制作进入了拍摄阶段。真正的节目制作过程是从这里开始的,它按照拍摄计划和分镜头细目表,一个镜头一个镜头地拍摄。有些镜头并不是一次就能成功的,对于不成功的镜头,或者计划漏掉的镜头,要进行补拍。在拍摄镜头的同时,录音工作也要进行。

拍摄阶段是节目制作过程中最艰苦的工作,所用时间最长。经过全体摄制组人员的共同努力,为后期制作作好了准备。

后期制作就是对已拍摄的镜头,根据电视节目的情节进行编辑、合成、复制等,最后制作出合格的电视节目的过程。这时,电视节目作为一个完整的成品可进入市场进行销售。电视节目的销售阶段就是把已制作好的电视节目向消费者推销。

(二)电视节目制作者的购买对象

从上述对电视节目制作过程的购买行为的分析中,使我们清楚地看到电视节目制作市场的购买对象是不同于其他市场的。

那么,电视节目制作市场的购买对象是什么呢?

1. 电视节目的本子,即剧本、文案或台本

这一购买对象,使电视节目制作市场与文化市场紧密地联系起来,并受文化市场规律的制约。

2. 导演、演员和其他制作人员

这里把导演、演员和其他制作人员都作为电视节目制作者市场的一种购买对象,并不是说他们就是商品,而是他们所拥有的知识、技能是商品,制片人同他们之间相互"交换"的是通过他们的劳动把他们所拥有的知识、技能用电视节目的形式表现出来的。导演、演员和其他制作人员,不管通过何种渠道来到节目制作公司,都是按照市场交换规律进来的,正是从这个角度分析,他们都是通过劳动力市场或人才市场实现着自己的价值。这样就使电视节目制作者的购买行为受到了劳动力市场或人才市场的制约。

3. 器材、设备和材料

从形式上看,电视节目制作者所购买的器材、设备、材料与其他物质产品生产者市场差不多,但是在其用途上是不相同的。物质产品生产者购买器材、设备、材料是为了对某些物质性原材料进行加工,以便生产出具有特殊使用价值的物品。电视节目生产者购买器材、设备、材料是为了把文字(作者的思想、导演创新以及制片人的构思)变成电视节目的图像和声音,并以提供播放磁带的形式表现出来。电视节目制作者市场的这种购买又同一般的物质产品市场相联系,并受它的制约或影响。

4. 拍摄场地和场景

电视节目制作者所需要的场地、场景类似工厂的车间,它必须同电视节目内容的要求相一致,况且电视节目的拍摄是流动的,场地、场景要不断地更换。在市场经济条件下,场地的使用是有偿的,场景也是有价格的。不过,电视节目制作者所需要的场地、场景都是一次性的、短期的,一般不需要购买其所有权,只获得一定时期的使用权就可以了。因此,对场地、场景最好采用租用的方式,这样比较经济。但是,在有条件的情况下,也可以建造影视基地。

5. 服务产品

电视节目制作过程是一个极为复杂的过程,它的生产不仅需要本子、人、设备和场所,而且还需要社会为其提供多层面的服务,比如金融服务、保险服务、维修服务、建筑设计服务、宣传服务、运输服务、市场信息服务、人员培训以及法律、审计咨询服务等。这些方面虽然都是无形的,但是又是电视节目制作必须购买的。

(三)电视节目制作者市场购买决策

根据电视节目制作者市场购买对象的特点,电视节目制作者的购买决策有以下几种类型:

1. 新购决策。对于器材、设备、材料的购买多采用新购决策,很少采用直接重购和修正重购的决策。这是因为:电视节目制作是建立在高技术基础上的一种生产活动,它需要的是一些高技术设备,特别是人类进入信息社会以来,电视节目制作更需要高技术,而现代科技的迅速发展,很多电子设备更新也很快,这就决定了电视节目制作者购买的设备必须是新产品。

新购决策比较复杂,其决策过程大致要经过确认要求;确定待购产品的性能和购买数量;对所购产品要进行价值分析;确定最佳供货商;接受和分析供货商的报价;评估报价和选择供货商;正式订购;使用效果反馈和评价等阶段。

多采用新购决策,并不是说不要直接重购和修正重购。在以下三种情况下,可采用直接重购或修正重购的决策:(1)事业规模发展较快,急需增加设备;(2)经济实力不允许购买新产品;(3)市场上还没有比现有设备更先进的产品问世。除此以外,还是采用新购决策有利于提高电视节目的质量。

2. 招聘决策。电视节目制作人员,包括导演在内都是根据供求规律的要求从劳动力市场上、人才市场上招聘来的。电视节目制作人员的组合一般都是通过合同制的方式实现的。制片人在人才市场上选择导演,通过商谈达成协议,并且通过合同把双方的责任、义务、权力以及工资待遇确定下来。导演选定之后,协助制片人在人才市场或劳动力市场上选择主要演员、配角演员、临时演员以及制作组的其他人员,同时制片人还要选择制作组的工作人员。这些人员同样需要以合同的方式明确各自的责任、权力、义务和工资待遇等。在进行招聘决策时,一定要严格用人标准,严格履行合同,遵循市场规律,反对在用人上的随意性。

3. 租赁决策。电视节目制作所使用的场地、场景、布景、道具以及车辆、飞机、办公室等都是临时性的,非固定性的。对于这些节目制作所需要的东西,不用购买,一般可用租赁的方式获取一定的使用权。这样既可以节省开支,降低成本,又可以保证节目制作所需物品的质量、数量。

电视节目制作者如何对购买决策负责呢?

(1)设备、材料等物品直接使用者、演员、制作组其他成员所在部门的主要负责人。

(2)对购买决策的重要影响者。比如技术人员对设备的购买决策产生着重要影响;采景人对外景地的租用产生着重要影响;导演对于主要演员的聘用具有重要影响作用。

(3)决策者及最后批准者。比如制片主任可以代表制片人购买设备、租用外景基地;导演可以代表制片人聘请主要演员;……但是,最后都要由制片人批准;

(4)直接购买者;

(5)信息传递者。比如接待人员、电话员、秘书等,他们在购买决策中虽然没有决策权,但是他们的工作对决策也产生着影响。

综上所述可以看出,电视节目制作者的购买决策绝对不是制片人个人的事,是制作组全体成员的事,每个人都应尽职尽责,协助制片人搞好购买决策。

(四)影响购买决策的因素

电视节目制作者进行购买决策,不仅要明确购买决策的参与者,还应明确影响购买决策的主要因素。

1.经济环境。电视节目的生产是同社会经济的发展相联系的。在生产力水平比较低下时,经济比较落后,人们的生活投资大多用在生存资料方面,很少用在享受资料和发展资料方面。电视节目这类产品属于享受资料和发展资料的范畴,社会人投资量的增长,表明电视节目市场的扩大,于是就可以吸引更多的人从事电视节目的生产或制作。

2.社会环境。电视节目的生产活动离不开一定的社会环境,它只能在特定的社会环境中才能生产出来。也正因为这样,国家的政策、法令影响着电视节目的生产,当然也影响着电视节目制作的投资。

3.电视节目制作公司的内部因素。比如公司领导者的素质、公司的经济状况、人际间的关系等,都影响着对电视节目生产的投资。

三、如何进行购买决策

在明确了电视节目制作者购买决策的参与者和影响因素之后,便可研究如何进行购买决策。根据电视节目生产的特点,要进行购买决策,应做好以下工作:

(一)认真研究市场需求

谁是电视节目的消费者?这是电视节目经营者必须明确的问题,否则,就无法进行电视节目生产。因此,在进行购买决策时,首先要明确电视节目市场范围;其次,电视节目市场需要什么样的电视节目;再次,现有的电视节目在市场上的销售状况以及市场发展趋势;最后,认真评估本制作公司的实力,能承担何种电视节目的制作,规模有多大,等等。

(二)确定电视节目制作的类型和达到的目标

电视节目制作公司可以是综合性的,也可以是专业性的。比如中国电视剧制作中心,是专门制作电视剧的实业公司,它把主要力量(人力、物力、财力)都集中在电视剧生产上,生产出了许多精品。采用综合性公司,还是专业性公司,应从本公司的实际出发,以便集中力量经营好本公司的拳头节目,千万不要承担属于本公司弱项的节目生产。只有这样去认真地确定本公司的类型,有针对性地进行购买决策,才能有效地实现本公司的目标。

(三)严格各种类型的购买程序

前面曾介绍了三种购买决策类型,并简要介绍了新购决策程序。其中招聘决策的程序是:

(1)确定招聘人员的类别、标准和条件;

(2)在劳动力市场上和人才市场上寻找可推荐导演、演员以及其他制作人员的专业公司或独立的演员代理人、经纪人以及制作公司信息库中的导演、演员资料;

(3)与被初步选中的各类人员进行谈判,明确双方所承担的任务、责任、权利;

(4)确定人选,并用合同的形式把谈判的内容固定下来,同时一定请公证部门进行公证;

(5)对招聘人员进行试用检验;

(6)把符合要求的人员固定下,并正式开展工作。

租赁决策的程序是:(1)科学地论证租赁的必要性和可行性;(2)确定租赁项目和使用期限;(3)对租赁项目进行效益分析;(4)确定租赁项目的单位;(5)研究和接受租赁单位的报价;(6)对报价进行评估并选择租赁单位;(7)签定租赁合同;(8)实施租赁合同。

电视节目制作者的购买行为是一个复杂问题,目前,由于我国电视节目刚刚走向市场,既没有成熟的经验,又没有成熟的理论,在许多方面都还处在探索的过程中,电视节目制作者的购买行为还需要进一步研究。

四、电视节目营销市场

(一)市场营销

市场营销是指经营者通过市场机制的作用实现经营销售活动的全过程。为了促进市场营销目的的实现,经营者必须开展综合性的营销活动。

市场营销活动能否取得成功,在很大程度上取决于经营者在市场上的经销产品及服务能力。这种能力主要表现在经营者能否根据市场环境的变化,制定正确的营销策略,选择恰当的营销手段,积极稳妥地推进产品及服务的销售。

(二)电视节目营销过程

1. 电视节目营销活动的特殊性

电视产业部门的产品,基本上是商品或具有商品性质。有些产品虽然不具有商品属性,但在市场经济条件下,也是可以经营的,必须通过市场才能实现其使用价值。就电视知识产品来讲,它具有鲜明的商品属性,具有价值和使用价值。生产制作电视知识产品同样需要人力、财力、物力的投入,这些电视知识产品只有通过市场交换,才能实现它的价值和使用价值。但不是所有的电视知识产品都具有商品性。

由于电视产业的特殊性质,使以新闻节目的形式表现出来的电视知识产品不具有商品属性。但是,新闻节目的生产活动也离不开市场,离开市场的新闻活动在市场经济条件下是不存在的。电视知识产品的这种特殊性,决定了电视知识产品的营销活动既要重视其经济效益,又要重视其社会效益,并能够正确处理其经济效益与社会效益的关系,把宏观控制与微观搞活科学地结合起来。

2. 电视节目价格

价格是商品价值的货币表现。商品价值是由生产商品所耗费的社会必要劳动时间决定的。电视节目的价值量同样也是由社会必要劳动时间决定的。正因为这样,在确定电视节目的价值时一定要考虑其制作成本及费用,同时还要考虑投资回报率、国家税金等要素。

(三)电视节目的销售

电视节目同一般商品一样,从生产领域(制片领域)向消费领域运动的过程中,要通过一定的中间环节才能达到,这就构成了电视节目的销售渠道。

电视节目的销售渠道大致分为两类:一是直接销售渠道,即电视节目的生产者(制作者)直接向电视台或受众销售或者由电视台直接向广告主出售时间段、频道及向其他客户推销电视节目;二是间接销售渠道,即借助代理商、经销商等实现电视节目的供需结合。

为了适应市场经济的要求,电视产业应尽量转换经营机制,改变传统的增加广告播出时间、提高节目价格、单纯的制作和播出等经营方式,在使经营手段更加专业化、求新、求异、求变的同时,为消费者提供全面的市场服务。

1. 全方位市场服务策略

(1)为消费者提供目标市场预测服务。电视节目经营部门应通过对市场的调查,掌握节目的市场环境、市场潜力及市场竞争状况之后,要对节目市场总体进行分析、对节目市场潜力进行分析、对节目市场竞争和具体的目标市场进行分析,准确把握市场动向科学地对市场进行预测,为客户寻求节目市场以及寻找进入市场的适当渠道提供服务。

(2)为消费者提供节目市场周期策略咨询服务。所谓节目市场的周期策略,就是根据节目的市场生命的不同发展阶段,采取相应的市场策略和诉求手段。节目的市场生命周期是指从节目进入市场到被市场淘汰的全过程。这个过程一般分为导入期、成长期、成熟期、衰退期。应根据节目的市场生命周期的不同特点为消费者提供服务。

(3)为消费者提供整体广告策划服务。商品经济的高度发展,将造就社会化产业的"大量生产、大量消费"的动力机制,这就要求广告从"扩大需要"转换到"调整需要";从"单方面说服"转变为"意识共有";从"沉没"转化为"表明立场"。所有这一切,都是通过广告服务的整体策划来进行的。

2. 建立动态市场定位策略

所谓市场定位是指电视台、电视节目代理公司等电视节目经营部门,根据客户的需要和自身的实力,决定自己与竞争对手相比较,确立自己在目标市场上所处的位置。

电视节目经营部门要有效地实现与消费者在行为层次上的沟通与融洽,维系与他们之间的良好关系,"蚕食"竞争对手的"领地",就要以消费者利益为导向、以优质服务为宗旨、以双向沟通为基础,建立动态市场定位策略。

3. 运用"形象策略",寻求竞争优势

发达的商品经济是伴随着商品和服务的卖方市场向买方市场转化而出现的。当买方市场已经成为经营的主要制约性因素时,形象和信誉原则也就成为经营活动的首要原则,成为市场竞争中牢固把握顾客的极其重要的手段。也就是说,电视节目经营部门要赢得永久性的受众,争取潜在的受众,发挥形象和信誉优势是至关重要的。

第九章 电视广告的经营策划

本章要点

本章将从电视广告的特点、定位、创意、结构和发布五个方面来探讨电视广告的策划。

电视广告的结构形式是广告整体创意的体现,是创意的物化形态。同时它也是广告语言和电视语言的有机结合和具体表现。

一则电视广告的优劣和发布后的效果如何,不仅取决于广告的内容、创意和表现形式,而且取决于目标观众和发布时间的选择。

电视广告的发布方式是多种多样的,策划者可以根据广告客户的要求和市场营销的需要来选择合适的方式或形式。

电视广告的异类——亚电视广告,也是电视广告策划中不可忽视的课题。

第一节 电视广告的特性

在种类繁多的电视节目中,有一种极为特殊的节目形态——电视广告,电视广告又是一种以电视媒介为载体的广告形式;它既是节目形态,又是广告形式。基于这两大特点,电视广告的策划就呈现出两重性,即电视策划和广告策划的完美统一。"浓缩即是精华",电视广告是在极其狭小的空间里,展现极其巨大的想象力和创造力。

一、电视广告的特点

电视广告有三大类:第一类是商业性广告(包括广告专题和经济信息),这是电视广告的主体和电视台的经济支柱;第二类是公益性广告,如计划生育、禁毒禁烟、扶贫助残、植树造林等社会公益宣传,我们把它看做是以广告形式出现的社教节目,纳入一般电视节目的策划里;第三类是为收视服务的广告,如节目预告、栏目推介和频道形象广告,我们把它列入节目包装策划和电视台形象策划。这里我们研究的主要是第一类,即商业性电视广告的策划。下面就来看看它的两大特性。

(一)广告特性

电视广告首先是广告的一种。《辞海》里是这样表述广告的:"向公众介绍商品、报道服务内容或文艺节目等的一种宣传方式。一般通过报刊、电台、电视台、招贴、电影、幻灯、橱窗、灯箱、商品陈列等形式来进行。"电视广告策划首先是广告策划中的一种,其策划带有强烈的广告诉求和明显的商业色彩。因此,电视广告的一大特征就是它具有广告的一般特性,电视广告策划必须遵循广告策划的一般规律。

在各种传统的广告载体中,电视广告可以说是一个后起之秀。1979 年 1 月 28 日(农历正月初一)上海电视台播出了我国第一条电视广告"参杞补酒"。从那时至今,中国电视广告还是一个不到三十岁的"年轻人"。比起西方发达国家那些制作精美、出神入化的电视广告,我国的电视广告更显得年轻和稚嫩,但同时也展现了一个巨大的发展空间和策划潜力。

与其他媒体广告相比,电视广告在传播的广泛性上有着得天独厚的优势:第一是在技术支持上,它拥有极其广阔的传播空间。随着电视机的普及和电视覆盖范围的扩大,电视广告进入了千家万户;第二是在表现形式上,它具有极其强大的视听冲击力,有着形象、直观和生动的艺术感染力,就连不识字的妇孺也通晓。这两种广泛性的合成造就了一个极其强大的广告载体。据中国广告协会统计,1999 年中国电视广告营业额是 156 亿元人民币,由此可见电视广告已成为商家的首选媒体之一。但是,策划者应意识到电视广告自身也有不容忽视的弱势:一是展现稍纵即逝,二是制作复杂、费用昂贵。针对这些优缺点,我们做电视广告策划时就要考虑如何扬长避短,选择合适的策略。

(二)电视特性

毫无疑问,电视广告又是一种电视节目,电视广告策划是电视节目策划中的一种,因此它必须遵循电视节目策划的一般规律。电视广告与一般的电视节目相比也有两个特点:一是节目时间长度极短,通常是几十秒,因此它给策划提供的条件十分苛刻,即要以最少的节目时间追求最大的表现效果;二是独特的四维视听结构,人称电视广告三要素:图像、声音和时间。由此可见,电视广告策划是广告策划和电视策划的"双重奏",要求有极高的协奏技巧。在电视广告的视听语言运用上,策划者要把握三个原则:

1. 最短时间内流通最强信息的原则

　　最强和最大是不同的两个概念。这里指的是最强的信息,而不是最大量的信息。如雀巢咖啡广告,所有画面表现已将雀巢咖啡的包装及品质特征和环境展示明白,最后只有一句广告语:"味道好极了!"令人有水到渠成、画龙点睛之感。

2. 简洁与载负容量的统一原则

　　由于电视广告的长度有限,所以它要重点突出一种信息,不能面面俱到。现代电视广告追求单纯中求丰富,简洁中求变化,努力将买方最关心和最有价值的信息,运用简洁而动人的视听语言表现出来,以达到简洁与载负容量的高度统一。

3. 时间与空间的重新组合原则

　　电视广告具有空间思维的独特性。电视广告创作应使观众通过有限的画面空间联想出更为广阔的画外空间。电视广告时空运动有无限的自由,可以通过时空转换、交错、压缩、变形以及虚拟来拓展其表现空间。

　　遵循这三个原则,理应显示出电视广告无与伦比的想象力、感染力和冲击力。电视广告策划不但面临观众对广告的逆反心理的挑战,而且还会受到虚假电视广告和粗制滥造的电视广告的冲击。因此,一方面作为电视广告管理者要做好清理荧屏的工作;另一方面作为电视广告策划者要贡献出让观众乐于接受的广告佳作。

二、电视广告的定位

　　电视广告的策划分为两个部分:电视广告制作的策划和电视广告发布的策划。整个策划过程分三个阶段进行:

　　策划准备阶段,主要解决电视广告的定位问题;

　　策划创意阶段,主要解决电视广告的创意及表现方式;

　　策划实施阶段,主要解决电视广告制作或发布的操作问题。

　　我们先来看看电视广告的定位。一般广告首先是一种商业行为,而商业行为又是一种目的性和功利性很强的行为,因此它需要一系列准确的定位:市场定位、产品定位、品牌定位以及受众定位等等。如此看来,电视广告策划是一种目的性和针对性非常强的策划,就是说要做到"有的放矢"。这个"的"是什么?这个"靶子"在哪里?在策划前首先要解决好。定位是一个心理接受范畴的概念,是承认顾客心中已有的对各种产品、品牌、市场、利益的知觉和印象等现实。在这种已有的知觉现实的基础上,寻求广告诉求的产品品牌的位置。"目的是在潜在顾客心中得到有利的地位。"(《广告攻心战略——品牌定位》)。

电视广告的定位主要包括三大内容和步骤：

沟通客户，明确方向；

市场调查，收集信息；

受众分析，确定策略。

优秀的电视广告策划都应有恰当而明确的定位。要表明产品最突出的特点、优点和用途，强化产品超凡脱俗、与众不同的关键点，进而赢得一个消费群。怎样才能做到这一点，通常需要经过如下一些准备工作：

1. 以超前意识预测市场环境。特别要把握和准确推测与自己展开竞争的同类商品的市场占有情报。

2. 透彻地了解消费者群体的最新情况，判定自己的消费群。认真调查了解消费者对产品的要求，掌握各种人的态度和使用产品的情况。

3. 考察本产品的独特销售重点。主要包括特定的商品效益和独特的、惟一的、其他同类竞争商品从未采用过的诉求点。

4. 树立明确单一的定位思想。首先判定什么是最主要、最有可能成功的目标。对产品厂家来说似乎产品各方面都重要，希望一并说清楚，但如果主次不分、详略不当的话，这个广告将一塌糊涂。

5. 表现商品的重要优点，而不是明显优点。电视广告不仅要表现商品一目了然的优美造型，更要强调和揭示商品不外露的重要特质。

6. 掌握最能促使人们产生购买欲望的承诺和保证。承诺是广告的灵魂。广告必须阐明产品能提供给消费者的实实在在的好处和裨益。

7. 收集人们谈论该项产品的言辞，以期用于电视广告的解说词中。增加亲切感和感召力。

8. 参阅同类产品的竞争性广告，避免雷同沿袭，力求胜其一筹。

我们做这么多准备工作无非是为了确定一样东西，或者改变一样东西。什么东西呢？确定电视广告诉求和规定电视广告的表现空间。

万宝路香烟的例子很能说明这个问题。万宝路香烟在 30 多年前本是一种以女性为对象的普通香烟。1924 年在美国问世时，目标市场是妇女，广告口号是"像五月天气一样温和"。但当时市场销路平平，终于在 20 世纪 40 年代停止了生产。二战后，美国烟民呈增长势头，万宝路配上过滤嘴后又推向美国女性香烟市场。然而，销况仍不佳。这时公司请来了广告大师李奥·贝纳。李奥·贝纳认为女性烟民有限，应舍掉这个脂粉气的香烟形象，重新创造出一个男子汉气概的形象来。于是，香烟在烟丝、配料和口味丝毫未变的情况下，经过广告的渲染，一个新的万宝路形象便出现在人们的视野中。

在香烟的包装上，把烟盒上细细的线条改成男人味的大面积红白几何图案,把象征力量、粗犷的红色作为主色,隽秀的字体也变得粗犷遒劲。在电视广告中,大胆选用了人们熟悉的被公认的最具男子汉气概的西部牛仔形象:目光深沉、皮肤粗糙、全身散发着粗犷豪迈气概的铮铮硬汉。袖管高卷,多毛的手臂,手指中夹着一支冒烟的万宝路香烟,还有以口琴为主调的美国西部音乐的烘托。一个自由自在、骑术高明、智勇双全、粗犷豪放的牛仔形象展现给全世界。万宝路产品并未改变,但品牌定位由女性香烟转变为男子汉香烟。定位的改变和牛仔形象的魅力,使万宝路成了世界上销量最大的香烟。

显然,定位的任务就是确定电视广告诉求和规定电视广告的表现空间。电视广告的策划者就是在这个框架内展开他的创意和智慧。

第二节　电视广告的创意

在各种广告的策划中,具有最多变数的是电视广告。在电视广告的作用中,策划者要考虑许多方面的因素:视觉方面的设计,色彩的运用,曝光控制与影调调节,拍摄、照明和剪辑的技巧,广告词的构思和写作,以及电视广告的音乐音响。在这些诸多要素中,一个优秀的电视广告创意最重要的还是要找到两个结合点,就像一位演员,在方寸之地,不但要做出高难度的杂技动作,而且要跳出优美动人的芭蕾舞。他的支撑点或平衡点在哪里呢? 就在电视与广告,艺术与技术的高度统一和完美结合上。

一、广告诉求与视听艺术的结合

如何将电视广告的商业性与艺术性有机地统一起来,是策划的一大课题。它一方面是广告诉求与视听表现紧密地结合,另一方面又是形象思维与抽象思维、发散思维与收敛思维的结合,激情与理智的统一。要让广告诉求通过一种艺术享受在观众中起到潜移默化的作用,让电视广告经过数以千百次的播放不但使人“百看不厌”,而且深入人心。在广告诉求与视听艺术的结合上,我国电视广告的发展曾经历过这样三个阶段:

在初始阶段,电视广告主要是简单的叫卖式,电视语汇和广告语汇都十分贫乏,极易在观众中产生逆反心理。第二阶段是随着改革开放而开始的,20 世纪 80 年代后期,中国的电视广告开始学习和借鉴西方优秀的电视广告创意,特别是通过中国香港这个窗口,从它那发达的资讯业和制作精良的电视广告中,开始意识到视听语言对于电视广告的强大表现力。如当时深受香港电视广告影响的广东白马公司策划和制作的电视广告,就以十分精美的制作和巧妙的创意给观众一种耳目一新的感觉。他们拍摄的电视广告画面十分漂亮,制作也十分精美(多用电影胶片拍摄),极富艺术感染力。但它的艺术感染力却带有点盲目性,让观众赏心悦目但不一定会引起他们对商品的强烈购买欲望。因为那时电视广告策划者大多是电影工作者和美术工作者,他们不太懂得商品的市场营销和消费心理,因此他们拍出来的电视广告往往缺乏对商品的准确定位和有效诉求,而带有唯美主义倾向。第三个阶段是进入现代电视广告策划。随着市场营销专家、心理学家、社会学家的广泛参与和电视广告的专业分工,广告诉求和艺术表现高度统一起来,广告语言和电视语言极大地丰富并有机地结合起来,我们在一些优秀的电视广告中,经常可以看到这种策划得到淋漓尽致的发挥。这是电视广告策划的成熟期。

二、人文创意与制作技术的结合

科学技术的进步给广告业特别是电视广告的制作,带来了一次又一次重大的革命。以计算机为主导的数字化技术在电视广告制作上的广泛运用,使电视广告制作进入了一个空前广阔的领域。首先,电视领域的数字化革命直接影响着电视广告的制作。比较突出地表现为非线性编辑方式和功能强大的非线性编辑系统的出现和应用,以及以计算机动画技术、数字图像处理技术、数字视频技术等为代表的一系列数字化的电视制作技术的应用。数字化电视制作技术的广泛应用,不仅具有以往模拟设备难以达到的高质量的图像指标,给传统的制作手段带来了变革,更重要的是,它改变了电视业的生产方式,给电视创作观念带来了深刻的影响,可以说是一场思维意识的革命。过去,电视广告策划人难以成为现实的创意,在数字化的制作环境中得以实现,它为电视广告开辟了更为广阔的表现空间。应用了数字化的三维动画,我们不但可以让一幢幢漂亮的楼宇拔地而起;在逼真的虚拟画面中,观众还可以看到乔丹成为真正的超人在天空中飞翔。

这就是"无中生有,有中生奇",数字技术把电视广告带入了一个"只有想不到,没有做不到"的新时代。

那么,电视广告是不是就此进入一个以技术为主导的时代呢?不然!近些年来,中国广告在国际性评奖活动中屡遭败绩,究其原因是业内人士过多地关注广告制作技术手段的改进,重技术而轻人文,重硬件而轻软件,这也是中国电视广告业的普遍状况。"人文创意"的匮乏不仅是历年国际广告评比中境外评委们对中国广告尤其是中国电视广告的一种普遍印象,也是国内电视广告受众的共识。

什么是电视广告的"人文创意"呢?它是指在电视广告创意中渗入民族心

理、传统观念、民间习俗、说服方式、审美情趣等多种人文因素。比如,电视广告奥妮"百年润发篇",它之所以能够强烈地打动消费者,并不在于这则广告使用了什么特别高深的制作技术,而在于其人文内蕴的丰富;它的文学性较强的戏剧性结构,它的以京剧唱腔为主体的主调音乐,它的中国式的真情氛围,它的朴实无华的叙事风格等等,构成了奥妮品牌形象的人文优势。

今天,人们已把广告业纳入"人文经济"的产业链中。作为中国的电视广告策划,也应从"技术性主导"的误区中摆脱出来,尽可能多地调动和运用它所紧密相关的人文学科的知识资源,充分发挥出电视广告学这门综合性学科的人文"杂交优势",进而更好地为电视广告策划服务。当然,强调电视广告的人文特质,并不意味着电视广告策划可以忽略制作技术因素,更不意味着它可以无视市场和消费的基本规律。在知识经济时代,作为人文经济的电视广告传播,既要注重自身的"人文特质",又要注重其运作的"市场目的"。

在电视广告的创意中要形成一种"以人文为主导,以市场为准绳,以技术为基础"的策划原则。只有这样,中国电视广告的创意才有与世界同行平等对话的可能。

三、创意的思考方法

什么是电视广告的创意? 创意是指创作电视广告时萌生的灵感和优秀的意念。在电视广告策划中,最主要的目的就是要找出优秀的创意来。因为在当今电视广告大战中,创意是决定胜负的首要因素。电视广告创意与其他策划的思维规律是一样的,如果说有所差别的话,那就是无所不用其极,要求更高更新更奇罢了。电视广告的创意就其常用的思考方法来说大体有三种:

(一)讨论法

这是一种借助于会议形式的集思广益或两人以上思想交流的互相启迪而产生创意的思考形式。策划中的智力激励法就是采用这种形式。但是也不一定要以郑重其事的会议形式,三、两个人之间随意的交谈也能引起思想的碰撞,并可迸发出智慧的火花来。

案例

如科龙空调《温度改变世界篇》,其创意过程就是在集体讨论中完成的。2002年6月的一个深夜,在麦肯·光明广告公司的会议室里,创作人员面临空调销售的旺季,参加科龙空调竞稿招标,为了争取科龙空调的全面代理销售。创作部的任务是做出一套提升科龙空调品牌形象的文案,以传播"温度改变世界"的概念。大家想着在交稿前再做一套更好的,经过讨论,最后的文案是:企鹅生活在沙漠中,骆驼也可以生活在冰天雪地——温度改变了世界。以此表现了科龙空调品牌形象。这虽然是平面广告,但很多电视广告创意过程都显示了同样的方法。如获得第三届 IAI 年鉴奖铜奖的安徽佳通轮胎企业形象电视广告《书法篇》,为了体现佳通轮胎挺进中国并坚持本土化,为中国设计制造适合中国的轮胎这一战略,摒弃了其他轮胎广告以汽车、道路为表现手法的俗套,运用大笔疾书的中国书法来表现轮胎的各种运动状态。上海梅高创意咨询有限公司的创作人员,在市场调查之后,决定将电视广告片的焦点放在对佳通品牌上,以提高其知名度。经过对素材的筛选和分析论证,确定了用最中国化的元素书法来表现外来品牌的本土化。在创作过程中,创意人员经过反复讨论,改变了想用书法家运笔书写的方案,简化为单纯地表现轮胎轨迹和运笔过程的联系,在毛笔的顿、挫、点、提之间加入轮胎与地面摩擦的音效。最后做出的 TVC,片中毛笔的苍劲笔锋,与汽车行进中轮胎和地面的摩擦声相对应,将佳通轮胎特有的速度、灵活、韧性与操控自如的感受表现得淋漓尽致。试想,如果不是集体的智慧,在反复讨论中提高创意水平,是不可能得出精彩的广告作品的。

(二)图示法

许多广告策划者在独自进行创意思考时,喜欢用画图的方式从产品的方方面面进行通盘考虑,一边考虑一边画图,沿着一条条思路随意画下去,想下去,直到想出一个好的创意。画图是在多维思考的基础上,围绕着商品从多方面展开的。

如下所示:

商品——与之竞争的同类商品;

中文、外文名称、含义、谐音;

色彩、形状、产品特性与人们的消费习惯、消费心理的联系;

产品的功用、使用方法、产品自身的性能;

产品在社会生活中的地位;

提供给社会和消费者的特殊服务;

产品带给不同层次人士的感情印象;

产品价格方面的优惠条件……

右图是某一个电脑品牌广告的

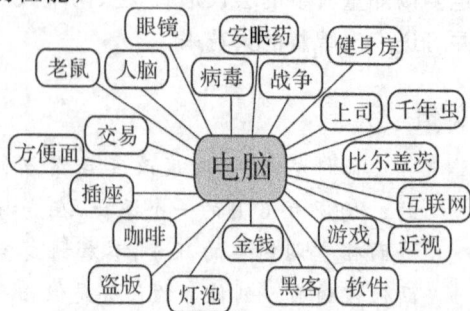

创意示意图。当然,这是经过整理的电子演示版,写在纸上的手稿颇为凌乱。它显示了创意人员的发散思维的过程。一般地说,创意思维共经过五个步骤:第一步是搜集原始资料;第二步是材料消化与酝酿;第三步是开拓思维,积极联想;第四步是创意出现,让新的点子在脑中闪现,捕捉灵感,形成文案;第五步是修正创意。在这一过程中,图示法可以有效地帮助创意思维,纸上留下的任何一点痕迹可以提示,可以联想,可以拓展,从而找到曲径通幽的新点子。

(三)笔记法

为了有效地积累创作广告的知识和素材,广告策划者常常应用笔记法。有一句俗话"好记性不如烂笔头",意思是记忆力再强的人也有记不住的东西,也会有忘事儿的时候。笔记法便是鼓励广告策划者在观察的基础上,养成作笔记的习惯,随身带着纸和笔,把走路、坐车、逛街、工作中以及各种休闲活动中看到、听到、想到的所有有价值的东西——记录下来。特别是脑海中瞬间闪现的思想火花,这些零星的记录看起来支离破碎,没有什么价值,可一旦策划者以新的观念、新的思路重温它的时候,恰恰是这些随手记下的想法成为优秀创意的导火索或本身就是一个优秀的创意。可以这样说,笔记法就是及时捕捉策划者在松弛状态下突然冒出来的思想火花,使之成为创意的素材和源泉。

案例

著名广告大师巴德早在 20 世纪 60 年代就运用了资料收集笔记法,为一家钢琴厂成功地创意了广告文案,对于一个根本不会弹琴,还要说服别人花 5000 美元买这架钢琴,而在当时用同样的价格,便可买到柏威德或史坦威著名品牌时,巴德认为的确有些困难。

为此,他主动来到钢琴制造厂参观,了解情况,搜集资料。虽然这家钢琴的做工精细无比,但要说服消费者花 5000 美元购买仍没太大把握。毕竟这不是一笔小数目。就在他即将离开前,在一个很优雅的展示室中,看见同级的其他两台名琴也竖立在那儿,看上去几乎看不出有什么不同,但与业务经理聊天时却无意中发现了其中的玄机。因为这架钢琴有弦枕钢梁,所以比同级的钢琴要重的多。经过细致观察,他了解到,钢琴弦的张力会使钢琴的结构变形,而这一厂家生产的弦枕钢梁就是为了防止琴板弯曲变形而设计的。而其他同级钢琴的钢梁是组合式的,这也是之所以纽约歌剧院会选择此钢琴的原因所在。

更让他吃惊的是,卡门演唱家——史蒂文丝告诉他,纽约歌剧院迁到林肯中心时,唯一要搬走的东西就是那架钢琴。他将这些难得的信息资料都收入笔记本中,并最终变成了他的广告标题。

结果,广告效果好得出奇! 订单接踵而来,甚至,有些购买者还必须等待6年才能取到货。

他的广告标语很简单:"无论买主是谁,弦枕钢琴必能善尽职责"。

其实,在创作过程中,收集与产品相关及与目标对象相关的资料,包括企业的基本情况、产品的特性、市场环境、竞争对手分析、产品过去的广告以及目标消费群消费观念、消费心理和消费习惯等,是非常重要的一步。这些资料的收集若被忽略或只是简单的例行公事,那么,尤其是在现代产品日趋同质化的今天,肤浅的认识是难以发现产品之间的差异性。如能深入和透彻地调查研究,必将会发现、挖掘出产品与消费者之间的利益沟通点,从而诱发创意。

因此,创意人员应该建立自己的创意资料档案薄。在日常生活中善于收集资料,包括各类知识、各种生活经验、各样生活趣事的搜集,并注意剪贴和搜集各类优秀广告,养成积累资料的良好习惯。有时,优秀创意就在你随手记下的讯息资料及想法之中。

在电视广告的创意中,这三种形式是交替使用的。通过笔记法,电视广告的策划者可以把自己一点一滴的创意想法捡录起来;同时通过图示法,策划者可以筛选和整理自己的思绪,形成创意的刍型(雏形);尔后通过集体讨论和相互交谈,达到集思广益、群策群力,进一步完善创意的目的。这几种形式可以交替、反复、循环运用,直至电视广告创意的最优化。

四、电视广告的表现

思想的火花要转化为特定的视听艺术表现形式,这就形成了电视广告特有的结构类型。电视广告的结构形式是广告整体创意的体现,是创意的物化形态。同时它也是广告语言和电视语言的有机结合和具体表现。对当今电视广告的结构类型进行归纳和分析,可以为我们的策划提供一些参照物。我们把电视广告的结构类型像国画那样分为"写实"和"写意"两大类别。"写实类"大致有示范验证型、人物佐证型、新闻报道型和生活片断型等;"写意类"大致包括悬念疑问型、气氛渲染型、幽默喜剧型和虚拟魔幻型等。

(一)示范验证型

示范验证型主要是通过名人、专家和产品使用者去说明和验证广告产品的功能和优点,产品能给消费者带来什么好处。分为引证式和名人推荐式。电视所具有的视听结合的特性为当众示范表演、说明验证产品提供了可能性。电视广告优于其他媒介之处恰恰在于它能够使消费者"眼见为实"。为了展示强力胶的粘结力，用一个长镜头让观众从头到脚看到一个人的鞋底儿如何被抹上强力胶，如何被举起来头朝下倒贴在天花板上，以显示胶的粘度、力度和强度。运用这种结构展示的产品重在功效的揭示，其效果应在屏幕上立竿见影。同时以长镜头来表现其真实性。

汰渍净白洗衣粉是这类广告的典范。汰渍选用的代言人是家喻户晓的笑星郭东临，广告的表现形式就是示范验证型。通过代言人郭东临走进寻常百姓家，亲手演示汰渍洗衣粉与其他同类产品的不同之处，突出显示出汰渍洗衣粉的功能诉求，同时把其特性也通过对比彰显出来：汰渍"净白"洗衣粉，能有效去掉领、袖污渍等多种污垢，让衣服洁白透亮，并有淡淡的怡人清香味。这是因为它含有去污净白因子和国际香型，让衣物亮白又清香。下面的解说词加上长镜头演示，印证了汰渍净白洗衣粉的功效：

● 迅速溶解：冷水中都能迅速溶解，释放洁净动力。

● 超强去渍：只需片刻浸泡就能有效去除一般污渍，无需费力搓洗，也能去除衣领、袖口污垢等日常顽固污垢。

● 亮白出众：最易发黄变旧的白色衣物经多次洗涤后仍能保持透亮洁白，不伤手，超强力，无需费力搓洗，即使手洗，洗完后双手也不易感到刺激。

● 持久清香：不仅洗衣时感受清爽香味，衣物晒干后仍有怡人的清香，干净也能闻得到。

(二)人物佐证型

消费者采取购买行动之前，往往习惯于征询周围人的意见，愿意倾听别人的忠告，重视亲戚朋友对产品的印象和评价。同时，留心电视播放的商品广告，社会名人、专家和普通消费者的意见，它(他)们都有一定的权威性和参考价值。人物证言在论及产品的优劣时可以采取多种发言形式：可以旁观者的身份客观地评价产品；可以当事人或使用者的身份谈切身体会和感受；可以在人物推销产品时，从旁表现享用产品的情景，以求言行一致；还可以用反驳证明的方式在争辩中取胜。

宝洁公司舒肤佳的一则电视广告，就是用人物佐证的表现手法，真切、可信地表达方式来实现诉求的目的。它通过使用者及权威专家的口吻耐心讲解，边做实验边以强有力的实验结果来说明产品。广告片中的人物语调亲切自然，像家人、朋友般地与你交谈，每句话都渗透着深切的关怀；并用非常肯定的语气告诉受众，使用该产品后的实际状况。以此来有效地证明其产品的特殊功效。

(三)生活片断型

生活片断型是截取一个真实的生活场景作为广告表现的环境,再现真实的生活片断,展示人们对产品的需求。这种把产品的宣传溶入真切的生活实景中的手法,易使消费者产生身临其境之感。日本 1990 年电通奖评出的优秀电视广告中,有一则是松下传真机广告。这则广告表现了传真机在一对相亲相爱的夫妻之间扮演的重要角色。它选择了这样一个生活片断:

在一个普通的日本家庭中,操持家务的妻子不慎打破了一只茶杯。她需要一只新茶杯,希望丈夫在下班途中顺便买一只,便用传真机与丈夫联络。临近下班,丈夫看到窗外下着瓢泼大雨,想到自己走出地铁站后距家还有一段路,便用传真机告诉妻子,请她届时带着雨伞在车站等候。夫妻俩碰面了,用手势比划着交谈。观众这才明白,原来妻子是哑巴,无法用电话与丈夫联系,传真机帮助他们快捷地传递了信息。当丈夫带回了妻子需要的茶杯,妻子带着雨伞接到了下班回家的丈夫,两人在雨幕中相伴而行时,在深情的乐曲中道出一句广告词:"温暖于人间的信息交流工具。"

在我国也不乏这一类型的广告,例如万科房产有一则广告就完全通过生活中的各种片断来表现广告的主题。两个年轻人在音响店挑选 CD,一张平凡的爵士乐 CD 使男女主人公同时把手碰在了一起,而男女主人公的命运也被牢牢地牵到了一起。经过一段日子的相处后,他们购买了属于自己的房子,一派忙碌的装修之后是欢乐的婚礼场景,友人们的衷心祝福,夫妻间的亲密无间……直到一个新的生命的诞生。该片截取的是人生过程的一个寻常片段,每一个场景都来源于现实生活。而透过生活场景片段,观众在脑海众留下的是深深不可磨灭的印记,从而刻印着广告诉求的信息。

(四)新闻报道型

运用新闻报道的手法来进行广告宣传,便于表现新近推出的新产品或老产品的新用途。这类广告经常在一些服务性的电视栏目中出现,如中央电视台的《经济半小时》、广东电视台的《百业信息》等。采用这种形式虽然较为简单,却能够以新颖、快捷、翔实取胜。而且由于制作成本低廉,制作简易快捷,更适合于厂家抓住有利时机推销新产品。

我们还可以从内容上把电视广告分为两大类:一类主要是产品广告及各种服务性广告;一类主要是形象广告。一般来说,写实手法具有直截了当、真实可靠的特点,相对来说策划不太复杂,比较适用于产品广告和服务性广告;而形象广告较多是采用写意手法,这种结构相对难度较大,但如果做得好的话,它会给观众留下更持久的美好印象和更广阔的想象空间。

这类手法也很常见,如外国品牌摩托罗拉利用一次森林火灾为自己做广告;北京市玉泉营环岛家具城发生了火灾后,华鹤家具和环三环家具城所做的广告,都属新闻报道型广告。此类广告借助新闻事件的真实可信性及权威性大做文章,以此大力宣传自己,广告效果往往是奇特的。

(五)悬念疑问型

悬念疑问结构是在广告开头设置一个悬念,使观众产生一系列疑问和期待,然后逐渐展开情节,运用视听语言将谜底揭开。这种手法旨在唤起观众的好奇心,使观众对产品或广告凝聚起浓厚的兴趣,产生探明究竟、了解原委的强烈愿望。1975年美国葛瑞广告公司用黑白胶片摄制了一则杰出的悬念型广告。全片从黑画面开始,起初人们什么都看不见、听不见,疑虑恐惧顿起。接着一扇车库大门被打开了,一双脚走进画面,观众紧张地、全神贯注地捕捉第一个细节,心中闪过种种猜测。随后,传出汽车发动机的声音,一辆小型轿车冲进黎明时分的暴风雪中,在一片泛着蓝灰色寒光的雪原上疾驰着。车停后,一双穿着靴子的脚踏入厚厚的积雪中,深一脚浅一脚地由近及远艰难地跋涉,镜头的特写拉出一位着装厚实、身材魁梧的男子,"他要去干么?"人们不解地追随着他的身影,当该男子消失在画面尽头后,一辆大型铲雪车亮着明晃晃的前灯不紧不慢地闯入天色微亮的风雪中。这时,画外音道出了整个广告仅有的一句话:"你想知道一个驾驶铲雪车的人是如何到达开车地点的吗?"这句话道明了广告的主要诉求:在多数拥有汽车的人急切等待着铲雪车开道的时候,只有金龟车才能载来铲雪车的主人。这则悬念疑问电视广告之所以扣人心弦,就在于它成功地调动了观众的每一根视觉神经,把他们引向最后的谜底。

还有一则麦当劳的悬念广告,可谓经典之作。坐在摇椅中的可爱婴儿,乌溜溜的双眼直视着前方,随着摇椅的前后摆动,脸部表情变化多端,一会儿哭,一会儿笑。人们会发问:婴儿怎么了? 是什么引得他又哭又笑? 随着镜头的转移,窗外出现了大型而醒目的麦当劳标志。原来,吸引婴儿的就是"麦当劳",因为摇椅的摆动,小婴儿时而可以看见麦当劳的标志,时而又看不见,看得见便笑,看不见便哭。

广告运用可爱的婴儿形象吸引消费者对广告的关注,利用婴儿的丰富表情造成悬念,婴儿时哭时笑的悬念吸引了观众的注意力,将无数消费者的目光聚集在随后出现的麦当劳标志上。可以说,麦当劳的标志是在众人的期待中出现的。特写镜头中的麦当劳标志给了观众一定的视觉冲击,加强了"麦当劳"在观众脑海中的记忆度。

(六)气氛渲染型

气氛渲染型广告注重营造感情的氛围,通过一系列渲染烘托使特定气氛更加浓郁。当我们观看新加坡航空公司的广告时,从头到尾没有看见飞机起飞、降落、飞行或滞留在停机坪上,没有看见候机大厅和匆忙上下飞机的旅客。映入我们眼帘的是一组饱含着喜悦、洋溢着温情、生动自然的画面:

一位女青年惬意地坐在山崖上;

白天鹅兴奋地扇动翅膀;

炊烟袅袅的农舍前疾步走着一位系着围裙的年轻主妇,身后鱼贯跟出三四个孩子;

两位手捧鲜花的少年手拉手跑向山坡下的大道;

一位姑娘神采飞扬地穿行在鲜花丛中;

一辆小轿车迎面开来;

一只麋鹿欢快地雀跃;

汽车中的女士与男士舒心地谈笑着;

一位姑娘撑着雨伞站在船头,企盼眺望,小船在雨中穿行;

一位妇女带着两个孩子高兴地在田野中奔跑嬉戏,当她们站定抬头望天时,空中苍鹰翱翔;

一位骑车的姑娘用车筐载着一捧鲜花,脸上透出掩饰不住的喜悦;

一位漂亮的空中小姐笑盈盈地转头、和善地询问、微笑着转身。

观众从依次呈现的画面中并没有读到一个故事或一段情节,但画面上各色人物都好像揣着喜悦,踏着迫不及待的脚步去迎接自己的亲人或朋友,迎接者这份抑制不住的喜悦和兴奋,间接地表达了对新加坡航空公司的依赖和自豪。而结尾处一组举止高雅、笑容可掬的空中小姐的倩影又间接表达出航空公司的一流服务和雅致舒适的气氛环境。

法国 DUNIOPILLO 床垫的影视广告,也是典型的气氛渲染型。整条广告都是在一种浓郁温馨的氛围中展开:当夜晚来临之时,一对含情脉脉的年轻夫妇正准备共眠,就在丈夫即将靠近妻子之时,镜头切换到了床头上的两张装饰画,随着人物动作的节奏而慢慢地靠拢。紧接着是皮鞋、雨伞也一步步靠近,从视觉上让人一下子联想到静物的性别,恰巧与主人公的那种特别的氛围构成温和协调的不言而喻的美妙感。随着主人的亲热度的不断升温,此时周围的静物也悄悄地缠绕在了一起,并和他们的主人一样忘情地活动起来。最后,整个画面定格在映出一张诡秘笑脸的月亮上,留给人们的一切感觉竟是如此的和谐、柔美。

此广告借助暗喻的手法,采用含蓄委婉的表达方式及无以伦比的柔美音乐,构成难以言语的美妙和谐的气氛。让观众仿佛亲临感受到产品的舒适与温情。

以感情打动观众,以气氛感染观众,已成为当今世界电视广告的新趋势。

(七)幽默喜剧型

近年来,幽默诙谐的广告日渐引起观众的兴趣和关注。人们充满好感地称讽刺为"刻薄的智慧",因为它是以巧妙的方式提出人性弱点的智慧。幽默讽刺的广告形式,能有效地吸引观众的注意力,能透彻地点明事物的本质和核心,能给观众留下悠长的品味余地。有一则电池广告让观众忍俊不禁。只见电池被装进一只玩具老鼠的肚子里,老鼠顿时获得了巨大的能量,在光天化日之下毫无顾忌地跑来窜去。一只真猫见状,本能地尾随其后紧紧追赶,追了一圈又一圈,老鼠丝毫没有减速,这只迷惑不解的猫眼睁睁地看着老鼠逃脱了。在实际生活中,老鼠碰见猫多遭厄运,但观众看到电池为老鼠增添了无穷的力量,一反常规反败为胜,会为老鼠的胜利感到幽默好笑,同时也从心里认同电池的质量。动画制作的运用在电视广告中也日益频繁。应用卡通手法来表现产品的主题,深受儿童的喜爱。

汽车广告的表现形式一般都是以功能诉求来展开表现,因此很少有幽默喜剧型的,但是丰田汽车有一则广告却运用了此手法。当音乐响起的时候,镜头中出现了修长的腿和街边女孩子注视的神情;镜头渐渐拉远,一位时尚美貌的女子从远处走来。她是那样迷人,店铺里的伙计停下手中的活儿,出神地看着她,甚至她身后一位驾驶着吉普车男子也因为看得入迷而撞上了水池。她嘴角撇出一丝得意和陶醉。又一辆汽车撞上了玻璃幕墙,原因当然是驾车者注意力已经转移到她身上,她甩了甩头发,依然款款向前。

这时,街角驶出一辆丰田车;美女的眼光立即被车吸引了,她的眼光顺着车的方向而动,没看到自己的前面有一根电线杆,结果可想而知了。

广告运用一种夸张的烘托手法,众人瞩目于美女,美女瞩目于 TOYOTA(丰田)汽车,结果幽默(着意刻画美女脑袋"哐"的一声撞到电线杆)。丰田汽车得到了突出的表达,令人记忆深刻。

幽默讽刺,夸张逗笑,都能取到一种喜剧效果。但这种效果有利有弊,"利"是能让观众在轻松愉快之中获得对产品的好感和认识,感到回味无穷;"弊"是如果策划不好会喧宾夺主,观众只觉得滑稽可笑,一笑了之,并未达到广告诉求的目的。

(八)虚拟魔幻型

运用先进的电脑特技和超现实主义的表现手法来创作电视广告,已成为当代电视广告制作的趋势。有的电视广告全部用电脑制作,其表现空间完全是虚拟的。这种形式十分适合表现一些现代生活使用的产品,顺应现代人追求科学的时尚,通过灌输现代的前卫的生活观念来产生消费导向。

七喜有一则这样的广告:靠站的双层巴士被装扮成一幅巨型的海报,画面中是一个横卧在夏威夷海滩的卡通男子,随着一辆装载七喜的货运车遇上红灯时,他不得不在双层巴士旁逗留。当绿灯亮起,货运车驶离后,我们发现原先的"真人"已被用沙子塑成的"人形"替代了。要问他去向了何处?货运车上正悠哉游哉、喝着七喜的不就是他嘛!

整片广告都是由电脑特效完成,表现出古代兵法中"三十六计"之"金蝉脱壳"的现代版演绎,带给我们的是少了一份勾心斗角,多了一点幽默诙谐;少了一些世事伦理,多了一些自由畅想。加之七喜代言人(电脑制做的卡通形象)的倾心演出,似乎为观众带来了更多的感官享受。他那早已深入人心的形象,以及他自由潇洒、聪明机灵的个性,向观众准确传达了产品"一点就透"的感受和"自由不如自在"的品牌理念。

电视广告的表现类型还有很多,如歌舞娱乐型、漫画讽刺型、怀旧情绪型、怪诞奇想型等等,随着电视广告的发展,策划者还会创造出更多新颖奇特的表现形式。同时,这些形式也不是单一运用的,往往是多种形式的融合、交叉运用。比如电视广告《南方黑芝麻糊》的结构,既是生活片断型,又是怀旧情绪型。它的广告诉求是通过亲切感人的生活片断:童年难以忘怀的情景,伴随着沿街小贩的叫卖和回味无穷的香甜,久久地留在观众美好的回忆中。

第三节 电视亚广告的经营策划

电视广告有特定的标准样式,但从达到广告诉求的目的要求来看,不使用特定的电视广告形式也同样能够达到,于是在荧屏上便出现了各式各样的看似不是电视广告的"电视广告"。为了加以区别,我们把这类"电视广告"统称为"亚电视广告",它属于电视广告的异类。这类广告策划得好,同样也能达到广告效果,有时甚至可以取得意想不到的奇特效果。

常见的亚电视广告形式有如下几种:

一、服务性专题和专栏

电视广告的长度通常在 30 秒左右,一次能够容纳的信息量十分有限,于是便出现了长度为几分钟到几十分钟的电视"专题片"。这类广告性质的节目(栏目)有许多不规范的称谓,如企业宣传片、"企业风采"等。由于这类片子和栏目是为特定的行业或企事业单位服务的,并由其提供制作播出经费,所以又叫服务性专题(专栏)。播出的形式可以是插播,也可以放在适当的栏目中播出。由于有特定的服务对象,那么电视片的艺术表现空间必然会受到一定的限制。因此在策划中必须处理好协调与沟通的问题,通过委托者和创作者的合作,达到宣传性、服务性与艺术性、可视性的统一,从而取得较好的宣传效果和广告效应。

《商务时间》是中央电视台经济频道 2006 年推出的一档全新的商务案例分析类栏目,它旨在通过经典案例来打造栏目的高影响力,通过形态创新赢得栏目的高收视率,通过品牌增值提升栏目的高收益率。《商务时间》每周栏目组广发英雄帖,邀请叱咤风云的企业领袖或高瞻远瞩的商界大师来当嘉宾,以新闻事件为切入点,重在展现企业商战智慧,梳理企业商务脉络,分享经验,吸取教训,是生动、鲜活的电视版本商业企业案例教材。

该栏目通过主持人、权威嘉宾、案例角色参与者、现场观众的智慧碰撞,对案例进行精辟分析,以全新的形式探讨商业经营理念和营销方式。节目推进过程力求跌宕起伏,向观众展示商务环境中各种高超的实战技巧,具有较强的借鉴意义。同时,类似于罗马竞技场的演播室形式,配以精心设计的灯光变化和现场音效,在视听效果上给观众以耳目一新的感官刺激。

该栏目共分四个板块,分别是"商务初体验"(通过多种形式的电视"真人秀",初探商业案例)、"是非大挑战"(通过是非命题,挖掘商业理论)、"商务大贵宾"(邀请具有代表性的案例当事人的现身说法,讲述自己的财富故事)、"巅峰总对决"(统领前三个环节,选出全场表现最出色的嘉宾,进行一对一即兴论战,把节目推向高潮)。栏目的受众定位在 18～55 岁从事商务活动以及关注商务知识的人群。显然,这类人群是社会消费的主体,他们以城市白领为主。

由此打造出来的这档具有很强互动性的商务案例分析类节目,通过整合企业、商学院、目标受众以及相关管理咨询机构等社会优势资源,为企业、商务人士、专家提供一个展示和交流的平台。显然,栏目的特定人群、特殊形式带来的品牌效应,必然具有良好的广告影响力。在这档节目中投放的广告,具有高目标针对性,往往使广告主取得良好的品牌影响和收视率。

二、信息类节目和栏目

以信息传递形式出现的"广告",通常是指经济生活服务类栏目中的产品供求信息、企业服务信息等。这类广告性质的信息发布可以弥补电视广告制作时间长、资金投入大的缺点,发挥其时效快、针对性强等优势。策划也比较简单,主要是选择信息发布的内容和时机。这类信息汇总,其他媒体也有不少,如报纸信息的持久力、网络信息的快迅和量大,电视信息如何发挥其可视性的优势是策划者需要考虑的。

一向以不断推出新节目而著称的央视经济频道,2006年夏天再度火热出炉了一档新鲜节目——《购物街》。它在2006年8月10日的19:30首播,时间长度为一小时,带给了广大电视观众一种充满欢乐,充满情趣的新消费体验。

《购物街》可以说是一场大众生活秀。节目定位于高品质、成熟的、带有生活资讯及服务功能、新型的经济类节目。观众通过"看商品、猜价格"这种简单易懂的游戏模式,了解实用的生活信息。

《购物街》这一大型演播室互动节目,直接由自愿报名参与的团队组成。节目以价格游戏为主体,考查的是参与者的生活经验和推理能力,因此节目对参与者几乎没有年龄、学历、才艺等方面的特殊要求。不管是大人还是孩子,不管是教授还是主妇,只要你热爱生活,对消费有所把握,就可以在《购物街》里放手一搏,找到属于自己的一份快乐。

以往的经济知识听起来大多枯燥,而《购物街》把生活场景和经济元素有机结合起来,把消费经验和娱乐游戏巧妙嫁接,把消费知识、经济决策等以明快的方式表达出来,利用大家熟悉的报价形式,演化成一种消费游戏体验,真正把经济做活了。

这一节目展示了大量新颖、实用的商品,让现场参与者和观众了解它们的使用方法。在该节目中展示的不仅限于有形产品,观众还可以看到旅游产品、文化产品等内容。这一节目的策划本身可以说就是一个很好的创意。它通过"购物"这一活动过程,将产品、商家、电视观众牢牢地联系在一起,可以让商家利用这个节目来介绍产品、提高产品的知名度;电视台也可以借此提高收视率,一举两得。这一信息资讯类节目可以说是电视亚广告的精妙策划。

三、冠名赞助

主要是通过冠名的方式特约节目播出、协助节目制作来宣传企业和产品,从而达到给企业和产品扬名的目的,这也是一种广告宣传策略。早些年,有一家小企业出了一笔不大的赞助费,在当时收视率极高的"春节联欢晚会"结束的

划空间。

另外,我们提一下有重大广告嫌疑的"有偿新闻"。什么叫"有偿新闻"呢？它是指"企事业单位、组织、机构或个人以酬金或实物等方式报偿新闻机构,换取一定的新闻作品、版面、播出时间,为该人或该单位及其产品、社会活动进行宣传的所谓'新闻报道'"。这是许多广告主喜欢打的"擦边球",这种改头换面出现的广告,对于他们来说是投入最少、效果最大的广告形式。但是这样做不仅仅违背新闻工作的职业道德,而且有损电视媒体的自身形象。这里需要指出的是,有偿新闻与我们前面所说的新闻的策划是完全不同的概念,后者是策划挖掘出具有新闻效应的事实,前者则是花钱买来的假新闻,是没有新闻价值、只有商业价值的。

第四节　电视广告的发布和营销

一则电视广告的优劣和发布后的效果如何,不仅取决于广告的内容、创意和表现形式,而且取决于目标观众和发布时间的选择。

一、时机选择

广告时机的选择,是广告策划者在确定媒体选择方案后,对广告推出的时间、频率所作的具体安排。电视广告的主要特征是将所有传达的信息存放在时间的流程中,离开了时间因素,信息就无法传达。电视广告中的时间有三个含义:一是指电视广告的实际长度;二是指电视广告的表现时间;三是电视广告观众的心理感受时间。因此,一个优秀的电视广告制作出来后,还要考虑如何播放,考虑传播的策略。选择合适的播放时机、广告时段和投放密度。从控制论的角度来看,时机策划是一种时间控制,是保证广告目标之达成和对广告推出进行的一种导向活动。由于现代广告运动是在一定的时间和空间范围展开的,因此,把握推出广告的机会乃是获得最佳效应的关键因素。

新疆生产的"三圆牌"皮鞋油在质量上称得上是上乘,产品上市后深受群众欢迎,可该厂不是乘机加强广告宣传,提高产品的知名度,而是错失良机,在广告宣传上按兵不动。就在"三圆牌"还未在市场站稳脚跟之际,"黑又亮牌"鞋油广告却以排山倒海之势涌入了乌鲁木齐市的大街小巷。由于"黑又亮牌"鞋油抓住了战机,使得原来购买"三圆牌"鞋油的消费者转而购买"黑又亮牌"鞋油,而"三圆牌"鞋油厂坐失广告宣传良机,造成败于一篑,毁于一旦的境地。因此,在新产品推出之前和之中,适时进行一定密度的广告投放,往往可以取得"先声夺人"和"一鸣惊人"的效果。从时间经济学的观点看"增效有望,因时而行,勤谨巧胜,立时作业",这是从事经济工作也是广告工作必须牢记的信条。在激烈的商品竞争和广告竞争中,"机不可失,时不再来"应该成为广告策划人把握时机的警言。

案例

统一润滑油——"多一些润滑,少一些摩擦"

2002 年统一润滑油还不为人所知,人们印象中的石化产品只有美孚、壳牌、长城、昆仑等品牌,但在 2003 年,经过短短几个月的市场运作,统一迅速完成了品牌提升,成为润滑油的强势品牌。在人们的印象中,是一句"多一些润滑,少一些摩擦"经典广告语成就了今天的"统一"。

2003 年 3 月 21 日伊拉克战争爆发,中央电视台进行了前所未有的大规模直播报道。统一润滑油迅速做出了反应,在战争开始的当天,停掉了正热播的"众人片",而改为播放一则五秒的广告片。广告片没有任何画面,只有一行字并配以雄浑的画外音:"多一些润滑,少一些摩擦"。这则广告紧贴《伊拉克战争报道》之后,和新闻浑然一体,非常有震撼力。这则广告的妙处就在于既准确地诉求了"多一些润滑"的产品特点,又一语双关道出了"少一些摩擦"的和平呼声,含蓄、隽永、耐人寻味,形成了空前的品牌影响力,也为统一润滑油带来了优秀的销售成绩。

统一为这则广告每天投入 25 万元,共播出 10 天。这则经典广告,为统一润滑油带来了优秀的销售成绩,当月出货量比 2002 年同期增加了 100%,销售额历史性地突破了亿元大关,也形成了空前的品牌影响力。广告播出后,各大媒体纷纷对这次营销事件发表评论,认为统一"多一些润滑,少一些摩擦"的广告,创造了小预算、大效果的神话(制作这个广告仅花 18000 元)。统一公司自己的网站点击率提高了 4 倍;很多经销商给"统一"打来电话,他们认为这条广告才像是高端产品品牌的广告,许多原来不卖统一产品的零售店主动联系经销商,给经销商以足够的信心;许多看过此广告的观众都认为这个广告是国外广告公司的创意,还有一部分人认为统一是合资企业或者外资企业,许多司机则点名要加统一润滑油。

二、群体选择

一个电视广告要取得最佳的播出效果,就要选择合适的频道和时段,一般来说节目的收视率与广告的收看效果成正比;但也不尽然。电视连续剧的收视率虽然较高,但领导干部和知识分子却很少看,他们更关注新闻节目。6:30 播出动画片虽然不在黄金时段,但十分适合儿童产品广告的播放。中央电视台的《新闻30分》的收视人群 36 岁以下的观众明显多于 36 岁以上的观众;大专以上文化程度的观众比例较高,且多为行业白领。这批人中相当一部分还属于新闻传播学中的"意见领袖"型人物,是很好的义务广告员,有利于信息的二次传播。此外,这个群体消费能力是最强的。因此,该时段的广告是适合播出时尚类商品或较高档日用消费品的广告。虽然它的收视率是 4%~5%,但价钱相对便宜,效果又好。由此可见,广告时段的选择不能简单取决于收视率的高低,更要具体分析时段特定的观众群体,因为他们才是广告诉求的真正对象。

案例

男色时代的电视广告

很久以来,都是女色当道,服务业主要都是以女色为主,还有各式各样的选美,主角都是女性。但是随着女人的地位及收入的抬升,据说男色消费将深入人的生活。

大概是从"花样男子"F4 开始,公众对男色的注意力开始增长。张国荣的"春光乍泄"在多年后依然风靡,周杰伦的哼哼唧唧,还有那个《王的男人》的李俊基,台湾小男生们的清亮细嗓,日剧、韩剧里层出不穷的大帅哥。

有人说现在是"她世纪",男色时代已经到来,在这个基础上,东方卫视发起的"加油!好男儿"势必带来一股男色的浪潮。其实,男色也好,女色也好,女人都是关键的消费群体,而且女人的主要消费倾向应该在异性身上,这也是为何众多花样男星出写真集销量要好过当红女星的主要原因。女人掌握着钱包,更掌管着电视的遥控器。不难发现,在所有明星的粉丝团中,女性向来是占了主导。谁美好,谁优秀,一切由她们决定。而以李宇春、周笔畅为代表的中性美也是女人审美眼光的杰作,放眼望去,哪个走红的男星不是女人喜欢的类型?

因此我们可以看到,在 2007 年"美特斯·邦威——加油!好男儿"的插播广告里,除了赞助商"美特斯·邦威"的广告外,基本上都是针对女性的广告,比如养生堂维生素 E、达芙妮、老庙黄金、可伶可俐护肤品等。

电视广告的效果测定和评估也是广告实施战略重要的一环。电视广告策划是一种目的性极强的策划,因此,电视广告的播放要十分注重观众的反应,即收视率的有效性,根据消费群体的信息反馈,随时调整电视广告制作和投放的策略。因此,要建立一整套完善的收视监测系统和目标市场跟踪调查系统,这不仅仅是为企业产品开发和市场营销服务,也是为电视广告策划服务。

三、方式选择

电视广告的发布方式是多种多样的,策划者可以根据广告客户的要求和市场营销的需要来选择合适的方式或形式。

(一)系列广告

同一个电视广告,往往可以根据不同的需要剪成 30 秒、15 秒甚至 5 秒的广告;还可以制作成之一、之二、之……各种不同版本的广告供播放,这就叫“系列广告”。在今天,系列电视广告风靡世界,一些实力雄厚的企业推出系列广告,其原因大致是:第一,为了在持续不断的广告播出中,经常改变广告的面貌,这样才能以崭新的姿态出现在世人面前,带给观众全新的感受。第二,为了有效地表现同一品牌下不同种类和型号的产品,使消费者对产品有一个全面的认识。第三,为了满足产品销售的不同时期的需要,适时地有针对性地推出相宜的广告形式。

策划系列广告,应在整体上保持统一的基调,这种一致性表现在:

1. 分若干侧面表现同一主题;

2. 广告的表演者始终不变;

3. 主题音乐、音响或歌曲一致;

4. 广告词或关键语不变;

5. 产品或品牌的出现方式一致;

6. 广告中的主要镜头一致;

7. 广告的结构形式不变。

案例 1

石林旅游电视形象系列广告

石林旅游广告系列之一:《阳台篇》

在一个清新的早晨,一对中年夫妇懒洋洋地站在自家阳台上。突然,他们的目光转移到了盆景上,接着情不自禁地发出一阵欢呼声,惹得四邻探头张望。,这时,画面叠入字幕:“有那么夸张吗?其实到过石林的人常这样。”如此夸张的情绪原来是朝霞映照下的石艺盆景,让他们仿佛又回到了相恋时同看石林日出的热恋场景。最后标板:“山石冠天下,风情醉国人。”

石林旅游广告系列之二：《麻将篇》

在一个闷热的日子里，四位退休老人开心地打着麻将。突然，其中二位老人的目光被一幅板报的内容所吸引，随即起身，居然手舞足蹈地跳个没玩。画面叠入字幕："有那么夸张吗？其实到过石林的人常这样。"原来这么夸张的举动是因为板报上的石林图案，让他们仿佛又回到了石林旅游时狂欢的篝火晚会之中。

石林旅游广告系列之三：《街道篇》

在喧嚣的现代都市中，一少年正茫然地走在大街上。与此同时，一辆三轮车上的风景画映入他的眼帘，这个少年突然间旁若无人地在斑马线上跳动起来，任凭交通堵塞，只是沉浸在自己的世界里，直到警察把他揪走。画面叠入字幕："有那么夸张吗？其实到过石林的人常这样。"原来三轮车上的那幅风景画是石林瀑布，让这位少年又置身于石林飞龙瀑布下那种"爽"的体验。最后呈现瀑布全景，叠出标板："山石冠天下，风情醉国人。"

石林旅游广告系列之四：《老外篇》

两位外国游客在宾馆大堂里正欣赏着一盆假山盆景。突然间，心照不宣、旁若无人地狂欢起来，引来了周围人诧异的目光。画面叠入字幕："有那么夸张吗？其实到过石林的人常这样。"失态的兴奋原来是因为他们由假山联想到热情好客的石林人同他们一起狂欢的场景。最后定格："山石冠天下，风情醉国人。"

案例2

万科企业形象篇电视广告——"珍视生活本质"系列

一、路灯篇

最温馨的灯光 一定在你回家的路上

如果人居的现代化只能换来淡漠和冰冷

那么它将一文不值

我们深信家的本质是内心的归宿

而真诚的关怀和亲近则是最好的人际原则

多年来

我们努力营造充满人情味的服务气质和社区氛围

赢得有口皆碑的赞誉

正如你之所见

二、名树篇

再名贵的树 也不及你记忆中的那一棵

越是现代

生命的原本美好越值得珍惜

我们深信

虽然不断粉饰翻新的名贵和虚华

更容易成为时尚的标签

但令我们恒久眷恋和无限回味的

一定是心中最初的那一遍风景

多年来

万科珍视和努力保留一片土地上既有的人文财富

以纯粹的审美趣味

引领时代潮流

正如你之所见

三、鹅卵石篇

潮流来来去去 生活本质永恒

时至今日

朴实无华的自然情趣也没有半点贬值的迹象

我们深信那是让人内心

宁静的永恒之美

怎样的喧嚣浮华与荣耀

终将归于平常

多年来

万科珍视自然给予的每一份馈赠

努力营造充满本质美好的社区环境和人文氛围

正如你之所见

一则广告,多种形式;内容虽不同,主题却一致。这就是系列广告。

(二)多媒体广告

对于广告主来说,电视媒体是最受欢迎的载体之一,但它并非没有弱点。电视虽然具有形象、直观等优点,但也有稍纵即逝的弱点。如何克服这些不足呢？一个办法就是增加播出次数,在荧屏上实施"地毯式轰炸"。另一个办法就是实行多媒体的广告组合和跨媒体的广告联动。即与其他媒体结合起来投放,比如报刊、广播等,还可以跟户外广告等广告形式结合运用。在广告投放中实现多媒体组合,可以相互取长补短,通过立体宣传,增强广告效果。如何发挥媒体各自特点,综合运用多种形式进行广告宣传,是广告整体策划的一个重要课题。21金维他的广告,就是一则不仅在电视上做,而且在平面媒体上做的案例。同时,紧紧抓住销量迅速增加的主题,赢得非凡的效益。

21金维他:四年,8千万到10个亿

21金维他,国内第一个多维元素类OTC药品,1984年面世,苦心经营10多年,销量一直未曾过亿,2001年,更是下滑到8000万。2001年11月,民生药业决策层启动了21金维他的全新运作模式。一年后的2002年底,21金维他全年销售达一亿五千万,增长了80%!而当年的广告投入不到3000万。2003年1到8月,8个月里,销量以每月增长20万瓶的速度攀升,到8月份已经完成销售3个多亿!2003年底,实现销量5.4亿。2004年,市场销量8个亿。2005年,目标销量10个亿……

值得一提的是:不同于哈药模式,21金维他的成功,不是依靠传统的地毯式广告轰炸,而是在保证充分赢利的基础上,运用中国特色的实效整合行销手法,在最短时间内,稳健地赢得最大胜利。

有人说,这是一个"大鱼未必能吃小鱼,快鱼必定吃掉慢鱼"的时代,关键是速度。这是因为中国的市场特点,小做和大做都不难。小做,可以专注于一个局域市场,做深做透;大做,可以通过媒介组合,交叉覆盖,进行低成本、大面积的广告投放(脑白金和哈药就运用了这一策略);最难做的是不大不小,两头不着边,很尴尬。

而对一个初步积累了资金实力、销量过亿的品牌来说,更应该抓住每一个机会,迅速结束这种尴尬状态,进行规模化投入,使投入的成本效益比最大化,这是能否进一步做大做强的关键。

在21金维他的所有广告传播中,没有盲目追求创意和画面美感,每一个平面和电视广告,都是简单、直接、真诚地与消费者进行沟通和对话。它在4年的传播中,在不同阶段,针对不同市场情况,创意制作了多种版本的电视广告和平面广告。

很多产品以为一个片子、几份平面广告就可以包打天下,往往简单重复,直到消费者生厌。他们没有明白一个道理:广告攻势的展开,其核心策略必须始终如一,但战术组合却应当尽可能地灵活多样、花样翻新。这远比单一、死板的战术有效。山珍海味的确名贵好吃,但你连吃一个礼拜试试?

（三）广告套餐

电视媒体的"广告套餐"，原是指媒体采取价格优惠的形式，将广告的黄金时段与非黄金时段结合起来的一种捆绑式销售手段。但这只是电视台广告部门的一厢情愿，未必都能满足广告主的具体需求。因此，电视策划者应该结合广告主的整体策划，对电视广告进行多频道、多时段、多层次、多形式的综合投放，这才是真正的"广告套餐"，或者叫"广告大餐"。说到多形式，不仅指不同形式的系列广告，还包括非广告形式的"广告"。"脑白金"广告就是其中一例。

脑白金

"今年过节不收礼，收礼还收脑白金""过节爸妈不收礼，收礼还收脑白金"。

这些家喻户晓的电视广告语，其所以耳熟能详，得力于不同频道，不同时段，不同层次的不断播出，即广告套餐。

根据保健礼品市场特点需要，厂家当然要抓住一些节假日的广告时间，尤其是春节前后，时时的广告诱导，是销量的保证，不维持大投放，其销售就会下跌。众所周知，脑白金广告投放大；大投入的广告造就了脑白金保健礼品第一品牌的地位。广告套餐是需要大投入的。要做这样的大投入广告，只在春节前后或黄金时段播是很难有这样巨大效果的，需要占有长期的广告播出。想想现在要给中老年亲友买礼品，脑白金立即会跳入思维，而且除了脑白金，你再难想到别的产品，这就是大投入的收获。

脑白金广告投放量虽大，但得到的是大投入、高折扣，据说平均折扣不到三折，有的卫视竟为一折。试想，没有其中的广告套餐，也就不会有如此高的折扣，更不会有漫天遍野的"脑白金"广告。

主要参考书目

1. 程鹤麟,张绍钢:《电视策划新论》,中国广播电视出版社 2002 年版。

2. 任金洲:《电视策划新论》,中国广播电视出版社 2002 年版。

3. 鲍晓群:上海电视节论坛第五场,中国电视综艺娱乐节目市场报告。

4. 许永:《电视策划与撰稿》,中国广播电视出版社 2001 年版。

5. 胡智锋:《中国名牌电视栏目解析》,学苑出版社 2006 年版。

6. 胡智锋:《电视节目策划学》,复旦大学出版社 2006 年版。

7. 项仲平:《电视节目策划》,中国广播电视出版社 2002 年版。

8. 展江,李勇:《中央电视台新闻频道设计构想》,人民网。

9. 张静民:《电视节目策划与编导》,暨南大学出版社 2001 年版。

10.《中国电视台管理创新与品牌建设分析报告〔2005—2006〕》摘要。

图书在版编目（CIP）数据

广播电视节目策划／巨浪主编. —杭州：浙江大学出版
社，2009.10（2022.1 重印）
（应用型本科院校广播电视学专业规划教材系列）
ISBN 978-7-308-07151-2

Ⅰ．广… Ⅱ．巨… Ⅲ．①广播节目－制作－高等学校－
教材 ②电视节目－制作－高等学校－教材 Ⅳ．G222.3

中国版本图书馆 CIP 数据核字（2009）第 194003 号

广播电视节目策划

主编　巨浪

责任编辑　李海燕
封面设计　刘依群
出版发行　浙江大学出版社
　　　　　　（杭州市天目山路 148 号　邮政编码 310007）
　　　　　　（网址：http://www.zjupress.com）
排　　版　杭州青翔图文设计有限公司
印　　刷　广东虎彩云印刷有限公司绍兴分公司
开　　本　787mm×960mm　1/16
印　　张　18.5
字　　数　320 千
版 印 次　2009 年 11 月第 1 版　2022 年 1 月第 7 次印刷
书　　号　ISBN 978-7-308-07151-2
定　　价　48.00 元

浙江大学出版社市场运营中心联系方式：0571-88925591；http://zjdxcbs.tmall.com